シリーズ　刑事司法を考える

第5巻

裁判所は何を判断するか

シリーズ　刑事司法を考える

第5巻

裁判所は何を判断するか

岩波書店

刊行にあたって

もし後世において日本の刑事司法の歴史に関心を寄せる者がいて、二一世紀初頭の法制度や改革、そしてその後の運用を眺めたとき、いかなる評価を下すであろうか。われわれは、これまでそうした未来からの視点に立って今の制度や改革論議を考察する機会を持ったことがあっただろうか。確かに、大きな波が押し寄せているときにその海が静かな凪へと転じる日を思うことが困難であるように、異なる意見を激しく闘わせる席上で、改革が終わった頃に人々が日常的に利用する制度、そこに立ち現れる風景を想起することは簡単ではないだろう。

周知のとおり、日本は今世紀初頭におこなわれた司法制度改革によって、裁判員制度や被疑者国選弁護人制度の導入、検察審査会への起訴強制権付与といった大きな変革を経験し、並行して、また引き続いて、被害者参加制度に加え、少年法における不定期刑の延長や公訴時効の撤廃といった厳罰化を経験した。二〇一六年には、法制審議会の答申を受けて取調べの録音録画（いわゆる可視化）の法制化や、取調べに代わる新たな捜査・立証手法の導入が国会で決まり、大きな変化を目の当たりにするに至った。

司法制度改革以前、被疑者段階にある人が自分で頼んだ弁護士を持たない場合には、「当番弁護士」というボランティア頼みの弁護人が一度限り助言に応じるだけだった（そのような当番弁護士制度ですら、それが動きだしたのは一九九〇年代のことである）。今では法定刑によっては勾留段階から国費で弁護人が与えられるようになっている。憲法の明文は起訴後の被告人段階でのみ国選弁護人を保障していたため起訴前の段階では国費による弁護人は付与されなかったけれども、司法制度改革によってその範囲はずっと広がっている。

捜査の過程で関係者に見返りを保証することによって有益な情報を引き出す手続きはこれまで公式には我が国に存在しなかった。ところが、二〇一六年の法改正によって、他人の犯罪について有益な情報を提供してその見返りに処分を軽減・免除する「協議・合意制度」を取り入れた。長年我が国では、そのような取引き的行為を使って罪責を追及する制度は市民感情に反すると説明されてきたが、いよいよ日本の刑事司法においても取引きを基礎にした刑事裁判が始まろうとしている。

裁判員裁判以前の日本の刑事裁判の法廷を思い出してみても、法曹の言葉は難しいどころか小さすぎて傍聴人には届かず、聴き手の目を見て弁論する法曹は少なかった。今や弁護人や検察官は裁判員となった市民の目を見つめ、その主張を分かり易く伝えようと苦戦している。張りのある声が法廷の隅々に届くようになっている（もっとも、裁判員裁判以外では現在でも以前と変わらず、割合的にはそうした裁判がまだ圧倒的に多いだろう）。

当事者主義の名の下に裁判当事者は独自に証拠を集めるのが当然だとされ、弁護人には検察側がどのような証拠を持って公判に臨んでいるのかを知るすべはなかった。ところが、冤罪を争った少なくない事件で被告人や請求人に有利な証拠が隠されていた事実が明らかになり、検察側の有する証拠に確実にアクセスできる制度が求められてきた。二〇一六年の法改正により、とうとう弁護人は検察側手持ち証拠のリストを手に出来るようになった。

犯罪の被害者にとっても、かつては証人としてしか法廷で語ることが許されず、法律家の質問に答えるだけであった。今では意見として思うところを述べることが出来るし、証人に質問したり、量刑について意見を述べる機会も与えられるようになっている。

九〇年代から少年犯罪の凶悪化現象が繰り返し報道され社会の不安が煽られた結果、厳罰化が求められ、更生保護を目的とした少年法の有り様に大きな変化が生まれたのとは裏腹に、日本の少年犯罪は減少の一途を辿り、二〇一五年の統計では遂に戦後最低をマークした。にもかかわらず、今なお少年法適用年齢の引き下げが議論されようとしている。

かつて受刑者は、刑務所を出ても行き先がなく社会に受け入れてもらえないまま再犯に至るというルートを通りがちであった。知的障がい者は本来福祉の手で救われるべきであったのに、福祉の網から漏れて犯罪に手を出し刑務所に送られていた。いま、検察官は起訴の前に福祉的手法で再犯を防止する手だてを講ずるようになり、刑務所内でも職業紹介ができる仕組みが導入され、弁護人も更生を見通した援助を弁護活動に取り入れるようになっている。

確実に、そして予想を上回る勢いで、日本の刑事司法は変わりつつある。その変化は専門家ですら全体像を摑むことに困難を覚えるほどであり、従来の姿を前提に議論していては将来の予測を誤りかねないだろう。

とりわけ、これまでは専門家によって独占されていた刑事司法の議論の場が、多様なアクターの声を取り入れた政治的アリーナへと変貌を遂げており、刑事司法の運用面も安定しているとは言い難く、現実の制度は絶えず法改正の動きを内包している。加えて、法制審議会における議事が明らかにしているように、改革に携わっている専門家達においてそもそも改革の筋道や改革すべき実務的課題が共有されておらず、改革を望む市民との対話はすれ違いに終わっていて、改革の処方箋すらこの国では用意されていないという現状がある。

これほどのダイナミクスと混乱は、戦後の刑事司法においてかつてなかったと言ってよい。その内容についても、これまで学界や法曹界で論じられながら実現を見なかったものから、当時はまったく予想もされなかったものまで多様な事柄を含んでいる。捜査段階から公判段階、刑事司法に関係する様々なステージに広がっていて、その広がり故に、今起きている変化について刑事司法全般にわたって功罪を論ずるにはたいへんな時間を要することになるだろう。

けれども、だからと言って今の時点でわれわれがなすべき務めを放棄することはできないはずだ。必要なのは、多岐にわたる刑事司法をめぐる改革論議の表層をなぞることではなく、それぞれの根底にある制度的・思想的課題に思いを寄せ、従来のアプローチの限界を見極めると同時に、国際的な動向は言うに及ばず、あるべき法制度を見通し将来の設計図にまで触れるような力強い議論をおこなうことであろう。

わたしたち編集委員は、実務家、研究者として、この変化の著しい時期にあえて日本の刑事司法全般に広くメスを入れ、今後のあるべき刑事司法を見据える必要を感じこの講座を編むこととした。われわれはそのためのミッションとして、刑事司法をめぐる改革論議に否を言うことも含むと了解しており、これまで改革の要が十分に共有化されてこなかった事柄について議論を加速させることも必要と考えている。また、日本では未だ十分に取り上げられ、触れられてこなかった、しかし重要と思われる未開拓の領域に分け入る作業も担うべきだと考えている。

その使命を果たすためには、国内のみならず海外も含めた多くの研究者や実務家にわれわれの思いを伝え、これに賛同する多様なバックグラウンドを持つ執筆者に対してその優れた英知や知見を提示してくれるよう求めることとした。それは後世の人たちのためにではなく、今、日本の刑事司法制度に関わる多くの問題について深く掘り下げ、立ち止まって考えようとする人々＝われわれが心から望む読者＝のためである。そうした読者にこのシリーズの全ての章が届けられるならば、刊行を企画したわれわれの本望である。

編集委員一同

はじめに

刑事裁判における公権力の行使は、国民の人権と必然的に衝突するが、それは社会の秩序を維持するためやむを得ないものとして是認されている。しかし、その行使が不当なものであった場合、対象とされる国民の被害は甚大であり、時に取り返しのつかないものとなる。

本書では、刑事裁判における、このような「社会秩序維持の要請と人権保障の相克」の問題を念頭に置いた上で、「正しい刑事裁判」「あるべき刑事裁判」の姿を模索・探求する。その上で、八年前に導入された裁判員裁判制度が、上訴制度・非常救済手続を含め、刑事裁判をどのように変えたか、また今後変えるべきかなどについて検討する。詳細については、各論文に直接当たっていただきたいが、ここでは、収録された内容について簡単な素描を試みる。

まず、第Ⅰ部では、刑事裁判に関する基本的な問題点が論じられる。

第1章は、「刑事裁判の生命」ともいうべき事実認定の問題につき、それが、基本的にどういう態度・手法でされるべきかを論じる。従前の刑事法廷で適正な事実認定が必ずしも理想どおりに実現されていなかったとすれば、それはなぜか、それを是正するためには、どういう方策を講じる必要があるか、などが主要な論点である。

事実認定の主要な証拠は、情況証拠と自白である。そこで、第2章では情況証拠による事実認定の問題点を、第3章では自白による認定の問題点を、それぞれ探る。従前の刑事裁判においては、ともすると、「被告人が犯人であることと矛盾しない（あるいは、被告人を犯人とすれば合理的に説明できる）証拠（情況証拠）」が複数あると、比較的安易に犯人性が認定される傾向があった。しかし、大阪母子殺害事件判例（最高裁平成二二年四月二七日判決）は、こういう実務に重大な警鐘を鳴らした。他方、自白については、その任意性・信用性の判断をめぐって、従前から議論が重ねられ実務上の工夫もされてきた。しかし、現実には問題を適切に解決するには至っていなかった。そのため、「取調べの可視化」の必要性が強く叫ばれるようになり、昨年(二〇一六年)ついに、一部の事件について(しかも、重要な留保付きではあるが)、取調べの録音・録画が義務化されることになった。そのため、この制度の運用のあり方をめぐり新しい議論が必要になった。第2章、第3章においては、これらの問題点を中心に議論が展開される。

事実認定と並ぶ刑事裁判の重要な役割は、有罪と認められた被告人に対し適切な刑(その事件、その被告人にふさわしい刑)を量定すること(量刑)である。裁判員法では、裁判員を量刑にも関与させることとされたので、基本的にどういうスタンスで量刑をするべきか、それを裁判員にどう説明するべきかが、改めて大きな問題になった。第4章では、裁判員制度をも念頭に置いた上で、量刑に関する基本的考え方が解説される。

第Ⅱ部のテーマは、裁判員制度の「現実の運用と将来像」である。

既に述べたとおり、裁判員法は、事実認定だけでなく量刑にも裁判員を関与させることとした。そこで、重要な論点として浮上してきたのが、「手続二分論」である。事実の認定には関係しないが量刑に重大な影響のある事実が、事実審理の段階で法廷に提出されると、判断者の事実認定がそれによって惑わされるのではないか、という問題は、裁判官裁判についてももちろんあった。しかし、その点について、従前は、「プロの裁判官だから惑わされることはないはずだ」と考えられていたのである。だが、素人である裁判員を裁判官と同視することはできない。「手続二分論」は、事実認定手続と量刑手続を分離して、評議で有罪・無罪の結論が出されるまでは、量刑のみに関する証拠を提出させるべきでない、という考え方である。この提案は、裁判員法では採用されなかったが、実務の一部では先進的な取組みもされた。第5章では、この問題を取り上げる。

第6章は、裁判員裁判の導入により、刑事裁判のやり方がどう変わったのかを論じる。新制度においては、これまでほぼ完全に閉ざされていた証拠開示の途が一定限度ではあるが開かれ、その代わりに公判前整理手続において争点を絞り込み、集中的な証拠調べを行うこととされた。これによって、公判審理と事実認定の仕方は、大きく変貌することになった。本章では、これらの点について、現に裁判員裁判を担当している現職の裁判長が熱く論ずる。

続いて第7章は「少年事件と裁判員制度」を論点とする。裁判員制度の導入によって、従前の少年事件の処理の仕方にどのような変容が必要となり、また、実務上どういう工夫が必要になるかが論じられる。少年事件については、従前、保護優先の考え方から、刑事裁判においても一般の成人事件とは異なる種々の取扱いをしてきたが、これらが、裁判員制度の導入によってどのように変容するかは、今後の実務の上で重要な論点である。

第8章で扱う性犯罪の問題は、いっそう深刻である。本章では、裁判員制度導入以前の問題として、そもそも、従前の刑事裁判実務が前提としてきた「性犯罪の保護法益」そのものに対する基本的な考え方が痛烈に批判される。そして、近時議論されている刑法改正とも絡んで、性犯罪の本質をえぐり出す。その上で、裁判員制度導入後における性犯罪の量刑のあり方が論じられる。

第9章で扱うのは、裁判員裁判における評議の問題である。裁判員裁判の評議は、裁判官裁判の評議とはおのずから異なった態様で行われていると思われるが、評議の秘密との関係で、その現実の姿が国民の前に明らかにされることがない。本章は、第3章、第6章と同様、現に裁判員裁判を担当している現職の裁判長の手になるものであり、裁判員を含めた現実の評議の姿及び将来進むべき方向が分かり易く解説される。図表を駆使した平易・明快な解説は、今後、裁判員裁判の評議のあり方を論ずる際の貴重な指針になるはずである。

第Ⅲ部は、上訴・再審問題を扱う。

まず、第10章では、裁判員制度の下において上訴審はどうあるべきかが検討される。裁判員制度は、第一審における直接主義・口頭主義を徹底し、公判前整理手続で絞り込まれた争点に関する証拠調べを短期間に集中して行うこととした。その手続の中から生み出される第一審の判決は、従前の裁判官裁判のそれとはおのずから異なったものとなる。裁判官裁判では、プロの裁判官が、よくも悪しくも記録を徹底的に読み込んだ上で、細部についても詳細な事実認定を示すものであったのに対し（精密司法）、裁判員裁判における判決は、事前に絞り込まれた争点について法廷で直接審理を遂げた裁判員・裁判官が、法廷で得た直接の心証に基づいてすることになったからである（核心司法）。そのような裁判員裁判をプロの裁判官だけで構成される上訴審が従前と同様の感覚で審査することになると、第一審の改革が無意味になりかねない。第10章は以上のような問題意識に基づき、裁判員制度の下で上訴審はどうあるべきかを論ずる。

第11章で扱われるのは、無罪判決に対する検察官上訴の問題である。現行法上、検察官にも上訴権が与えられており、昭和二五年の大法廷判決は、無罪判決に対する検察官の上訴を憲法三九条に違反しないと判示したものという理解が一般的である。しかし、論者は、アメリカの連邦最高裁の判例や日本国憲法制定過程をも踏まえて、この点に鋭く切り込み、そのような理解が誤りであることを論証する。その上で、裁判員裁判に関する検察官の上訴がいかに制度の趣旨に反するかを論証する。本章は、諸外国（特にアメリカ）の法制や判例にも詳しい在野随一の論客が、まさにこの点に焦点を絞った熱い論述を展開するもので、多くの論者の注目を集めるものと思われる。

最終章（第12章）の論点は、非常救済手続としての再審である。新刑訴法下における再審については、そもそも制度設計自体に問題があった。その上、新刑訴法施行後も長らく「疑わしいときは確定判決の利益に」という前提で運用されてきたため、せっかくの再審制度が無辜の救済に役立っていなかった。本章では、そうした再審制度のあり方自体の問題に始まり、白鳥・財田川決定後における制度運用上の具体的問題や将来のあるべき姿、さらには立法論についても論じられる。筆者は、鹿児島の大崎事件で請求人（今や八九歳に達した原口アヤ子さん）の救済に情熱を傾ける女性弁護士であり、本稿は、今後再審問題を論ずる上で必ず参照されるべき貴重な文献になると思われる。

以上のような諸家の力作によって、本巻は、刑事裁判制度に関する現状(問題点)と将来のあるべき姿を、きわめて鮮明にえぐり出すレベルの高い論文集になった。執筆者各位の情熱と力量に深甚の敬意を表する次第である。

二〇一七年四月

木谷　明

目次

I

裁判の基本問題

1 刑事事実認定の基本的あり方

木谷　明

はじめに

新聞やテレビで凶悪犯罪の発生が報道されると、国民はみな、「犯人が一日も早く捕まって処罰されること」を期待する。これは、刑事裁判の重要な役割の一つが「社会秩序の維持」にあることからみて、当然の反応である。そして、国民は、「犯人(容疑者)が逮捕された」「容疑者は犯行を自白した」などの報道があると、ひとまずほっとする。そして、検察官が犯人と思われる者(被疑者)を起訴し、裁判所が有罪判決を下したという報に接すると、国家(警察・検察・裁判所)の力によって「かき乱された社会の秩序が回復された」と考え安堵する。

しかし、問題は、「逮捕・勾留、起訴され有罪判決を受けた者が全て真犯人である」という保証がないことである。警察の捜査には誤りがあり得るし、その結果を引き継いで自ら捜査する検察官も神様ではないから、当然、犯人でない者を犯人として起訴してしまうこともある。起訴された者(被告人)は、弁護人の援助を受けつつ「公平な裁判所」の審判を受けることとされているが、無実の人間に対し誤って有罪判決が言い渡される危険はなくならない。それは、刑事裁判が神様ではなく人間によって行われるものであることから来る必然の結果である。

本稿においては、そのような悲劇を少しでも少なくするためには、裁判所(裁判官・裁判員)はどのような態度で、いかなる点に留意して裁判に臨むべきか、について検討する。

一　裁判所の基本的態度はどうあるべきか

国民は、当然のことながら、裁判所が「罪を犯した者をすべて有罪として処罰し、無実の者を必ず無罪として釈放」してほしいと考える。しかし、全知全能の神ではない「不完全な人間」が、「不完全な法制度」の下でそのような「完全な結果」を実現することは、「そもそも不可能である」と割り切ることが、まず重要である。そうではなく、刑事裁判で「完全な結果」を目指しても、誤りは必ず生ずるはずだからだ。

誤りは二つの方向で生じ得る。一つは、①「真犯人を真犯人ではないと認める」方向で、他の一つは、逆に、②「真犯人でない者(「無実の者」「無辜」)を真犯人であると認めてしまう」方向で。

それでは、この二つの誤りのどちらが、より大きな不正義か。(1)社会の秩序維持を重視する者は、①の誤りの方が重大であると主張し、(2)無実の者が処罰される不正義を重視する者は、②の誤りの方が重大であると主張する。また、(3)両者は「ともに不正義」であるという点で変わりがないから、①②の誤りのいずれかをより重視すると決めることは、それ自体問題だとする見解[1]もある。

しかし、①の誤りと②の誤りは、決して同じレベルのものではない。なぜなら、②の誤りによって犯人でない者を処罰してみても、本当の意味で社会の秩序が回復されることにはならない。そればかりか、それは、誤って犯人として処罰される者に対し耐え難い苦しみを与え、しかも、真犯人を野に放ってしまうことを意味する。これに対し、①の誤りは、単に真犯人が処罰されなかったことを意味するに止まり、この結果は、社会全体で引き受けることができる。他方、(3)の見解は、一見刑事裁判の理想にかなうように見えるが、裁判が「神ならぬ人間による営み」であるという根本を忘れた議論であり、最終的には(2)の見解と同じ誤りに陥る結果となり得る。

このようにして、刑事裁判は、①の誤りを重視し、「無実の者を処罰しない」という理想（「無辜の不処罰の理想」）の下に運営されなければならない。現代の刑事裁判を論じる場合、この点に真っ向から反論を述べる者はいない。現に、最高裁判所の判例（白鳥・財田川決定）[2]は、「疑わしいときは被告人の利益に」という考えは、「刑事裁判の鉄則」であると宣言した。これは、起訴された人（被告人）が一見犯人らしく見える場合でも、検察官の立証が「疑わしい」というレベルに止まり起訴事実が確実な証拠によって立証されない以上、被告人は処罰されてはならない、という法原理を宣明するものである。同じような考え方を示す言葉としては、他に「一〇人の罪人を逃すとも、一人の無辜を罰するなかれ」「被告人は無罪と推定される」などがある。これらの言葉は、明らかに②の誤りを重視するものであり、人類の経験と叡智が生み出した言葉であると考えるべきである。

現代の刑事裁判が、基本的にこのような視点からされるべきものであることについて、異論を差し挟む余地はない。しかしながら、現実の刑事裁判においては、この理想が必ずしも実現されていない。現に、「身に覚えのない罪で処罰された」として再審を請求し、その結果無罪とされた者が多数いる。一九八〇年代の死刑三事件[3]、その後の足利事件[4]、布川事件[5]、東電ＯＬ事件[6]などがその代表的な例である[7]。そして、現在再審請求中の者は、夥しい数に上る。えん罪を主張して再審を求めている者の主張がすべて正しいと断定することはできないが、筆者の弁護人としての経験からすると、その中には「明らかに無実」と思われる者が決して少数ではないと感じられる。少なくとも、再審判決によって無罪を言い渡された者がかなりの数に上る事実は、限りなく重い。

われわれは、現代の日本の刑事裁判でも、このようにえん罪が多数発生している現実を直視する必要がある。その上で、えん罪発生のメカニズムを解明し、具体的な留意点を明らかにするべきである。えん罪の発生を実際に阻止するためには、単に、上記のような、裁判をする者の基本的心構えを明らかにするだけでは足りないのである。

二　旧刑訴法と新刑訴法

第二次大戦前に施行されていた刑訴法（以下「旧刑訴法」または「旧法」）では、捜査によって集めた証拠を検察官がすべて裁判所に提出し、それを読み込んだ裁判所がその証拠（書面）の中から真実を発見するという建て前であった。それは、書面を中心とする審理方式である点で**書面主義**であり、裁判所の職権を重視する点で**職権主義**である。この制度の下では、捜査官が集めた証拠は（少なくとも建前上は）すべて裁判所に提出されることとされていたから、その中に被告人に有利なものが含まれていれば、弁護人は、それを活用して弁護活動をすることができた。そして、裁判所は、これら弁護人の活動をも考慮して判決することになる。

しかし、他方この制度の下では、裁判所は、捜査官が集めた全証拠に予め目を通してから公判に臨むことになるから、公判開始の段階で既に「有罪の心証」を抱いていることが多くなる。これは、誤判の原因になりかねない。また、捜査官が集めた証拠の中には、本来証拠として重視するべきでないものも混在するから、裁判所がそのような枝葉末節の証拠に目を奪われてしまうことも阻止できない。

第二次大戦後に施行された現行刑訴法（以下「新刑訴法」または「新法」）は、旧法のこのような欠陥に着目し、英米法にならって**当事者主義**を採用した。これは、法廷における両当事者（検察官と被告人・弁護人）のやり取りの中から、中立的な裁判所に真実を発見させようとするものである。旧法下で検討の中心であった捜査書類は、原則として証拠として取り調べることができなくなり、裁判所は、法廷で被告人・弁護人による反対尋問を経た証言に基づいて事実を認定するべきものとされた（**直接主義・口頭主義**、**伝聞証拠禁止の法則**）。また、公判が開始されるまでに裁判所に提出されるのは起訴状だけで、裁判所は検察官が提出する証拠を事前に読むことができなくなった（**予断排除の原則**、**起訴状**

一本主義）。その結果、裁判所が有罪の予断を抱いて法廷に臨むこともなくなると考えられた。このようにして、新法は旧法の欠陥を是正してえん罪防止に役立つものになると期待されたのである。

三　刑事裁判における伝統的な事実認定の手法

しかし、旧法下での運用に慣れ親しんだ実務家は、新法が規定したこのようなやり方を簡単に受け入れなかった。裁判所は、直接主義・口頭主義を原則とし伝聞証拠を禁止する新法の下でも、証人が捜査段階で述べたこと（すなわち、検察官調書にまとめられた供述）と異なる証言をすると、その者の検察官調書を簡単に証拠として採用した。また、被告人が公判で犯行を否認した場合でも、捜査官に対する自白調書を、比較的簡単に証拠として採用した。

旧法下での審理方式に慣れ親しんだ裁判官は、次のように考えたのである。

新法下でも、証人が検察官調書と食い違う証言をした場合、「前の（検察官に対する）供述を信用すべき特別の情況」（以下「特信情況」）があれば検察官調書を証拠として採用してよいとされている。ところで、証人は、被告人の面前では遠慮があって被告人に不利益なことを言いにくいはずだから、被告人のいない場所で検察官が静かに聴き取って作成した供述調書の方が、より信用できそうに思われる。第一、検察官調書の方が証言より理路整然としていて分かりやすく真実性が高そうに見えるではないか。したがって、証言と検察官調書の内容が食い違う場合には、「特信情況あり」と認めて検察官調書を一旦証拠として採用し、これをも加味して、最終的に証言の信用性を判断するべきだ。

また、刑訴法は、自白が「任意にされたものでない疑いがある」場合には、そもそも自白調書を証拠として採用することができないとしている。だから、被告人が「無理な取調べによって虚偽自白をさせられた」などと争った場合には、そのままでは自白調書を取り調べられない。そこで、裁判所は、そのような場合、被告人を被疑者として取り調べた取調官（警察官、検察官）を証人として喚問して取調べ状況を証言させる。そうすると、彼らは、ほぼ例外なく、次のように証言する。すなわち、「被告人が言うような無理な取調べはしていません。取調べは紳士的に行いました」「ことわりを諄々と説いて諭したところ、被告人は反省し涙を流して自白したのです」と。そうすると、裁判所は、この証言を信用し、自白調書の任意性を肯定して、これを証拠として採用する。

この証言を信用する裁判所の考え方は、以下のようなものである。すなわち、「被告人は罪を免れようとして嘘をつく可能性がある」→「これに対し、取調官は宣誓の上で証言している」→「取調官が、偽証罪の制裁を覚悟した上で嘘の証言をすることは、ありそうもない」→「だから、取調官の証言どおり、被告人は反省して自白したと認めてよい」→「自白には任意性がある」と。

もちろん、裁判所は、証人の検察官調書や被告人の自白調書を証拠として採用したからといって、これを無条件で信用する訳ではない。当然のことながら、これらの書面の内容を詳細に検討した上で、その中から真実を発見しようと努力する。このようにして、裁判所の判決における検討の中心は、書証の証拠能力（特信情況や任意性）ではなくその信用性となる。裁判所は、供述調書の内容を精密に検討して判決を下すことになることから、この手法は、**精密司法**と称されるようになる。

しかし、二〇〇九年に導入された裁判員制度は、このようなプロの裁判官だけによる事実認定の手法に大きな変革をもたらした。その主要な点は後記九で述べるが、これを標語的に表現すると、「書面主義から直接主義・口頭主義重視へ」「精密司法から核心司法へ」となる。つまり、裁判所は、従前のように、法廷で受け取った供述調書を判事室で詳細に検討して精密な事実認定をするのではなく、直接主義・口頭主義を重視し、法廷で直接見たり聴いたりした証拠から、事件の核心に関する事実を認定するべきだということになったのである。

四　「合理的な疑い」とは具体的にどのようなものと考えるべきか

ところで、精密司法にせよ核心司法にせよ、刑事裁判で有罪と無罪を区別するものが、「合理的な疑い」の存否であることに変わりはない。しかし、それでは「合理的な疑い」とはどういう疑いをいうのかということになると、議論はたちまちはっきりしなくなる。そこで、以下、この点について検討する。

刑事裁判における立証責任は検察官にあるが、検察官に「絶対的真実」「客観的真実」を立証せよと求めることは、不可能を強いることである。しかし、他方、「無実の者を処罰すること」は何とかして回避しなければならない。そこで考え出されたのが、「合理的な疑い」という概念である。

最高裁判例[8]もこのことを前提として、次のような説明をした。すなわち、「合理的な疑いを差し挟む余地がないというのは、反対事実が存在する疑いを全く残さない場合をいうものではなく、抽象的な可能性としては反対事実が存在するとの疑いをいれる余地があっても、健全な社会常識に照らして、その疑いに合理性がないと一般的に判断される場合には、有罪認定を可能とする趣旨である」というのである。従前の判例[9]の判示も、実質的には同趣旨であると理解される。

また、多くの学説の説明も、これと大同小異のものであった[10]。しかし、判例・学説が「合理的な疑い」をこのように説明したからといって、問題が解決したことにはならない。なぜなら、この定義も、最終的には「健全な社会常識」「一般人」などというやや曖昧な概念を媒介項として判断することとしており、判断者は、自分の抱いた疑問が果たして「健全な社会常識に照らして合理的なものであると一般的に判断されるかどうか」という点について悩まなければならないからである。

結局、これらの判例・学説を参考にして考えると、この問題については次のような思考過程をとるのが相当であると思われる。すなわち、判断者（裁判官、裁判員）が有罪判決を言い渡すことができるのは、検察官の立証によって「被告人が検察官の主張する犯罪を行ったこと」が「間違いない」という心証（確信）を抱いた場合に限られる。そして、この「間違いない」という心証は「絶対的なもの」である必要はないが、それに近いもの（「確実性に接着する蓋然性」。平たい言葉でいえば、「まず絶対に間違いない」）が求められる。しかし、このような思考過程を経たにしても、「合理的な疑い」を一本の線で捉えることは難しく、最後は必ず「幅のあるもの」として意識せざるを得ない。したがって、判断者は、以上のような思考を経た上で、自らの確信が自分限りの個人的・独善的なものではないか、常識をわきまえた一般国民の大多数が納得できる程度の客観的な根拠に基づくものであるかどうかについて、謙虚な姿勢で慎重の上にも慎重な検討をすることが求められる。

五　自白の信用性に関する判断方法――「直感的・印象的」と「分析的・客観的」

わが国の刑事裁判においては、大多数の被告人が捜査段階で自白している。しかし、真犯人でない者が厳しい取調べに屈して虚偽の自白をしてしまうことは、決して希有のことではない。そこで、無実の者を処罰しないためには、自白の信用性を適切に判断することがとりわけ重要となる。

それでは、裁判所は、従前、どのような点に着目して自白の信用性を判断してきたのか。

この点に関する伝統的な判断方法は、自白内容が詳細かつ具体的で迫真力のあるものであるかどうかという点に着目するものだった。つまり、真犯人であれば、犯行状況を詳細かつ具体的に、しかも迫真力のある表現で述べることができるはずだということに着目し、「そういう自白調書は信用できる」と判断するのである。これは、自白調書の内容からその信用性を直感的・印象的に判断するものといってよい[11]。

確かに、「真犯人であれば、犯行内容を、詳細かつ具体的に語り得るはずだ」ということが一応はいえる。しかし、無実の者でも、取調官の厳しい追及に耐え切れず、詳細かつ具体的な虚偽自白に落ちることはあり得る。取調官は、捜査によって把握した事実関係を前提に、被疑者を誘導して供述させることができるからだ。しかも、供述調書には、被疑者が述べたことがそのまま記載される訳ではなく、被疑者の供述を取調官が聴き取って取調官の言葉でまとめるものである。作文の仕方によっては、いかようにも迫真力を持たせることができる。

こういう点が意識されるようになった結果、自白調書の信用性は、もっと、分析的・客観的に判断されるべきであるという考え方が出てくる。

まず、無実の被疑者は、一旦はあきらめて虚偽自白に落ちても、時間が経つと、諦めきれずに再び否認に転ずることがよくある。また、無実の被疑者は事件の真相を知らないから、取調官の誘導に従って一応自白することはできても、その内容は、細部で客観的証拠などとの矛盾を生じやすい。取調官は、その矛盾を回避しようとして懸命に誘導するから、供述は変遷を繰り返す。だから、変転・変遷を繰り返す自白は信用性が低いと考えるべきだ。逆に、真犯人であれば、取調官が知らない「事件の真相」を知っているから、自白の中に、「取調官が知らなかった事実」が含まれていることがある。その事実が、後刻客観的事実であると確認された場合、その自白は、「秘密の暴露」を含むものとして高い信用性を認められるべきだ。

このようにして、自白の信用性は、供述の変転・変遷の有無・程度、秘密の暴露の有無等の観点から検討されるべきだ、とするのである。私は、これを、「分析的・客観的判断方法」と名付けた[12]。

このようにして、自白調書の信用性は次第に慎重に判断されるようになってきた。しかし、刑事裁判実務が一挙に後者の判断方法(分析的・客観的判断方法)に統一されることはなかった。最高裁判例の中にも、明らかに直感的手法を重視するものがいくつもあった(13)、下級審裁判例の中には、形の上では分析的手法を採用するように見えながら、直感的判断に大きく影響されるものが後を絶たなかった。

六　物的・客観的証拠による事実認定の留意点

事実認定において中心に据えるべきものは、自白や目撃証言ではなく物的・客観的証拠である。なぜなら、人は嘘をついたり誤った観察をしたりするが、物的証拠は嘘をつかないからである。

しかし、こういう物的証拠であっても、それを盲目的に信用することは危険である。なぜなら、物的証拠の中にも、捜査官の作為とか過失によって、本来事件と関係のない物件がいかにも関係のありそうなものとして検察官から提出されることがあり得るからである。代表的な例は、白鳥事件(14)における二個の弾丸であるが、鹿児島の夫婦殺し事件(15)では、被害者の陰部から採取されたという陰毛一本が捜査官によってすり替えられたのではないかという疑いが生じた。二〇一六年になってから高裁で逆転無罪判決が言い渡された鹿児島の強姦事件(16)でも、ＤＮＡ鑑定について同種の指摘がされている。

これは、はなはだ残念なことではあるが現実である。

捜査官が違法行為に出る理由は、以下のようなものであろう。すなわち、重大案件について捜査官が一定の見込みの下に捜査を行い被疑者の身柄も確保したが、その後の捜査は必ずしも見込みどおりに進展せず、適切な客観的証拠も獲得できなかった。しかし、ここで捜査の誤りを認めれば、警察の威信に関わるから、いまさら捜査を振出しに戻すことはできない。こうなったら、物的証拠を作出してでも、当初のストーリーを維持・完遂させるほかない。

このような事態は絶対にあってはならないが、裁判所は、こういうことが「現実にあり得る」という前提で事件を審理するべきである。

七　間接事実（情況証拠）による事実認定

事実認定において、物的証拠と並んで重視されるべきものは間接事実（情況証拠）である。間接事実というのは、犯罪事実を直接証明するだけの証拠価値はないが、間接的にその証明に役立つものを指す言葉である。

間接事実によって事実を認定する場合に、注意しなければならないことがいくつかある。

まず、個々の間接事実が合理的な疑いを超えて立証されていることを確認する必要があることである。「合理的な疑いを超えた立証」は、有罪・無罪の最終的な判断場面でのもので、その前提となる個々の間接事実の認定についてはそこまでの立証は必要ない、という見解もある。しかし、そういう頼りない事実をいくら積み重ねても、それによって被告人を有罪と認めるために必要な「合理的な疑いを超えた立証」が可能になるはずがない。この点は、最高裁判例(17)によっても確認されている。

次に、間接事実の証拠価値の限界を的確に認識することが重要である。例えば、一定の間接事実が認められる場合でも、それが「被告人を犯人と認めて不自然ではない」「被告人が犯人であることと矛盾しない」という程度の価値しかないものであれば、これをいくつ集めても犯罪事実を認定することはできない。犯罪事実を認定するためには、「その中に、被告人が犯人でないとしたら説明できない（または、説明が著しく困難な）事実関係が含まれているかどうか」という観点から、慎重に検討する必要がある。この点は、比較的最近、最高裁判例(18)によって指摘された点であるが、極めて重要である。現実の社会においては、不幸な偶然が複数重なることがあり得る。事実認定者は、「事実は小説よりも奇なり」という言葉の意味を十分に噛みしめる必要がある。

さらに、間接事実による認定においては、積極的間接事実だけに注目するのではなく、消極的間接事実をも含めて必ず総合的に判断しなければならない。例えば、被告人を犯人らしく見せる積極的間接事実Ａ、Ｂ、Ｃがあり、他方、被告人の犯人性と矛盾するように見える消極的間接事実Ｄ、Ｅ、Ｆがあったとする。Ａ、Ｂ、Ｃの存在に目を奪われすぎると、判断者は、どうしてもＤ、Ｅ、Ｆの存在を過小評価しがちである。そして、「Ｄについては、こういう方法を採れば犯行は不可能ではない」「Ｅについても、やはり他の方法により犯行は可能となる」「Ｆの場合は、……」という具合に、消極的間接事実を個別に乗り越えてしまうのである。しかし、こういう手法は、えてして誤判・えん罪に通ずる。なぜなら、もしこれら間接事実Ｄ、Ｅ、Ｆがあっても被告人が犯行を行ったと認定できるのは、「それら複数の消極的間接事実が全部あっても、犯行を可能とする方法が想定できる場合」だけである。そして、そのような方法により犯行が可能となる確率は、それぞれの間接事実があっても犯行が可能となる確率を全て乗じた結果算出される。これは、多くの場合、極めて僅かな確率になるはずであって、そのような僅かな可能性（確率）に有罪認定の根拠を求めるのでは、「疑わしいときは」の大原則に違反してしまう。

八　新刑訴法の下でえん罪発生を阻止できなかった理由

被告人の人権保障を強化したはずの新刑訴法の下で、えん罪の発生を阻止できなかった理由は、既に述べた点の他にもいくつかある。

証拠開示制度の不備
最大の理由は、新法の下では、旧法当時と異なり、検察官が集めてその手中にあるが証拠として請求されていない証拠を、弁護人が閲覧する方法がなくなったことである。旧法下では、検察官は、収集した証拠を裁判所に一括して提出し、弁護人は当然それを裁判所で閲覧することができた。その中には、被告人に利益な証拠も含まれていることがあるから、弁護人はそれを活用して検察官に反論することができた。ところが、新法が採用した当事者主義の下では、検察官は、収集した証拠の中から、犯罪事実を立証するのに最も適した証拠(検察側にとってのベストエビデンス。これは、弁護側にとってはワーストエビデンスである)だけを選んで取調べ請求すればよく、取調べ請求しない証拠は弁護側に閲覧させる必要がないこととされた。その結果、弁護人は、検察官が取調べ請求しない「手持ち証拠」を見ることができなくなり、その中にある被告人に利益な証拠を活用することができなくなった。つまり、被告人・弁護人は、記録閲覧の面で、旧法当時より格段に不利益な立場に置かれるようになったのである。この点は、強制的に証拠を集める権限を持たない弁護側にとって、重大な問題であった。

そこで、弁護人は、裁判所に対し、検察官手持ち証拠の開示を命令してほしいと申し立てたが、最高裁判例[19]はこれを否定し、その後の判例[20]も極めて限定された場面でしかこれを認めなかった。

密室取調べ

取調べは、新法施行後も引き続き密室で行われたから、裁判所には、密室内の取調べがどのようにして行われたかを直接に知る方法がなかった。そのため、取調べ状況について取調官を証人として取り調べ、その結果、取調官の証言が安易に信用される傾向があったことは上記三で述べたとおりである。

このような運用は、取調べの実状に対する裁判官の無知と、捜査機関に対する過度の信頼の上に成り立っていた。もちろん、新法施行後の判例の中にも、取調官による厳しい追及に耐えきれずに、被疑者が虚偽自白に落ちたと認定される例は、時にあった。ところが、裁判所は、そのような過去の経験をその後の裁判に活かすことに必ずしも積極的でなかった。

「取調官は、宣誓の上証人として証言している以上、嘘をつくことはない」という裁判官の思い込みは滑稽ですらある。取調官が仮に取調べ状況について虚偽証言をしたとしても、それが検察側にとって利益なものである限り、検察官がこれを偽証として摘発することは、事実上考えられないからである。むしろ、取調官が「無理な取調べをした」と正直に証言することは、組織の中における自らの立場を失うことを意味するから、取調官証言の信用性評価において「宣誓」を重視する考えは誤りである。

他方、被告人(被疑者)は、たった一人で、長時間・長期間、厳しい取調べを受けて怒り心頭に発していることが多いから、時に事実を誇張して訴えることがあり得る。しかし、だからといって、その訴えが根本的に嘘だということにはならないはずである。

このような点が意識されるようになり、やがて、自白採取過程が不可視である現状について疑問が提起されるようになる。これが、後記一〇で述べる「取調べの可視化」の問題である。

九　裁判員制度の導入と事実認定の手法の変容

二〇〇九(平成二一)年五月に、裁判員制度が施行された。この制度によって、それまでプロの裁判官だけに任されていた刑事裁判は、一定の重罪事件に限ってではあるが、国民との「協働」によって行われることとなった。この改革は、新刑訴法施行後初めての大改革で、これによって、刑事裁判の実務は、大きく変容することになった。

変容は、いくつかの点に顕著に現われた。

まず、書面主義から直接主義・口頭主義への回帰である。裁判員制度導入以前の法廷は、あたかも、捜査書類を検察官から裁判所に引き継ぐためだけのものである様相を呈していた。そして、裁判官は、検察官から引き継いだ捜査書類を判事室で丹念に読み込み、その中から真相を発見しようとしていた(**書面主義、精密司法**)。しかし、素人である国民(裁判員)に書面を読み込むことを期待することはできない。そこで、必然的に、法廷での直接審理が重視されることになる。その結果、書面主義に傾斜していた審理方式は、新法が本来予定する**直接主義・口頭主義**へ回帰せざるを得なくなった。裁判員裁判では、法廷で直接聴いた証言等に基づき、事件の核心を端的に認定することが求められるようになったのである(**核心司法**)。

次に、一定の限度ではあるが、証拠開示が認められるようになったことである。それまで検察官は、最高裁判例[22]を楯に取って、弁護人からの証拠開示請求をかたくなに拒み続けていた。その表向きの理由は、請求証拠以外の証拠を弁護人に開示すると、被告人に証拠隠滅される、という点であった。しかし、裁判員裁判をスムーズに運営するためには、検察官手持ち証拠を一定の限度で事前に弁護人に開示し、公判を計画的・集中的に行う必要が出てきた。そのため、刑訴法は、裁判員制度の導入に先だって公判前整理手続を新設し、その手続の中で、検察官に対し、取調べ請求しない証拠でも、類型証拠、主張関連証拠に該当する限り弁護人に開示させることとした[23]。最高裁判例が[21]、この点を比較的早い段階で明示したのは、当然の帰結であった。

さらに、捜査官に対する裁判所の信頼も、プロの裁判官だけの時代と比べると、やや緩和されることになった。裁判官だけの評議であれば、捜査官を信用する従前の感覚も通用したが、裁判員が入った裁判体で、裁判官が捜査官を盲目的に信用する意見を述べることは憚られる。裁判例の中にも、捜査官に対する不信を前提とした判示をするものが出てきた[24]。

このように、刑事裁判は、裁判員制度の導入を契機にかなりの程度変容しつつあるが、その変容はまだ十分でない。証拠開示の範囲のいっそうの拡大と全事件に関する取調べ全過程の可視化が急がれる。

一〇　取調べの可視化は、えん罪防止に役立つか

取調べの状況が録音・録画(可視化)されれば、これまでのような「あからさまな違法取調べ」は減少するであろう。場合によっては、絶滅させ得るかも知れない。

また、被告人が取調べの違法・不当を訴えても、取調官の証言によってそれを簡単に否定する従前のやり方も姿を消すと思われる。これらは、えん罪防止という観点から見て、大きな前進である。

しかし、二〇一六(平成二八)年に成立した取調べの可視化法による対象事件は、裁判員裁判対象事件と検察独自捜査事件(警察の捜査を経ずに、検察官が直接立件・捜査する汚職事件など)だけであって、全刑事事件の二—三%に過ぎない。それ以外の大多数の一般事件では、取調べは可視化されない。したがって、可視化されていない事件で弁護人が自白の任意性・信用性を争う場合には、これまでどおり、取調官と被告人の言い分のぶつけ合いとなる。また、可視化される事件についての抜け道も用意されている。例えば、裁判員裁判対象事件(例えば殺人)について被疑者を取り調べようとする場合、捜査官は、最初から殺人の容疑で取り調べるのではなく、まず、裁判員裁判の対象事件でない、関連する死体遺棄事件について取り調べ、殺人に関する被疑者の自白を得た段階で容疑を殺人に切り替えるというやり方が考えられる。このやり方が許されると、殺人に関する最初の自白を採取する段階の取調べ状況が可視化されないということになる。したがって、先に述べた可視化法成立後も、問題は多く残されている。

そのような現実に直面した場合、裁判所は、取調べが可視化されない事件に関する自白の任意性判断を、より厳しく行うべきである。少なくとも、これまでのように、「宣誓した取調官は嘘をつかない」などと考えて、その証言を盲目的に信用する態度は取るべきでない。また、法律上可視化が義務化されたのが裁判員裁判対象事件だけであった

としても、取調官がその他の事件で取調べを可視化することは容易である以上、「可視化しなかったことによる不利益は、取調官側が負う」ということにするべきである。つまり、裁判所は、取調官と被告人の言い分が根本的に対立したような場合は、「原則として取調官側の負け」と割りきるべきである。

また、取調べが可視化されれば、従前見られたようなあからさまな暴力行使や脅迫は姿を消すであろう。しかし、「そこまでに至らないが自白の任意性・信用性に影響を及ぼす不当な取調べ」は、依然として残る可能性がある。もし、裁判所が、映像によってこのような取調べを認定しながら、「この程度なら自白の任意性に影響しない」と判断した場合、それは、不当な取調べ方法に対し裁判所が公然と「お墨付き」を与えることを意味しよう。それでは、取調べの可視化が、かえって不当な取調べを常態化させることになってしまう。裁判所の慎重な対応が求められる所以である。

さらに、取調べが可視化されたために新たなタイプのえん罪が生まれるのではないかという心配も生じている。二〇一六(平成二八)年四月八日に言い渡された宇都宮地裁判決(今市事件判決)は、そういう心配が現実化した事件である。被告人は、当初、軽微な別件(商標法違反)で長期間勾留され、一〇〇日を超える期間本件(幼女殺し事件)について厳しい取調べを受けた結果、遂に力尽きて自白に落ちた。そして、その自白の際の映像から、裁判員がクロの心証を採ってしまったらしいのである。しかし、被告人が自白するに至る別件勾留中の取調べ状況は録画されていなかった。そもそも、別件による身柄拘束を利用して行われた本件の取調べが許されるのかどうかについては有力な消極説があるが、いま、その法律論は別論としよう。しかし、自白に至る前の長期間の取調べ状況が録画されていないのに、自白する際の録画だけから有罪の心証を採ってしまうことは、常識的に考えて危険極まることである。このように、今市事件は、法制化された可視化制度の問題点(えん罪を生む可能性)を余すところなく明らかにした。

二　えん罪の発生を最小限度に止めるために考えるべき具体的方策

それでは、えん罪の発生を最小限度に止めるために、裁判官・裁判員は具体的にどのような点に留意するべきであろうか。既に述べた点と重複しない限度で、以下にまとめておく。

被告人の言い分に率直に耳を傾けること

一番大切なことは、何よりも先ず、被告人の言い分に率直かつ十分に耳を傾けることである。これは、事実認定をする裁判官・裁判員にとって余りにも当然のことであり、「基本中の基本」である。しかし、残念ながら、従前の刑事裁判では、この当然のことが必ずしも守られてこなかった。なぜか。

この点については、ある有名な刑事弁護士（故・後藤昌次郎弁護士）の次の言葉、すなわち、「自白は証拠の女王である。いまだに起訴状が王の座を譲らないからだ[25]」が想起されるべきである。後藤弁護士の言わんとする趣旨は、刑事裁判官は、現実には起訴状を見ただけで被告人に対し有罪の予断を抱いてしまうから、被告人の公判廷での弁解を軽視してしまうのだ、という点にある。

なぜこういう批判が出てきてしまうのか。それは、刑訴法が、検察官に対し、事件を起訴するかしないかに関する広い裁量権を与えていること（起訴便宜主義）と関係する。検察官は、捜査の結果、有罪の立証に多少とも危惧を抱いた場合は、無罪判決を受けるのを避けるため、一応の証拠があっても、合理的裁量によって「起訴猶予」処分にしたり、ワンランク下の犯罪類型で起訴したりすること（例えば、強盗致傷が疑われている場合に、窃盗と傷害に分けて起訴すること）ができる。そうすると、起訴される事件は、多くの場合、万全の証拠が揃った事件だけになるから、滅多に無罪判決が言い渡されることはなくなる(有罪率九九・九九%の現実)。そういう現実を前提にすると、多くの裁判官は、「検察官が起訴した以上、証拠が十分あり有罪は間違いないのだろう」という逆転した発想を抱きかねない。後藤弁護士の上記の言葉は、そういう意味で痛いところを突いているのである。

しかし、これでは、新法が、旧法と異なり予断排除の観点から起訴状一本主義を採用した意味がなくなってしまう。裁判官・裁判員は、このような予断とは完全に絶縁し、白紙の状態で公判審理に臨むべきである。

不意打ち認定を極力回避すること

不意打ち認定とは、当事者が争点としていなかった点を、裁判所が勝手に取り上げて、当事者(特に、被告人)に不利益な事実を認定することである。

そのような認定が許されないのは当然である。なぜなら、不意打ち認定は、新法の予定する当事者主義の理念、すなわち、「事実の認定については、双方が十分議論を尽くした事実に基づいて判決するべきだ」という考え方自体に違反する。それは、被告人側に防御させないまま事実を認定する結果、実体的真実とかけ離れた事実の認定に至る蓋然性が高い、はなはだ危険な手法である。そればかりか、そのような認定が許されることになると、被告人側は、争点とされていない事項についてもあらゆる観点から防御しなければならなくなり、結果として、憲法三七条の迅速裁判の保障にも抵触してしまう。(26)

証拠に対して謙虚になること

刑事裁判とは、裁判官(・裁判員)・検察官はもちろん、弁護人ですら正解を知らない問題(「被告人が真犯人であるかどうか」)について解答を求められる困難な作業である。訴訟関係者は、単に、現場等に残された痕跡(証拠)から被告人が犯人かどうかを推測するしかない。しかし、法廷にいる被告人だけは真実を知っている。裁判官・裁判員は、このような難問について、「自分が正解であると信じる答え」を、こともあろうに「真実を知っている被告人」に提出することになるのである。よく考えると、これはまことに恐ろしい作業である。

映画監督の周防正行氏は、そういう場合、裁判官は「被告人に裁かれている」という意識を持って当然である、と言われる[27]。そういう意識を持てば、裁判官・裁判員はおのずから証拠に対して謙虚にならざるを得ないし、妙な屁理屈や言葉尻を捉えた推測によって事実認定をすることは、できなくなるはずである。

合理的な疑いの範囲を可能な限り広めにとること

人間のする裁判において、間違いはつきものである。どんなに厳格に証拠を評価したつもりでも、「無実の者を処罰してしまう危険」をゼロにすることはできない。

既に述べたように(上記四参照)、合理的な疑いは、最後は幅のあるものとして理解せざるを得ない以上、裁判官・裁判員は、「合理的な疑い」の範囲を可能な限り広めにとり、まかり間違っても「無辜の処罰」に道を開くことがないよう、自省・自戒すべきである。

おわりに

最後に、刑事裁判における事実認定を正しく行うために一番大切なことについて述べる。

私は、結局それは、裁判官・裁判員が、「刑事裁判における最大の不幸である「えん罪の発生」を「何が何でも阻止するのだ」という気構えで裁判に当たること」、そして、「被疑者・被告人という弱い立場に置かれた者の気持ちを十分に理解すること」に帰着すると考える。

刑事裁判は、人の人生を決定的に左右する。犯人でない者が、犯人に間違えられて逮捕・勾留されて起訴された挙げ句、有罪判決を言い渡されたとしよう。彼・彼女の無念さはいかばかりのものであろうか。それは、仮に罰金や執行猶予付きの懲役刑という比較的軽い刑であったとしても耐え難いはずのものである。まして、身に覚えのない罪で無期懲役とか死刑という究極の刑罰に処せられた場合の恐怖感は、想像を絶する。

裁判官・裁判員は、無実を訴える被告人の立場に自らを置いてその恐ろしさを想像してみるべきである。そして、自分たちのしている仕事が、いかに責任の重いものであるかを再認識し、「何が何でもえん罪の発生を阻止するのだ」という強い気持ちで任務に当たるべきである。

「えん罪発生の阻止」に必要なものは、最後は「刑事裁判の心」なのである。

（1）石井一正（二〇〇四）「ブック・レビュー　木谷明［著］『刑事裁判の心――事実認定適正化の方策』」『判例タイムズ』一一四四号（四二頁）

（2）①最決昭和五〇年五月二〇日刑集二九巻五号一七七頁、②最決昭和五一年一〇月一二日刑集三〇巻九号一六七三頁

（3）いわゆる「死刑三事件」、すなわち、免田事件、島田事件、松山事件。なお、財田川事件を含めると、四事件になる。

（4）宇都宮地判平成二二年三月二六日判時二〇八四号一五七頁

（5）水戸地裁土浦支判平成二三年五月二四日公刊物未登載

（6）東京高判平成二四年一一月七日判タ一四〇〇号三七二頁

（7）他に、検察官からの再審請求により無罪が言い渡されたものとして、氷見事件（富山地判平成一九年一〇月一〇日裁判所ウェブサイト）がある。

（8）最決平成一九年一〇月一六日刑集六一巻七号六七七頁

（9）最判昭和二三年八月五日刑集二巻九号一一二三頁、最判昭和四八年一二月一三日判時七二五号一〇四頁

(10) 例えば、代表的な学説である団藤重光(一九六七)『新刑事訴訟法綱要〔七訂版〕』創文社(二九一頁)
(11) 木谷明(二〇〇九)『刑事事実認定の理想と現実』法律文化社(七頁)
(12) 木谷・上掲注(11)(八頁)
(13) 最決昭和五三年七月三日裁判集刑事二一一号一頁、最決昭和五七年五月二五日裁判集刑事二二七号三三七頁
(14) 上掲注(2)①の判例
(15) 最判昭和五七年一月二八日刑集三六巻一号六七頁
(16) 福岡高裁宮崎支判平成二八年一月一二日(平成二六年(う)第九号)公刊物未登載
(17) 最判昭和四五年七月三一日刑集二四巻八号五九七頁
(18) 最判平成二二年四月二七日刑集六四巻三号二三三頁
(19) 最決昭和三四年一二月二六日刑集一三巻一三号三三七二頁
(20) 最決昭和四四年四月二五日刑集二三巻四号二四八頁など
(21) 最判平成二四年二月一三日刑集六六巻四号四八二頁
(22) 上掲注(18)、(19)の判例
(23) なお、二〇一六(平成二八)年五月に成立した刑訴法の一部改正法によると、検察官は、公判前整理手続に付された事件について取調べ請求証拠を開示した後、被告人・弁護人の請求があったときは、検察官が保管する証拠の一覧表を交付しなければならないこととされた(改正法三一六条の一四第二項)。
(24) 鹿児島地判平成二二年一二月一〇日裁判所ウェブサイト
(25) 木谷・上掲注(11)(一七〇頁)
(26) 木谷・上掲注(11)(七一頁以下)
(27) 周防正行(二〇〇七)『それでもボクはやってない——日本の刑事裁判、まだまだ疑問あり!』幻冬舎(三〇〇頁)

2　情況証拠による事実認定

門野　博

はじめに――最高裁判所平成二二年四月二七日第三小法廷判決の衝撃

標記の最高裁判決（刑集六四巻三号二三三頁、判例時報二〇八〇号一三五頁、判例タイムズ一三二六号一三七頁、以下「平成二二年最判」ともいう）は、「情況証拠による事実認定」に関して、大変重要な判断を示した。すなわち、「刑事裁判における有罪の認定に当たっては、合理的な疑いを差し挟む余地のない程度の立証が必要であるところ、情況証拠によって事実認定をすべき場合であっても、直接証拠によって事実認定をする場合と比べて立証の程度に差があるわけではないが（最高裁平成一九年（あ）第三九八号同年一〇月一六日第一小法廷決定・刑集六一巻七号六七七頁参照）、直接証拠がないのであるから、情況証拠によって認められる間接事実中に、被告人が犯人でないとしたならば合理的に説明することができない（あるいは、少なくとも説明が極めて困難である）事実関係が含まれていることを要するものというべきである」と判示したのである。この判決は、五人の裁判官全員が補足意見、反対意見等においてその見解を明らかにしたという点でも世間の注目を集めたが、この判示をめぐっては、かつてないほどの多くの研究者、実務家から論評が加えられた。それほど、この判決が与えた衝撃は大きかったのである。右の判示の意味するところは何なのか、どうして、その衝撃が大きかったのかを検討することは、きっと情況証拠による事実認定が抱えている問題状況を浮き彫りにしてくれるはずである。

情況証拠による事実認定は、直接証拠がなく、情況証拠の積み重ねのみによって立証しなければならない場合を典型的なものとする。このような場合、必然的に推論という過程を経なければならないため、その作業の工程は困難を極める。私もその一員として関与したロス疑惑銃撃事件控訴審判決（東京高判平成一〇年七月一日、判例時報一六五五号三頁、判例タイムズ九九九号一〇二頁）は、当該事件に関して「本件は、情況証拠から諸々の間接事実を立証し、いわばモザイク状の間接事実を多数積み重ねて犯罪事実全体の立証をするという、微妙・困難な証拠関係にある事件である」と判示しているが、そこには情況証拠によって事実認定することの困難さが凝縮されている。そのため、事実認定の在り方を論じるとき、「情況証拠による事実認定」は常に特別の意味合いをもったのである。本稿は、情況証拠による事実認定に関するこれまでの議論、とくにその適正化に関する議論をできるだけトータルに整理し、それをベースに、右の最判が一体何を判示しようとしたのか、その影響はどのようなものであったのかを明らかにしようと試みるものである。その上で、今後に残された課題、なかでも今日喫緊の問題となっている科学的証拠（DNA型鑑定）の取扱いについても言及したい。

＊

刑事司法は新たな時代を迎えている。取調べや自白、供述調書に頼らない刑事司法が指向されているなかで、情況証拠による事実認定の在り方をめぐる議論はますますその重要度を増している。本論考がそれにいくばくかの寄与ができれば幸いである。

一　「情況証拠による事実認定」論

(1)　情況証拠とは

改めて、「情況証拠」とはいかなるものなのか、まずこの点を明らかにしておきたい。証拠には、直接証拠と間接証拠があるといわれる。要証事実(犯罪事実)を直接証明するのに使用される証拠(被告人の自白や犯行の目撃者、被害者の供述などがそれに当たる)を直接証拠というのに対して、要証事実を直接証明するものではないが、これを推認させる事実(これを間接事実という)の証明に使用される証拠を間接証拠という。そして、この間接証拠を「情況証拠」と呼んでいる。しかし、情況証拠(間接証拠)から推認される間接事実を「情況証拠」と呼ぶこともあり(中川・植村・木口一九九四)、言葉の使い方はやや複雑となっている。本テーマも正確にいえば、「間接事実による事実認定」というべきところかもしれないが、今述べたように、間接事実を「情況証拠」と呼ぶことがあり、間接事実のもとになっているのはまさしく「情況証拠」であるから、「情況証拠による事実認定」といっても、間違いというわけではない(ただし、以下の説明においては、必要に応じて、「情況証拠」と「間接事実」を使い分けることとする)。また、情況証拠から認定される「間接事実」について、要証事実を直ちに推認させる事実を第一次間接事実、その第一次間接事実を推認させる事実を第二次間接事実と呼び、以下順次第三次間接事実、第四次間接事実と続く。

それでは、これまで、情況証拠(間接事実)による事実認定の適正化をめぐって、どのような議論がなされてきたのか、その諸様相を概観することとする(なお、情況証拠による事実認定といえば、直接証拠が存在しない場合を典型例とするが、若干の直接証拠が存在しても情況証拠が重要な意味をもつような事案も含めて検討されているのが通例である)。

(2)　有罪認定の立証の程度——「合理的な疑いを差し挟む余地のない程度の立証」

まず、有罪認定の立証の程度という観点から議論がされてきた。つまり、直接証拠が存する場合と直接証拠がなく、情況証拠のみによって立証すべき場合とでは、立証の程度に差があるのかという問題、もう少し平たく言えば、情況証拠のみによる立証の場合には、直接証拠がなく、推論の過程を経なければならないことから、より高度の立証が求められるのではないかという問題である。

最高裁平成一九年一〇月一六日第一小法廷決定（刑集六一巻七号六七七頁、以下「平成一九年最決」ともいう）は、アメリカなどで用いられてきた表現に従って、「刑事裁判における有罪の認定に当たっては、合理的な疑いを差し挟む余地のない程度の立証が必要である」と判示し、これが、有罪認定の立証の程度一般についての判断基準（準則）として、多くの論者によって支持されてきた。さらに、同決定は、この「合理的な疑いを差し挟む余地のない程度の立証」という判断基準は、「直接証拠によって事実認定をすべき場合と、情況証拠によって事実認定をすべき場合とで、何ら異なるところはない」と明言した。これは、先ほどの問いに対して、否定的な見解を示したことになる。

もっとも、この点に関して、最高裁はそれ以前にいわゆる長坂町放火事件において、これとは若干ニュアンスの異なる判断を示していた。すなわち、情況証拠によって事実認定を行う場合を想定して、「刑事裁判において「犯罪の証明がある」ということは「高度の蓋然性」が認められる場合をいうものと解される。しかし、「蓋然性」は、反対事実の存在の可能性を否定するものではないのであるから、思考上の単なる蓋然性に安住するならば、思わぬ誤判におちいる危険のあることに戒心しなければならない。したがって、右にいう「高度の蓋然性」とは、反対事実の存在の可能性を許さないほどの確実性を志向したうえでの「犯罪の証明は十分」であるという確信的な判断に基づくものでなければならない。この理は、本件の場合のように、もっぱら情況証拠による間接事実から推論して、犯罪事実を認定する場合においては、より一層強調されなければならない」（最高裁昭和四八年一二月一三日第一小法廷判決（裁判集刑一九〇号七八一頁、判例時報七二七号一〇四頁、以下「昭和四八年最判」ともいう)としていたのである。そのため、この二つの判示の整合性が問われることになったが、この点は多くの論者によって、前記平成一九年最決の判示にも照らせば、昭和四八年最判においても、情況証拠による事実認定につき直接証拠による事実認定以上の高度の証明が求められているわけではなく、どちらも刑事裁判における証明の水準の高さを表すものであって、帰納法的判断とならざるを得ない情況証拠による事実認定においては、より慎重な判断を要することを説示したにとどまると解されてきた(原田二〇一五、岩瀬二〇一二)。

さて、情況証拠によって事実認定を行う場合の有罪認定の立証の程度が、「合理的な疑いを差し挟む余地のない程度の立証」がなされているか否かであって、直接証拠が存する場合と変わりがないとしても、それによって、事実認定上の困難が解消されたわけではない。それが一体いかなる程度の立証を指すのかは、一見明白とはとうてい言い難かったからである。確かに、右の最決には、その基準がいかなるものであるかについて若干の説明が付加されている。すなわち、「合理的な疑いを差し挟む余地がないというのは、反対事実が存在する疑いを全く残さない場合をいうものではなく、抽象的な可能性としては反対事実が存在するとの疑いをいれる余地があっても、健全な社会常識に照らして、その疑いに合理性がないと一般的に判断される場合には、有罪認定を可能とする趣旨である」というのである。しかし、この付加説明によれば、判断者(裁判官、裁判員)は、自分が抱く疑問が単なる「抽象的な疑い」にとどまるのかそれとも「健全な社会常識」に照らして、「合理性」があると一般的に判断されるのかどうかについて決断せざるを得ず、それはそれで大変な悩みを抱えてしまうことになったのである(木谷二〇〇八)。さらに、問題はそれにとどまらない。というのは、この「合理的疑い」の存否は、実務家においては客観的に証明可能であると捉えられがちであり、その存否につき、合理的な疑いを抱いた者に対してより厳しい説明責任を負わせることにもなってしまう。そのため、「合理的疑い」の存否をキーワードとする判断基準は、正当な判断基準として機能していないのではないか、との批判にさらされることにもなった(中川孝博二〇〇一)。
ところで、この合理的疑いの基準に関して、木谷―石井論争といわれる論争があったことは、御存じの方も多いと思われる。「合理的疑い」の存否に関する裁判官の判断の在り方に関して、木谷明氏は、無辜の不処罰を重視するのであれば、「合理的疑い」をやや広めにとるべきであろうと説いた(木谷二〇〇四)。これは、まさに、「有罪認定の基準」の観点からの、事実認定の適正化への大胆なアプローチであった。石井一正氏は、それには違和感があるとし、「合理的疑い」には本来広狭はないはずであり、不合理な疑いを合理的な疑いに取り込むことは、正義に反すると反論した(石井二〇〇四)。二人の刑事裁判官の訴訟観がまさに正面からぶつかり合った一大論争であった。もとはといえば、この「合理的疑い」という用語が、極めて捉えどころのない抽象的な表現であったところにも、論争の火種があったといえる。この論争に触発されて、裁判員にも説明のできる具体的で妥当な準則の確立が急務であるとの指摘(原田二〇〇五)も見られた(そこに登場したのが、平成二二年最判であり、この問題に応えたものと理解されたのは至極当然に見えた)。

(3)　総合認定論と分析的手法の導入

「有罪認定の基準」という観点からのアプローチとともに、情況証拠による事実認定の適正化の方策として広く議論されたのが、総合認定の過程に、意識的に分析的手法を導入するという方法である。

二つの総合認定論

事実認定の在り方については、情況証拠による場合に限らず、一般的に、総合的・直感的な認定方式(帰納形式)と分析的・論理的な認定方式(演繹形式)があるとされる。しかし、情況証拠による事実認定においては、各間接事実を総合しての判断にならざるを得ず、総合的認定を必要とすることは論を俟たない。問題は、そこに至る過程である。

総合的・直感的な認定方式(以下、「A方式」という)は、(間接事実を個々に分断して分析するなどしないで、)存在する複数個の間接事実をもとに全体としての印象(直感)に基づき「心証」を形成するという方法であり、まさに総合的認定という言葉に相応しい判断手法である。これは、第一審の事実認定に用いるのに相応しいとされた。これに対して、分析的・論理的な認定方式(以下、「B方式」という)は、まず個々の間接事実の有する「推認力」、「証明度」などの分析を先行させ、その位置づけを明らかにするなどした上で、総合的に評価するという方法であり、最終的には総合的に認定するものの個々の間接事実を分析するところから始めることから、分析的認定などと言われるものである。これは、控訴審の事実認定に相応しいとされた。しかし、今日では、実務家を中心として、両者は矛盾するものではなく、双方ともに、適正な事実認定に有益なものとして理解しようとする考え方が有力に唱えられている。そこでは、両者は表裏一体の関係にあり、事実認定は、この両面から行うべきであるなどと説明される(石井二〇一一、同二〇一五、池田一九九八、植村二〇一六)。

しかしながら、この両者の間には、大きな違い(隔たり)があると思われ、B方式の意義はなお強調されなければならない。それは、そのおおもとにおいて、A方式は、直感を優先させ、推認力の弱い証拠であっても、その集積により犯罪事実の立証を可能とすることを指向するものであり、他方、B方式は、各証拠の分析から始めて、推認力の確かな証拠はあるかを問い、推認力の弱い証拠による犯罪事実の立証を許さないとすることを指向するものだからである。

分析的認定方式について(直感的認定方式の克服)

B方式については、これまで、様々な切り口による方法論が提起されてきた。各間接事実ごとにそれが主要事実を推認する「証明力」(証拠価値)と、その間接事実が証拠によってどの程度証明されているかという「証明度」を検討するものなどはその代表的なものであるが、各間接事実を、直接主要事実を推認させる第一次間接事実であるのか、第一次間接事実を推認させる第二次間接事実であるのかといった主要事実までの遠近によって分類し、主要事実の証明に至る道筋を明確にするものも有力である（豊崎二〇一〇ａ）。そして、これらの方法を組み合わせて行われることも多い。例えば、放火事件で、被告人が近接した時間帯に犯行現場において目撃されたという事実は、被告人が放火したという事実（主要事実）に対して、おそらく第一次間接事実として位置付けられる。しかし、この事実は、それだけでは、それほど高い「推認力」があるとはいえない。他に関与した人物の存在を否定し去ることは難しいからである。ところが、発火現場付近に被告人所有のライターが落ちていたなどというもう一つの間接事実が加わると、この事実と結びつくことによって、その「推認力」は格段に高まる。そして、この犯行現場で目撃されたという事実は、証拠によって証明されなくてはならないから、目撃者の証言の信用性の程度が問題となる。このようにして、各間接事実ごとに「証明力」と「証明度」の分析作業を行っていくことになる。その上で、各間接事実を総合評価して、主要事実が認定できるか否かを問うことになるのである（石塚一九八八、岩瀬二〇一二）。

ところで、この一連の認定作業につき、Ｂ方式の立場からは、いくつかの注意則が挙げられるのが通例である。例えば、石塚章夫氏は、次のような注意則を挙げる（石塚一九八八）。すなわち、①各間接事実の評価を平等に、あるいは同時に行わなければならないこと、②いわゆる「見せかけ証拠（事実）」（証拠力が薄いかまたは十分でない情況証拠（間接事実））を見極めること、③「不自然な言動」とか「ことさらな虚偽」といった評価は、たとえその評価が正当なものであるとしても、そのことから主要事実を積極的に推理するにあたっては、十分慎重な態度を取らなければならないこと、④真相究明を主要な目的にすえることは避け、「起訴事実が合理的疑いを容れる余地なく立証されているか否か」ということだけに着目し判断しなければならないこと。以上の四つである。これらの注意則は、いずれも含蓄が深く、総合認定にあたり貴重な羅針盤といってよいであろう（これらの注意則と結びつくことが、Ｂ方式の妙である）。

なお、①の注意則に関しては、チャートメソッドを活用して、間接事実を一覧化することが有効であるとされる。

このチャートメソッドというのは、間接事実を網羅的に取り出して、個々の間接事実が主要事実(犯罪事実)の立証についてどのような位置にあり、いかなる役割を担っているのかをビジュアルに明示するところに特徴がある。記号や符号を使って詳細に図示するものからやや簡略化されたものまであるが、自他の思考をブラックボックス化させないためにも有効な方法である。

(4) 消極的間接事実(アナザーストーリー)の立証をめぐる議論

被告人が実質的に説明責任を負わされたかのような状況を呈することがある。もちろん、被告人が実質的挙証責任を負うわけではなく、その最終責任が検察官にあることは明らかであるが、被告人がもし犯人でなければ、その口から当然何らかの弁解が出てもよいのではないかと考えられるときが間々ある。そのとき、被告人がその点につき弁解したり説明したりしないことを、消極的間接事実として、被告人に不利益に扱ってよいかという問題が生じる。これも事実認定の適正化にあたって見逃せない問題である。このとき、被告人が黙秘権を行使したのであれば、黙秘権行使の事実を被告人に不利に扱うことができないとすることにほぼ異論はない(門野二〇一五)。他方、被告人がアナザーストーリーを立証しようとしたところ、その立証に失敗し逆にそれが虚偽であることが判明してしまうことがある。その場合の効果については、黙秘権行使とは局面を異にすると論じられることが多い。しかし、このような場合、虚偽の供述をしたことだけから直ちに「有罪意識が存在する」などとして、積極的な情況証拠とすることには警戒を要する(この点は、前記の注意則の一つとして取り上げられている)。これは、虚偽供述がなぜ生まれたのかについての具体的事情を十分勘案して決すべきであろう。犯人でなくても、罪を逃れようとして無理なアリバイ主張などをすることはよくあるものである。しかし、いずれの場合も、裁判官らの心の奥底に倫理的非難を呼び起こし、その心証に与える事実上の悪影響は無視できないように思われる。黙秘権の行使を被告人の不利に扱うことが許されないことは当然として、そのほかの場合でも、検察官に挙証責任がある以上、被告人が否認したり検察官の立証の不備を突こうとするのは、むしろ被告人の権利と解すべきであるから、そのような理解に基づいた裁判慣行の確立が期待される。しかし、現状はそこまでの理解が進んでいないようである。

(5)　消去法的認定についての議論

総合認定の一場面として、犯行の機会を持ち得たのは、被告人ただ一人であるという「密室性」の要件を用いることがある。これを「消去法的認定」などと呼び、間接事実(情況証拠)による立証においては、有力な手法とされるが、これに対する反省も生まれている。これは、最初に犯行のあらゆる可能性を想定した条件設定を行い、その集団に包含された者を種々の観点から絞り込んで犯人を特定していくのであるが、最初の条件設定がとくに難しいとされている(中里二〇一五)。さらに、これは事実認定の手法の一つとはされるものの、その過程に、証拠に基づかない「理屈の世界」を大幅に持ち込んでおり、ことの実態から遊離してしまう可能性が否定できない。葛生事件控訴審判決(東京高判平成七年一月二七日、判例タイムズ八七九号八一頁)は、被告人の犯行であることを立証する積極的な証拠が不足するなかでの消去法的認定方法は事実を誤る危険性を多分に孕んでいると指摘する。右判決は、その危険を避けるために、「被告人が現場に存在したという相当程度の蓋然性があること」と「被告人に被害者の妻を殺害する明確な動機があること」という客観的条件(これは、「事実の世界」である)を設定し、これらの条件が十分に満たされていないとして無罪を宣告しているが、このような視点は大変重要である。

(6)　質の高い証拠の要求(注意則)

事実認定の適正化のために、分析的評価の重要性が繰返し論じられてきた。そこでは、情況証拠の「証明力」(証拠価値)を分析することの重要性が指摘されていた。それは、「証明力が薄いかまたは十分でない情況証拠(間接事実)を量的に積み重ねてみても、それによってその証明力が質的に増大するものではない」という注意則(前記の注意則の一つ)と結びついて、質の高い証拠を要求する前提ともなっていた。この点を意識的に取り上げて、有罪とするには、もっとハイレベルの、決定的ともいうべき証拠が必要なのではないかとする見解が現れる(例えば、前記のロス疑惑銃撃事件控訴審判決は、「中核となる要証事実について、質の高い情況証拠による立証が不可欠とされることは、刑事責任の帰属に関するという事柄の性質上当然である」と判示する)。

また、事実認定の在り方として、要証事実が矛盾なく説明できるだけでは不十分であり、他のいかなる事実を仮定しても、このような矛盾のない関連関係が、とうてい説明できないというテストに耐えるものでなければならないとする提言(齋藤一九六五)なども存在した。これは、そのようなテストに耐えられるだけの質の高い情況証拠を要求しているものと理解することができるのであり、平成二二年最判のさきがけともなった。

(7) 証拠構造論の提唱

以上述べたような「情況証拠による事実認定」適正化の議論は、「基準(準則)」、「判断方法」、「注意則」などという形で提起され、どちらかといえば、裁判官ら判断者に向けられたものであった。しかし、もっとシステマティックに適正化を図る必要があるのではないかとの議論が展開された。それが「証拠構造論」といわれるものである。もともとは再審請求審における「明白性」判断の適正化のために考え出されたものであるが、通常審の事実認定にとっても有用として提唱されるに至った(川崎二〇〇三)。検察官が提示した証拠構造に従って、つまりそれに拘束されて事実認定を行うべきであり、証拠の組み換えなどを行ってはならないとする点に最大の特徴がある。証拠構造を手続的に明示することを要請することから、自ずと各間接事実を分析的に評価することにつながり、その事実認定が、提示された証拠構造に沿って正しく行われたか否かにつき、すべての訴訟関係者らによる検証を可能とする。「評価型評議」が一般的である裁判員裁判にも親和的とされる。これは、従前の適正化論が事実認定の中身に関わる実体的な適正化論であったのに対して、その過程をオープンにして、事実認定の推論過程をブラックボックス化させないことを指向するものであり、手続的な適正化論ということができる。

二　最高裁判所第三小法廷平成二二年四月二七日判決の登場

(1)　事案の概要

情況証拠による事実認定は、間違いなく難問であり、これまで述べてきたような多様な議論が積み重ねられてきた。そのような問題状況のなかに現れ、大きな注目を浴びたのが、冒頭に紹介した平成二二年最判である。

これは、大阪母子殺害事件などとよばれる殺人、現住建造物等放火の事案であるが、被告人は、「息子夫婦らが居住するマンションの一室で、息子の妻(当時二八歳)及びその夫婦の長男(当時一歳一〇か月)を殺害し、その後同室内に放火して焼損させた」との事実により起訴された。被告人は一貫して犯人性を争い、これらの起訴事実を否認した。被告人と犯人を結びつける直接証拠はなく、情況証拠から被告人が犯人と認定できるか否かが最大の争点となったのである。

一審は、①被告人が事件当日に現場であるマンションに赴いたこと、②被告人が、被害者とのやり取りや同女の言動など、何らかの事情をきっかけとして、怒りを爆発させておかしくない状況があったこと、③被告人が、本件当日の夕方に妻を迎えに行く約束を守らず、被害者らが死亡した可能性が高い時刻ころに自らの携帯電話の電源を切っていたなど、その行動に著しく不自然な点があること、④被告人の本件当日の自身の行動に関する供述は、あいまいで漠然としたものであり、不自然な点が散見される上、不合理な変遷もみられ、全体として信用性が乏しいものであることなどの間接事実を総合して、被告人を有罪とした。そして、この①の「被告人が事件当日に現場であるマンションに赴いた」との間接事実を推認するための最大の間接事実となっていたのは、同マンションの階段踊り場の灰皿から採取された吸い殻に付着していた唾液中の細胞のDNA型が被告人のDNA型と一致したことであった。控訴審は、この一審の事実認定を是認した。

これに対して、本最判は、冒頭に記したように、情況証拠による事実認定に関して、「情況証拠によって認められる間接事実中に、被告人が犯人でないとしたならば合理的に説明することができない(あるいは、少なくとも説明が極めて困難である)事実関係が含まれていることを要するものというべきである」と判示し、①の被告人が事件当日に現場であるマンションに赴いたとの間接事実の重要な立証の柱となっていた本件吸い殻に関して、被告人の反論に対する審理が不十分である上、仮に①の「被告人が事件当日に現場であるマンションに赴いた」との事実が認められたとしても、その他の間接事実を加えたときに、右の判示を満たす事実関係が存在するといえるかどうかにも疑問があるとし、被告人の犯人性を認めた第一審判決及びその事実認定を是認した原判決には、間接事実に関する審理不尽の違法、事実誤認の疑いがあり、破棄を免れないとしたのである(なお、本判決には、藤田宙靖、田原睦夫、近藤崇晴各裁判官の補足意見、那須弘平裁判官の意見、堀籠幸男裁判官の反対意見がある)。

(2) 最高裁はいかなるルールを設定したのか
直感的・印象的認定からの決別

従前の有罪認定の基準とされた「合理的疑い」の存否による基準が、十分な役割を果たしていないとの観点からは、情況証拠による事実認定に関して、それに代わる新しい基準が設定されたとして受けとめられた。

しかし、大方の見方は、新たな有罪認定の基準を設定したものではなく（原田二〇一〇）、総合認定における「注意則」を明示したもの（川上二〇一〇、中川武隆二〇一一、鹿野二〇一一、以下、「A説」という）、ないしは、事実認定の手法に関する特別のルールを設定したもの（豊崎二〇一〇b、中川孝博二〇一一、村岡二〇一一、岩瀬二〇一二、門野二〇一三、以下、「B説」という）というものであった。このA説、B説二つの違いは、A説が有罪認定の程度として本判示のいうような事実関係の存在を総合認定の結果として要求するのに対して、B説はそのような事実関係の存在を総合認定に参加しようとする個々の間接事実中に具体的に要求するというところにある。

すでに述べてきたように、証明力がそれほど高くない雑多な間接事実を数多く積み重ねただけで、証明があったとして有罪認定するのは大変危険なことである。直接証拠がある場合には、その直接証拠が信用できるのであれば、事実認定は比較的容易になしうる。しかし、直接証拠がないときには、必然的に推論という過程を経なければならず、たちまち困難な作業と化する。冤罪の防止を最重要の課題と捉えれば、一つの方策として、集積された間接事実のなかに、直接証拠に匹敵するような証明力の極めて高いものを要求するという考え方に行き着く。それによって最低限のセイフティーネットが確保されると考えるのである（間接事実は、また、下位の間接事実から認定されることもあるから、ここでいう間接事実というのは、間接事実群を含むと考えるのが正確であろう）。最高裁は、以上のような観点に立って、裁判員裁判におけるあるべき事実認定を意識しつつ、適切な表現を模索し、それを本判示のような文言に収斂させたのではないだろうか。本判決を全体として眺めたとき、藤田裁判官の補足意見に代表されるように、情況証拠による事実認定が、総合的認定の名の下に「直感的判断」を広く是認する方向へ拡大解釈されつつある現状に対し警鐘を打ち鳴らし、誤判を招いてはならないとの力強いメッセージを発信していることが印象的である。これまでの「直感的、印象的事実認定」にはっきりと決別すべきことを宣言したといって過言ではないように思われる。そうだとすると、本ルールはA説のような、総合認定の結果として、判示の基準を満たしていればよいとの判断を示すものではなく、個々の間接事実の分析の上に立って、B説のように、判示のような事実関係の存在を総合認定に参加している間接事実(群)中に具体的に要求したものと解すべきである。これは、前述の「質の高い証拠の要求」の議論をさらに一歩前進させたものということができる。

アナザーストーリー論への対応

本最判は、アナザーストーリー論に関して、これまでの実務の扱いに対し批判的否定的見解を示したとする見方が出されている(村岡二〇一一)。先述したように、これまで、被告人に実質上証明責任を負わせるような場面が生じたとき、被告人がそれに反駁するのに成功しなかったことやそれに的確に対応しない被告人の態度を一個の間接事実と捉え、これを被告人に不利に扱う実務の慣行があり、それを批判する見解も少なからず存在した。しかし、そのような扱いを表面的には避けたとしても、それが裁判官らの心証に実質的に影響を及ぼし、ときに誤った判断を導いてきたことは否定できないように思われる。

一審判決は、情況証拠の一つとして、④の「被告人の本件当日の自身の行動に関する供述は、あいまいで漠然としたものであり、不自然な点が散見される上、不合理な変遷もみられ、全体として信用性が乏しいものであること」を挙げているが、これは、被告人が事実上負うことになった証明責任を的確に果たせなかったことを示しており、その消極的事実をあからさまに一個の間接事実として扱っているのである。堀籠裁判官の反対意見はもとより、那須裁判官の意見も、このような扱いを否定していないが、多数意見からはこれを否定するか少なくとも重視していないことが窺われる。そのようなメッセージを読み取ることができることも、本最判が実務に与えた衝撃の重要な一部をなしている。

有罪認定の認定基準への影響

先述のように、本最判が明示したルールは、これまでの「合理的疑いの基準」にとって代わるというものとまではいいにくい。形式的には確かにそうであろう。しかし、本最判に従えば、A説を採っても、B説を採っても、情況証拠によって事実認定する場合においては、必然的に、「間接事実中に、被告人が犯人でないとしたならば合理的に説明することができない（あるいは、少なくとも説明が極めて困難である）事実関係が含まれているか否か」ということを指標に、有罪認定の可否を判断していくことになる。そのため、自ずと、これまで機能しにくかった「合理的疑い」の存否の基準にとって代わって（あるいは、その内実として）、有罪認定の「新しい基準」として機能し始める可能性が高い（岩瀬二〇一二）。そして、その厳格な表現からは、裁判官らは、確実に有罪認定のハードルが高くなったと感じることになるであろう。本最判の狙いは、むしろその点にあったとみるべきかもしれない。本最判は、判例集登載の過程で、事例判例とされたようであるが、いずれにせよ、今後、本事案のような情況証拠によって事実認定すべき裁判において大きな影響を及ぼすことは間違いない。その点も含めて、この平成二二年最判が実務に与えた衝撃は実に大きかったのである。

三　今後の課題

(1)　その後の展開

注目すべき動き

鹿児島老夫婦殺害事件（鹿児島地判平成二二年一二月一〇日判決、ＬＬＩ／ＤＢ判例秘書Ｌ０６５５０７２５）は、裁判員裁判が開始されて最初の本格的否認事件として世間の耳目を引いたが、その無罪の判断において、平成二二年最判の判断ルールが早々に用いられたという点でも注目された。すなわち、情況証拠を、被告人の犯人性を推認させる情況証拠群、その推認を妨げる情況証拠群などに分類し、個々の情況証拠の推認力を分析した上、総合評価を行い、その過程で、最判のいう事実関係の有無の確認作業を行ったのである。この事件では、被害現場から、被告人の指紋やDNA型が発見されており、被告人の被害現場に行ったことがないという弁解は虚偽とされたが、その点は重視されなかった。この点も、従来の実務慣行からは大きな跳躍であった。検察官は控訴したが、審理中に被告人が死亡したため残念ながら上訴審の判断は得られなかった。

その後、糸島放火事件においても、福岡高裁は総合評価の過程で平成二二年最判のいう事実関係が認められるか否かの確認作業を行い、そのような事実関係は認められないとして一審判決を破棄し無罪判決を言い渡した（福岡高判平成二三年一一月二日、LLI／DB判例秘書L06620534、伊藤二〇一三、丸山二〇一四）。この事件は、上告されたが、最高裁は特段の判断を示すことなくその結論を維持した。

以上は、代表的なものであるが、そのほかにも、同様の事例は散見され、今後も、平成二二年最判の示した事実関係の存否を有罪認定の指標とする事例が増加することが予想される。

平成二二年最判の射程（犯人性が問題になる事案だけか）

平成二二年最判は被告人の犯人性が問題となる事案であったが、判示のルールの適用範囲はそのような被告人の犯人性が問題となる事案に限定されるのであろうか。例えば、被告人の「故意」とか「目的」とか、主観的事実の存否が問題となっている事案についても、このルールが用いられることはないのだろうか。覚せい剤の密輸に関しては、多くの事案において、被告人が、覚せい剤を本邦に持ち込むという認識を有していたかということが争点となっているが、このような事案において、実際に、この平成二二年最判のルールをよりどころに判断した事例が現れている（東京地判平成二五年二月一三日判決）。このように、主観的要素が問題となる場合であっても、情況証拠によって認定せざるを得ない事案である以上は、これを、別異に考えるべき事情はないように思われる。今後このような事案を含めて、有力な判断手法として活用されることが期待される。

(2)　ＤＮＡ型鑑定の証明力

ＤＮＡ型鑑定こそ、証明力の判断に特別の注意が必要であり、分析的評価が最も必要とされる証拠である(ＤＮＡ型鑑定全般の問題点について、家令二〇一五)。

ざっくりした言い方になるが、例えば、性的被害者の体内から、被告人のＤＮＡ型と同じ型の体液が検出された場合、被告人の性的犯罪の犯人性は強く疑われる。しかし、ドアのノブに被告人のＤＮＡ型と同じ型の物質が発見されたとしても、それだけで、被告人がその室内で放火したあるいは殺人を犯したとまで直ちに推認することはできない。そのほかの情況証拠と結びついてはじめてそのような推認が可能となるのである。その点の分析を欠いては、とんでもない誤判を招くことになる。平成二二年度司法研究「科学的証拠とこれを用いた裁判の在り方」(岡田・遠藤・前田二〇一三、以下、「司法研究」ともいう)は、ＤＮＡ型鑑定を含む科学的証拠の取扱いに関する貴重な研究であるが、同研究は、このような問題点を科学的証拠一般に共通する証拠構造の問題として、薬毒物鑑定の例を引きながら詳細に解説している(司法研究一九)。

以上の観点から見て、最も避けなければならないことは、このような証拠の示す意味の分析を十分行わず、鑑定で「ＤＮＡ型が一致した」という事実をそのまま間接事実の一つとして投入し総合認定することである。そのＤＮＡ型鑑定がそれだけでは犯罪事実そのものに関係して十分な証明力をもたなかったとしても、右のような証明力の及ぶ範囲についての厳密な分析を抜きに他の間接事実といっしょくたに総合認定のなかに投入してしまうと、ＤＮＡ型鑑定の識別精度の高さにのみ目が行ってしまい、どうしても有罪認定に傾斜しがちとなる。さほど証明力のない証拠であってても本来もっている以上の証明力をもつように見えてくるのである。多少はあいまいさを残す他の情況証拠に比べて、それ自体としては(限定された対象に対してではあるが)ほとんどあいまいさを残さない一〇〇パーセント近い証明力を有する証拠であるところに逆に問題を孕むのかもしれない。この問題の深刻さを如実に示したのが、東電女性社員殺害事件(家令二〇一五Ⅶ、Ⅷ)であり、鹿児島・強姦事件(福岡高裁宮崎支部判平成二八年一月一二日、和田二〇一六)である。

前者は、再審によって無罪が確定した強盗殺人の事案であるが、犯行現場に遺留されたコンドーム内の精液のDNA型が被告人のDNA型と一致したことが有力な証拠とされた。しかし、そのコンドームの遺留された日時と犯行日時との一致が実は重要なポイントであり、その点の立証があってはじめて十分な証明力をもちうるものであった。ところが、その点の分析が十分になされないまま、その他の情況証拠といっしょくたに総合認定に投入されたことが誤判の大きな要因となったのである(大阪母子殺害事件もこれと同じ問題を内包する)。冤罪防止の観点からは、本来立証すべき対象事実に対して明確に関連性があることを示せないのであれば、「その証拠価値をゼロとする」とか、そもそも「有罪認定のために証拠として投入しない」などの思い切った措置が必要となるであろう。

ところで、DNA型鑑定の進歩は目覚ましく、識別精度が極めて高くなっていることは間違いない。それを前提にすれば、究極の議論として、被告人が否認ないし黙秘している場合でも、DNA型鑑定の結果のみによって、被告人を有罪とすることができるかという問題に直面する。司法研究は、「事案や科学的証拠の内容によっては、例えば、DNA型鑑定の結果から認められる事実を構成要素とする間接事実が、その犯人性を優に推認させ、これを揺るがす事実や証拠がない場合には、これのみによる有罪立証も許される」(司法研究五九)と述べて、DNA型鑑定のみによって事実認定を行うことを、若干の留保を付けながらも肯定する(司法研究五九、一三六)。しかし、これに対しては、「DNA鑑定を除いても有罪と認定するのに十分な証拠があるかと問い、消極に解さざるをえない場合は、DNA鑑定によって不利な推認は許されないと解すべきである。それ以外に tunnel vision(視野狭窄)に陥らない方法はない」との佐藤博史弁護士からの反論がある(佐藤二〇一三)。照合型の指紋と異なり、検査者を信頼するほかない不可視の

「型」鑑定であること、鑑定対象の採取主体(捜査官)の問題、鑑定主体(科捜研など)の問題など、決して無視できない問題を抱えていること(佐藤二〇一四)、さらに、司法研究が留保した、「これを揺るがす事実や証拠がない場合には」という事柄の判断自体が、大いに人為が関わるものでありどこまで客観性が保てるか疑問であること、DNA型鑑定とはいっても、そこから構築される間接事実による認定である以上、ことの大小はあってもどこかで必ず推認という人為による過程をたどらざるを得ないことなどからすれば、これを唯一の証拠ないし決定的な証拠として犯罪を認定することについては、疑問を提起しておきたい。そして、これは刑事司法に関わる政策論的な観点からの疑問であるが、DNA型の一致を「唯一の証拠」として有罪認定してよいとすれば、どうしても、他の証拠の収集検討がなおざりになってしまうというおそれが生じる。それによって、本来検討すべき事柄が軽視され冤罪につながってしまうことが否定できない。司法研究は、DNA型鑑定一本による有罪認定を可能としながらも、捜査や公判審理において他の証拠の傍証が不要という意味ではないとし、その理由を、「その事実認定をより容易かつ安定感のあるものとし、納得も得られやすいものとするであろうことは多言を要しない」などと説明する(司法研究一三九)。しかし、安定感のある、納得の得られる立証こそが、冤罪の防止につながるとすれば、それを充足しない立証を許すことが、それに相反する結果をもたらすことは目に見えており、そうであればこそ、それを避けるようにすることが政策論としても正しい方向ではないだろうか。

文献一覧

池田修(一九九八)「事実認定における分析的検討と総合的評価について」原田國男・川上拓一・中谷雄二郎編『刑事裁判の理論と実務――中山善房判事退官記念』成文堂
石井一正(二〇〇四)「ブックレビュー　木谷明著『刑事裁判の心――事実認定適正化の方策』」『判例タイムズ』一一四四号
同(二〇一一)『刑事実務証拠法(第五版)』判例タイムズ社

同（二〇一五）『刑事事実認定入門〔第三版〕』判例タイムズ社
石塚章夫（一九八八）「情況事実による主要事実の認定――放火事件を素材として」石松竹雄・守屋克彦編『刑事裁判の現代的展開――小野慶二判事退官記念論文集』勁草書房
伊藤睦（二〇一三）「情況証拠による事実認定」『法律時報』八五巻三号
岩瀬徹（二〇一二）「情況証拠による立証と合理的疑い」松尾浩也・岩瀬徹編『実例刑事訴訟法Ⅲ』青林書院
植村立郎（二〇一六）『実践的刑事事実認定と状況証拠〔第三版〕』立花書房
岡田雄一・遠藤邦彦・前田巌（二〇一三）『科学的証拠とこれを用いた裁判の在り方』法曹会
門野博（二〇一三）「情況証拠による事実認定のあり方――最高裁はいかなるルールを設定したのか」『論究ジュリスト』七号
同（二〇一五）「黙秘権の行使と事実認定」木谷明編著『刑事事実認定の基本問題〔第三版〕』成文堂
鹿野伸二（二〇一一）「時の判例」『ジュリスト』一四二六号
川上拓一（二〇一〇）「情況証拠による事実認定」『研修』七四九号
川﨑英明（二〇〇三）『刑事再審と証拠構造論の展開』日本評論社
家令和典（二〇一五）「科学的証拠による事実認定――ＤＮＡ型鑑定を中心にして」木谷明編著『刑事事実認定の基本問題〔第三版〕』成文堂
木谷明（二〇〇四）『刑事裁判の心――事実認定適正化の方策〔新版〕』法律文化社
同（二〇〇八）「有罪認定に必要とされる立証の程度としての「合理的な疑いを差し挟む余地がない」の意義」『平成一九年度重要判例解説』有斐閣
齋藤朔郎（一九六五）『刑事訴訟論集』有斐閣
佐藤博史（二〇一三）「足利事件からみた科学的証拠に関する司法研究」『季刊刑事弁護』七六号
同（二〇一四）「ＤＮＡ鑑定とヒューマンエラー――ＤＮＡ鑑定を等身大にみる」高橋則夫ほか編『曽根威彦先生・田口守一先生古稀祝賀論文集〔下巻〕』成文堂
豊崎七絵（二〇一〇ａ）「間接事実の証明と総合評価」『法政研究』七六巻四号
同（二〇一〇ｂ）「情況証拠と採証法則」『法学セミナー』六六七号
中川孝博（二〇〇一）「「合理的疑い」の果たすべき機能」『季刊刑事弁護』二七号

同（二〇一一）「間接事実の総合評価に関し、一定の外在的ルールを定めた事例」『速報判例解説』八巻
中川武隆・植村立郎・木口信之（一九九四）『情況証拠の観点から見た事実認定』法曹会
中川武隆（二〇一一）「情況証拠による犯罪事実の認定」『平成二二年度重要判例解説』有斐閣
中里智美（二〇一五）「情況証拠による事実認定」木谷明編著『刑事事実認定の基本問題（第三版）』成文堂
原田國男（二〇〇五）「裁判員制度における事実認定――木谷・石井論争を素材として」『法律時報』九六二号
同（二〇一〇）「間接事実による犯人性推認のあり方」『法学教室』三六〇号
同（二〇一五）「合理的疑いを超える証明」『刑事訴訟法の争点』有斐閣
丸山和大（二〇一四）「裁判員裁判有罪判決を事実誤認破棄・無罪とした控訴審判決を維持した事例」『季刊刑事弁護』七九号
村岡啓一（二〇一一）「情況証拠による事実認定論の現在」浅田和茂ほか編『人権の刑事法学　村井敏邦先生古稀記念論文集』日本評論社
和田恵（二〇一六）「虚偽を述べていた少女の供述を信用して事実を誤認した判決（前、後編）」『自由と正義』六七巻一一、一二号

3　自白の任意性・信用性の判断
――裁判員裁判と取調べの録音・録画を中心に――

木山暢郎

はじめに

二〇〇九年五月の裁判員制度実施以来、刑事公判のあり方は大きく変わった。中でも自白の任意性・信用性に関する審理・判断のあり方、具体的には被疑者の取調べ状況に関する証拠調べの変わりようはその象徴ともいえるものである。

変化の中心にあるのは被疑者取調べの録音・録画の運用である。導入・定着まで長年にわたる紆余曲折はあったが、検察・警察は近年その対象・範囲の拡大を重ね、現時点(二〇一七年四月)までに、裁判員裁判対象事件のほぼ全件を対象に、ごく少数の例外を除き開始から終了までの全過程を範囲として、被疑者取調べの録音・録画が実施されるに至っている。

これによって状況は劇的に変化した。自白の任意性を争う事件が激減したのである。

二〇一六年の刑事訴訟法改正では、二〇一九年六月までに、裁判員裁判対象事件等について、捜査官に対し逮捕・勾留中の被疑者の取調べ等を行うに際し原則その全過程の録音・録画を義務付け、検察官に対し公判手続で公判外の自白・不利益供述の任意性が争われた場合には当該取調べの全過程を録音・録画した記録媒体の証拠調べ請求を義務付けることを主な内容とする新制度が実施されることが決められた。

本稿では、自白、自白の任意性・信用性、さらには被疑者の取調べと供述録取書について、基礎的な事柄を概観した後(一〜三)、特に任意性に重点を置いて、過去の裁判官裁判におけるその審理・判断のあり方を紹介するとともに(四)、裁判員裁判実施後における状況の変動を素描し(五)、最後に今後の課題について簡単に触れることとする。

一　自白、自白の任意性、自白の信用性とはどのようなものか

自白の意義

刑事司法の分野において自白とは、自己の犯罪事実の全部または一部を認める被疑者・被告人の供述をいう。つまり、自白は、その供述者が、①自分が問題とされている犯罪の犯人であること(犯人性)、及び、そのことを前提に②自分が経験したその犯罪事実の内容や経緯等を述べるものである。

自白の一般的な信用性・有用性

他人が自分に都合のいいことを言っているとき、人は眉につばを付けて慎重になる。それと同じ感覚によれば、他人がわざわざ自分に不都合なことを言っているとき、その言葉は逆に信用されやすいことになるだろう。罪を犯した人は処罰されることを覚悟しなければならないから、にもかかわらず、犯罪を疑われている人がこれに関して自己に不利益な事実を承認するならば、通常その供述の信用性は高い。

犯罪があったとき犯人にその罪に見合った罰を与えるのは古今東西を問わない刑事制度の基本的任務であるが、こ

れを適正に行うにはその犯人と犯罪事実の内容・経緯とを正しく把握することが必須である。常に困難を伴うその作業にとって、自らが犯人であることを認めた上でその体験の内容・経緯を詳しく語る自白の存在は一般に貴重かつ有用である。もちろん被害者・目撃者などがいればそれらのことをその人たちから聴くこともできる。しかし、それがいつも可能とは限らない。殺人事件の被害者は死んでしまっている。

自白と拷問

歴史的には、このような自白の一般的な信用性・有用性を高く評価する見地から(「自白は証拠の女王」)、自白がなければ人を処罰することはできないとのルールを設ける一方で(法定証拠主義の一種)、自白獲得のための拷問を一定の範囲で許容する制度を持った時代もあった。冤罪の防止は時代を問わない刑事裁判の悲願であり、右の制度もその当時には古代の神判などに比べればよほどマシなものと考えられていたはずである。

しかし、拷問の苦しさに耐えかねてそこから逃れるために虚偽の自白をする者がありうることは見やすい道理であるし、そもそも拷問という訊問方法それ自体が残虐で誠に非人道的である。科学的合理主義や人権思想発展の下、近代法は、自白獲得のための拷問を全廃・禁止するとともに、他方で、自白がなくても他にちゃんとした証拠があればそれらによって犯罪を認定しその犯人を処罰できるとする制度に移行してきた(証拠裁判主義)。

現代の自白排除法則(自白の任意性)

日本法もまた同様である。現在の憲法、刑事訴訟法は、公務員による拷問を絶対に禁止する。そして、捜査官には犯罪捜査のための被疑者取調べ権限を付与しつつも、自白を求めるあまり過酷にわたる追及がなされないよう、表からは弁護人依頼権、黙秘権の保障やその告知義務などの工夫・規制を加えるとともに、これを裏から確保するため、

「強制、拷問若しくは脅迫による自白又は不当に長く抑留若しくは拘禁された後の自白」「その他任意にされたものでない疑のある自白」(これらをまとめて不任意自白という)は、「これを証拠とすることができない」と定めている(憲法三八条二項、刑訴法三一九条一項)。虚偽自白を誘発するような不当な取調べによる自白を証拠とすることは誤判の原因となりかねないし(虚偽排除的観点)、人権を侵害するような違法な取調べによる自白をなお証拠として許容することはそのような取調べを助長することになりかねない(人権擁護的観点)。このような不任意自白は刑事裁判において事実認定のための証拠として用いることができないのである(自白排除法則)。任意性は自白の証拠能力要件である。

なお、ここに例示されている強制、拷問、脅迫などのほかに、具体的にどのような、どの程度の事情があれば任意性が否定されるのか、あるいは、肯定されるのかについては長年にわたる議論と先例の積み重ねがあるが、ギリギリのところでは必ずしも十分明確な基準が確立しているとはいえない状況にある。もっとも、本稿ではもっぱらその審理方法を扱うので、この点については深入りすることができない。

自由心証主義と自白の信用性判断(自白の危険性)

右のように、現代法は自白に対して多分に警戒的な態度をとっているのだが、しかし、必ずしも前述の自白の一般的な信用性・有用性そのものを否定しているわけではないことには注意しなければならない。

それは、現行刑事訴訟法が、①捜査官に被疑者取調べの権限を与え非公開の密室で被疑者に質問をして供述を引き出すことを認めた上(一九八条一項)、さらに、②その者が起訴された公判では、右の取調べにより採取・獲得された自白その他の不利益供述を、これが伝聞排除法則の対象である公判外供述であるにもかかわらず(三二〇条参照)、任意性のみを要件として排除の例外と認めているところに現れている(反対に、自己に有利な内容の公判外供述は「特に信用すべき情況の下」になされたものでなければ排除の例外を認められない。以上、三二二条一項)。

もともと、被疑者が任意に自己に不利益な事実を認めついには自白するに至る動機・理由は、実はまちまちであり（後悔、罪悪感、現実逃避、虚勢、損得勘定等々）、これらは時として供述の内容を歪める要因ともなりうる。しかし、法は、このような自白・不利益供述の動機を問うことなく、任意になされたものであれば、まずは証拠とすることを許した上で、それら個々の事情については他の証拠と同様に、証明力・信用性の問題として裁判官による自由な判断に委ねたのである（三一八条。自由心証主義）。ここに自白の任意性とは別に、自白の信用性の個別的な判断が問題となる理由がある。

ところで、歴史と経験の教えるところによれば、人はしばしば、捜査官に対し、その程度のことでと驚くような理由から、虚偽の自白をすることがある。厳罰を免れない殺人等の重大犯罪にあってすら、自白した者が実は無実であったと後に判明した例は枚挙にいとまがない。他方、いったんは罪悪感等から自白したのに、時が経って怖じ気づき、公判では処罰を免れようと否認するに至る者も数多くいる。自白の信用性判断は、一面で、目の前のこの被告人はそのどちらなのかを選別することだともいえる。そして、人は、事件が重大であればあるほど、やってもいないのにやったなどと嘘は言わないだろうと考えがちである。自白は自白であるがゆえに信用されやすい。しかし、それが常に正しいとは限らない（自白の危険性）。ここに自白の信用性判断の課題がある。

二　自白の任意性・信用性は訴訟の場でどのようにして問題とされるのか

自白事件と否認事件

刑事公判事件の多くは、捜査官（一次的には司法警察職員。多くの場合は警察官）に対して自白している被疑者を、検察官（二次的な捜査官にして公訴提起・公判追行を主たる職責とする）が起訴したものである。被告人となったその者が公判でも自白を維持して有罪を認めるならば、公判審理は量刑判断のための情状審理に時間を割く形で行われることになる。このような事件は、自白事件と呼ばれる。

他方、捜査段階において一貫して否認している被疑者が起訴されることももちろんある。このような場合、検察官は、被害者・目撃者の供述その他の客観証拠などから、被告人の有罪(犯人性及び犯罪事実の内容・経緯)を十分立証できると考えて起訴するわけで、公判では、検察官が請求するそれらの証拠の取調べと、被告人側の弁解・反論・反証とが審理の中心となる。被告人が公判で有罪を争う事件は、否認事件と呼ばれる。

自白のある否認事件

ところで、否認事件の中には、捜査官に対しては自白していた被疑者が、起訴されて被告人となった公判では起訴事実を否認して有罪を争う、というタイプのものがある。自白の任意性やその信用性が問題とされる事件はほぼこのような経過をたどっている。

もっとも、この種の事件にあっても、犯人性や犯罪事実の内容・経緯に関し、関係者・参考人の供述や指紋その他の物的証拠など、被疑者の自白とは独立の証拠(客観証拠)が豊富にあれば、検察官は、それらを軸として有罪立証を目指せばよく、捜査段階の自白(自白調書)にこだわる必要は乏しい。この点を直視すれば、本来、その公判審理は前記の一貫した否認事件と似たようなものになるはずである。

ところが、このような、自白調書の必要性に乏しい事件にあってもかつては、検察官が、①「万が一」の無罪判決を恐れて「念のため」に、あるいは、②自白調書の証拠調べ請求を撤回することは違法・不当な取調べがあったとする被告人の言い分を認めたものと受け取られかねない(民事の国家賠償請求訴訟で不利になる?)などと懸念して「受けて立つ」として、自白調書にこだわることが多かった。

刑事裁判の使命は、本来、起訴事実に関する有罪無罪の罪責確定及び有罪の場合の刑の量定に尽きるのであるから、右のような場合には、訴訟手続を主宰する裁判所がこの事件では自白調書は必要ないとして証拠調べ請求を却下し、審理をコンパクトなものにする責任があった(迅速審理の要請)。ところが裁判所も、①客観証拠で十分と内心考えつつ、これもまた「万が一」の控訴審による破棄差戻しを恐れて「念のため」に、あるいは、②事案の周辺の真相解明(被疑者取調べにおける不正の有無)もまた裁判所の職責たるを失わないとの今から思えばやや過剰な使命感により当事者に「付き合う」として、結果、自白調書の任意性・信用性をめぐって多大な時間と労力が割かれることが少なくなかった。

決め手となる客観証拠の乏しい事件と自白

他方、客観証拠が乏しく、起訴する以上、検察官としては被告人の自白調書を有罪立証の軸に据えざるをえない事件もある。やや詳述しよう。

捜査機関が犯罪の捜査を進める中で、証拠を収集し犯人と疑われる人物を特定しても、決め手となる客観証拠が乏しく、最終的には、被疑者の自白がなければ犯人性に確信が持てないとか、あるいは事案の内容・経緯が全く判明しない、といった事件がある。

このような事件で被疑者からすんなりと自白が得られることは多くない。とりわけ殺人その他の重大事件ではそうである。捜査官の追及はねばり強く時間をかけた、時にはかなり厳しいものにもなるが、それでも結局自白が得られなければ、検察官は、後によほど有力な客観証拠が発見されでもしない限り、この者の起訴は断念せざるをえないであろう。

他方、取調べの結果被疑者が自白をすれば、捜査官はさらにその供述内容をよく吟味して、すでに収集している証拠と照合し、時にはその内容を裏付ける証拠を新たに探索する。自白の内容が非常に具体的で他の証拠ともとてもよく整合するものであったとか、探してみたら被疑者の述べたとおりの場所から有力な証拠物（たとえば、被害者の血の付いた凶器）が発見されたなどの成果があがれば、検察官は、自白を有罪立証の中心に据えこれを支える客観証拠で周りを固めて、相応の自信を持ってこの者を起訴することだろう。

さらに、それらの中間形態として、一応の自白は得られたものの内容がやや曖昧で、かつ、これを裏付ける決定的な証拠の発見にも至らなかったが、かといって収集された他の証拠との間に特に矛盾があるわけでもない、といった悩ましい場合もありうる。このようなとき検察官は、この自白は最終的に信用することができるか、公判廷でも維持されそうか、いざ供述が翻されたときこれを主軸として有罪を立証し切ることができるか等々の観点から起訴するかどうかを検討し、断念することもあれば、踏み切ることもあるだろう。

以上のような、自白調書を有罪立証の軸とする事件が起訴された後、被告人が捜査段階の自白を翻して起訴事実を否認し有罪を争うことになれば、その場合には、当然、検察官が有罪立証の軸に据えたその自白調書が当事者双方の攻防の中心となる。

弁護人は、検察官の自白調書の取調べ請求に対して、これを証拠とすることには同意せず、たとえば、①その自白調書の内容たる供述は捜査官に強制されたもので任意にされたものでない疑いがあるとして、その取調べに異議を述べる、あるいは、②その自白調書の内容は虚偽であるとして、その信用性を争う、などの展開が考えられる。

三　被疑者の取調べ、供述録取書とはどのようなものか

自白の任意性・信用性と被疑者の取調べ

再三示唆しているように、訴訟の場で自白の任意性・信用性が問題となるのは、ほとんどの場合、逮捕・勾留中の被疑者取調べによって得られた自白調書（供述録取書）についてである。任意性は捜査官の被疑者に対する供述強制等の有無の問題であるから、端的に、取調べの際に両者間でどのようなやり取りがあったのか、すなわち取調べの内容・状況が問われることになる。また、信用性は他の証拠との関係などさまざまな観点から吟味・検討されるのだが、自らの過去の供述を虚偽として争う被告人としてはそのような虚偽を述べた理由の説明を避けて通ることができず、その際しばしば取調べの内容・状況が問題となる。自白の任意性・信用性と被疑者の取調べとはこのように関係が深いのである。

そこで、以下の叙述の前提として、被疑者の取調べとその産物である供述録取書に関する基礎的な事柄について概観しておくのが便宜であろう。

被疑者の取調べ

捜査官は、必要があれば被疑者の出頭を求めてこれを取り調べることができるが（刑訴法一九八条一項本文）、被疑者には黙秘権があり、捜査官の取調べに対しても供述義務がない（同二項）。もっとも、身柄を拘束されていない被疑者は、捜査官の出頭要請を拒み、出頭後もいつでも退去する自由を認められているが（同一項ただし書）、逮捕・勾留中の被疑者にはこれがない（前同）。また、被疑者には弁護人選任権があり、身柄拘束に際してはその告知が捜査官に義

務付けられているが(二〇三条一項など)、アメリカの判例上承認されている被疑者取調べへの弁護人立会権は日本の法律上認められていない。

要するに、逮捕・勾留中の被疑者は、いわば密室状態の取調べ室内で捜査官と一人対峙することを余儀なくされるわけである。

供述録取書

捜査官は被疑者を取り調べた後、その供述内容を調書に録取することができ(一九八条三項)、これを同人に閲覧させまたは読み聞かせて誤りがないかどうかを問い、増減変更の申立てがあるときはこれを調書に記載し(同四項)、誤りがない旨申し立てられたときは、被疑者が拒まない限りこれに署名押印することを求めることができる(同五項)。この署名押印は供述録取の正確性を供述者本人に確認させる趣旨のもので、その調書が伝聞例外として証拠能力を取得するための前提要件である(三二二条一項。再伝聞解消機能)。

署名押印の右のような性格から、被疑者がその求めを拒絶できることは被疑者・弁護人にとって不本意な内容の供述録取書が将来公判において証拠とされないようにするための武器として機能する面がある。もっとも、だからこそ他方で、この署名押印が調書上に存在するのになお任意性を争おうとする被告人に対して、まずは争点を明確にする責任を負わせる(後述)ことが正当化される、という面もある。

供述録取書は、捜査官が被疑者の供述内容をまとめて記述するいわゆる要領調書の形式で作成され、被疑者の供述を全て逐語的に記録することにはなっていない。捜査官が被疑者に対して色々と自由に問いを投げかけて、その答えの全体像を適宜要約しながら、最終的には被疑者の一人称の文体でまとめられることが多い。供述録取書はしばしば捜査官の「作文」だといわれるが、本来、それはこのような記述形式のことを指している。

このような供述録取書の証拠方法(情報媒体)としての特徴を考えると、話者の表情・態度が見えない、内容に関する疑義をその場で直ちに問いただせない等々色々とあるのだが、信用性吟味の観点からは、問答の結果のみが記載され、いかなる質問に対し、どのような経過によりそのような供述がされたのかが調書の記載からは分からないところが特に弱点となる。

四　自白の任意性・信用性は裁判官裁判でどのように審理・判断されてきたか

従来の任意性審理①・争点明確化のための被告人質問

被告人側が自白調書の任意性を争う場合、検察官は任意性を立証する必要を生じる(立証責任)。しかし、この場合でも検察官にいきなり任意性に影響を及ぼす一切の事実の不存在を立証させる方法はとられていない。二〇日以上にもなる逮捕・勾留期間中の全ての取調べの具体的な状況を明らかにさせるのはいたずらに審理を長引かせるばかりであるし、そもそもそれを可能とする手段もなかった。

そこで、通常は、任意性を争う被告人側からまずは概括的・類型的に、たとえば「暴行・脅迫による自白」「約束による自白」などと不任意自白である旨を主張させた上で、争点明確化のために被告人質問を行い、いつ頃、誰によって、どのような違法・不当な取調べがあったのかを具体的に明らかにさせる。

従来の任意性審理②・捜査官の証人尋問

実務上は、この段階で任意性が疑われるほどの事情が示されず、その程度の話ならばせいぜい信用性が問題になるにすぎないと判断される場合も少なくなかった。そのような場合には、捜査官の証人尋問を経るまでもなく、自白調書は任意性があるものとして採用されて取り調べられ、審理のステージは次の信用性の問題に移る。

他方、被告人の述べる事情が本当であるなら不任意自白に該当しそうだとの見極めがつけば、次に、これについて知る捜査官（通常は取調べ担当者）を証人として尋問する。

従来の任意性審理③・水掛け論の困難

任意性の審理をめぐる困難な問題は、争点が明確化され、必要があるとして捜査官の尋問を実施したその後にあった。すなわち、被告人と捜査官の双方が述べる取調べ状況が往々にして真っ向から対立し、どちらか一方が虚偽を述べているのが明らかな状況となりながら、しかし、前述の密室的状況の制約から双方とも決め手を欠き、結果、水掛け論になってしまうのである。

もっとも、立証責任のルールからは、どちらが本当か不明となれば検察官の任意性立証が失敗したものとして、自白調書の証拠調べ請求は却下されることになりそうなものである。しかし、自白調書を有罪立証の軸に据える事件、とりわけ殺人等の重大事件にあっては、検察官も容易に引き下がらず、証人尋問後に今度は本格的な被告人質問を実施して微に入り細を穿つような質問を行ったり、留置人出入簿、診断書、捜査日誌などの客観的な証拠を傍証として大量に取調べ請求することによって、被告人供述の矛盾や客観的事実との齟齬を引き出そうとするなどした。

しかし、そうなると、争点明確化の前に、被告人側にそれらの客観的証拠が開示されて十分な準備を経るのでなければ、フェアではないと考えられるようになる。また、弁護人側でも、身柄拘束中の被疑者にノートを差し入れて日々の取調べ状況をこれに記載するよう助言し、後の任意性審理の場において被告人供述を裏付ける証拠として活用する方策を模索するようにもなり、その証拠法上の扱いをめぐって争いを生じることにもなった。

従来の任意性審理④・水掛け論解消の努力

さらに、裁判所側からも、「やられた」「やってない」の水掛け論からの脱却を目指す動きを生じ、捜査官から、疑われている暴行等を否定する証言を得てよしとするのではなく、当初犯行を否認していた被疑者がどのような経過をたどって自白に転じるに至ったのか、その困難であったはずの適法かつ相当な説得活動の具体的な状況をこそ証言させ、これを、捜査期間中(身柄拘束期間中)の被疑者の取調べ経過(留置人出入簿、捜査日誌、二〇〇四年四月以降に制度化された取調べ状況報告書などの客観証拠から明らかにされる)や、取調べごとの被疑者の供述内容の変遷過程(被疑者の全供述録取書を非供述証拠として逐一調べることによって明らかにされる)と照合するなどして、その真偽を判定するという一歩踏み込んだ審理方法が提言され、これが実践されるようにもなった。

自白を無理強いした捜査官が「やってない」としらを切るのは簡単だが、「被疑者はこれこれこうで自白に転じた」と積極的な嘘を作って述べるのは案外難しい。自白に転じた経緯を具体的に述べることは実体験者にとっては易しいはずであるから、そこに嘘があるならあぶり出してやろう、というのである。これはかなり効果的な審理方法であり、立証責任にも適うのだが、取調べ過程その他の客観証拠を広く多く集めて調べることが必須であり、これがなかなか大変な作業であった(かつて平成の初め頃、実務上、検察官にそれらの過程を一覧表の形にまとめさせて任意性審理で活用しようとの試みがなされたが、この面倒な作業を嫌った検察庁の拒絶により、結局うまく行かなかった歴史がある)。

従来の任意性審理⑤・それでも残る隔靴掻痒感

このように、被疑者取調べの状況に関する立証・反証は肥大化・緻密化の一途をたどったが、それでもなお、常に隔靴掻痒の感を免れるものではなかった。職業裁判官は、膨大な証拠書類や公判調書を(もちろん裁判官室で)詳細に読み込み、名人芸的・職人芸的と賞されまた揶揄されもしながら難しい事実認定に取り組んでいたのである。

従来の任意性審理⑥・判断基準の困難

しかも、若干前述したとおり、どのような場合に任意性が否定されることになるのか、その判断基準自体が必ずしも十分に確立したものとはいえず、そのことも任意性判断の困難に輪をかけていた。殺人その他の重大事件で、自白が唯一の決め手となるような事件では、実務上、よく分からないときは直ちに立証責任で割り切ることをせず、ひとまず任意性を否定はせずに自白調書を採用しておき、調書自体も資料としてさらにその信用性をみっちりと審査するという行き方も少なからずあったのであるが、これを簡単には非難できないような状況が長く続いていたのである。

このようなわけで、自白の任意性の審理・判断は、裁判所による判断事項の中でも特に困難な作業の一つに数えられてきた。これをそのまま裁判員裁判に持ち込むことの非現実性は明らかであろう。

信用性の審理・判断(直感的総合判断と論理的分析判断)

他方、自白の信用性判断については、当初、細部の小さな矛盾等にこだわることなく、供述内容全体を大きく眺め、「非常に詳細で具体的である」「生々しい迫力がある」などの直感的印象的な総合判断を重視する手法が主流とされていた。

それが、昭和の末から平成初期にかけて、自白調書が有罪立証の軸とされていた死刑等重大事件に係る再審無罪判決が続いたのを契機として大きな変化があった。供述内容の具体性、詳細性などの直感的な印象にとらわれることなく、自白調書で語られている内容の他の証拠との整合性や裏付けの有無、いわゆる秘密の暴露の有無や、逆に、実体験事実なら当時の状況からして当然に語られるはずの事項の欠落の有無などを吟味し、さらには、任意性審査とも重なるところだが、自白前後の取調べ経緯や供述の変遷過程とその合理性などを細かく調べて当時の被疑者に虚偽供述がなされる契機がなかったかを検討する、といった、客観的論理的な分析判断を重視する動きを生じたのである。これに伴っていわゆる注意則研究が盛んになった。これは、簡単にいえば、各種の証拠ごとにそれぞれ固有の危険性を踏まえその信用性判断に際して注意・着眼すべき点を類型的に整理し準則化しようとする試みである。

歴史の苦い経験から直感的印象的判断のみに頼ることの危険は明らかで、注意則を活用した分析的検討手法の優位は動かない。しかし近年、注意則研究の閉塞状況も指摘される。注意則そのものはあくまで準則・指針にすぎず、個々の事件における実際の適用のあり方こそが重要で、その使い方を誤れば判決理由記載のためのマニュアルもどきに堕してしまう危険は常にある。また、後者の手法が職業裁判官による多量の書類の詳細な読み込みを前提とすることは否定できず、そのまま裁判員裁判に持ち込むことは困難である。

五　裁判員裁判によって何が変わったか

裁判員裁判の登場

二〇〇四年の裁判員法制定後、二〇〇九年五月の裁判員制度実施までの間、法曹三者間で公判準備・公判審理・評議・判決書、さらには捜査・控訴審など刑事手続のあらゆる場面について、当時「精密司法」と呼称されていた(褒め言葉ではない)やり方の見直しが急ピッチで進められた。それぞれ職業と生活を持つ一般国民から選出される非法律家の素人が合議体の一員として公判手続に参加し、職業裁判官と共に罪責確定と量刑を行う裁判員裁判にあって、過度に複雑・難解な審理は制度の形骸化を招き、また、過度に長期にわたる審理は制度の存続すら危うくすることになるからである。

その際、何とかしなければどうにもならないと誰もが考えた難問がいくつかあるが、その一つが右に紹介した自白の任意性・信用性に関する審理・判断のあり方であった。裁判員裁判の導入が本決まりとなった頃、その運用ひいては新制度そのものの成否に責任を負う立場に置かれた裁判所を中心に、これについて議論・研究・模擬裁判による実証実験が積み重ねられ、さらには制度実施後の実践を経て、特に自白の任意性の審理・判断のあり方についてはおおむね共通理解ができつつある。いわばその最後のピースが取調べの全過程の録音・録画であった。以下、やや詳しく見ていこう。

任意性審理の新しい考え方①・訴訟手続に関する判断

任意性そのものは証拠能力要件であるから、その判断は、「訴訟手続に関する判断」として合議体構成裁判官の専権事項である（裁判員法六条二項二号）。したがって、これについては、裁判員を除外して、あるいはその選任前に公判前整理手続（争点と証拠の整理のための事前準備手続。裁判員裁判の導入にあわせて新設された）において、裁判官のみで審理・判断すればよいのではないか、との考えもありえた。

しかし、任意性の判断対象である被疑者取調べの状況は、証拠採用後の信用性判断を介して事実の認定に多かれ少なかれ関係する。とりわけ実務上不任意の理由として主張されることの多い虚偽排除的観点による事由がそうである（たとえば「捜査官に利益誘導されて言われるままに供述した」など）。また、裁判員の権限外事項でも、構成裁判官は合議によりその意見を参考聴取できるとされている（裁判員法六八条三項）。自白の任意性のような事実認定に密接に関わる事項については、事案にもよるが、裁判員を除外せず公判の中でその審理を行い意見聴取の上判断するのが適切な場合も多いとの考えが強くなった。

任意性審理の新しい考え方②・証拠の厳選

次いで、信用性が問題になる場合も同様であるが、そもそも自白調書そのものの証拠としての必要性を厳格に判断することが考えられた。

前述のとおり、かつて自白のほかに客観証拠が豊かにあるのに「念のため」とか「受けて立つ」などの本務外の理由で手間暇かけて任意性の審理・判断が行われることが少なからずあった。しかし、公判で裁判員も同席の上審理するのである以上、内容的にも時間的にも無駄な負担を強いることはできない。裁判員裁判において証拠の厳選は必須である。

公判前整理手続で、任意性・信用性が争われている自白調書の立証上の意味・位置付け・重要性を十分に議論し、検察官から納得のいく説明がなければ請求の撤回を促し、応じなければ却下も視野に入れて手続を進めていく、という方向性が打ち出され実践されている。これによって「念のため」や「受けて立つ」の類いはほぼ姿を消した。

しかし、それでも自白を有罪立証の軸とせざるをえない事件、自白調書の必要性を否定できない事件は存在する(たとえば、犯人性が激しく争われている事件で、決め手となる証拠は被告人の自白調書しかない、といった場合)。そこでさらに任意性審理の課題とされたのは、争点明確化の方法と、その立証方法である。

任意性審理の新しい考え方③・争点の明確化

裁判員裁判にあっては、裁判員の負担を最小限のものとするため、選任手続に入る前に職務従事予定期間を定めなければならず、そのためには事前に争点を明確にし証拠を整理して審理計画を策定しなければならない。従前のいわば争点を求めて公判で被告人質問をするような方法はもはやとりえない。

代わって公判前整理手続で争点の明確化を行うことになる。自白調書の任意性を争う弁護人は、まずは、その理由となる捜査官の言動等を、可能な限り具体的に、日時・相手方・態様等を特定して主張する。もっとも、そのためには主張準備のための証拠開示の運用が課題であったが、公判前整理手続の新設に伴って制度化され、その作業は容易になった。

他方、検察官は、弁護人の主張する具体的事由の有無及び被告人が否認から自白に転じた具体的な経緯について主張するとともに、前提的な情報である取調べの客観的・外形的経緯についてもきちんと主張する。ここには前述の水掛け論解消の努力として紹介した審理方法の基礎にあった発想が活かされているといってよいであろう。

任意性審理の新しい考え方④・立証方法

しかし、以上のように自白調書の必要性を絞り、争点を明確にしてもなお、取調べ状況に関する証拠方法そのものを一見して分かりやすいものに変えなければ、結局のところどうにもならない。裁判員に公判で捜査官と被告人の水掛け論を見せても容易に判断がつくはずもなく、また、身柄その他の周辺事実に関する諸書類、まして被告人の供述録取書一式を法廷外で詳細に読み込むことなど、もとより期待すべきではないからである。

ここに至れば、被疑者取調べの録音・録画の導入が真剣に検討されざるをえない。

被疑者取調べの録音・録画の運用開始とその拡大

このような事情から、裁判員裁判の導入が決まった後、裁判所側は検察庁に対して運用による被疑者取調べの録音・録画の導入を重ねて求めたが、当初、捜査機関の抵抗は極めて頑強であった。しかし、制度実施が間近に切迫してさすがに危機感を抱いた検察庁は、一部の事件に限って、しかも、調書作成後の読み聞かせ部分に限った録音・録画を試行するなどしたが、これが問題の抜本的解決にならないことは明らかであった。

そのような中、二〇一〇年に発覚した大阪地検特捜部による一連の衝撃的不祥事を受けて法務大臣のもとに設置された「検察のあり方検討会議」は、「検察の危機」とも称されたこの重大局面において、「検察の再生に向けて」と題する提言を公表し(二〇一一年三月三一日)、「密室」における追及的な取調べと供述調書に過度に依存した捜査・公判のあり方の抜本的改革の必要を正面からうたうに至った。以後、検察は、取調べの録音・録画の積極的運用に向けて大きく舵を切り(対象事件の拡大、記録場面の全過程化)、警察も徐々にこれを追う形となって、「はじめに」の冒頭で述べた状況に至ったのである。

その後の任意性審理

今日の裁判員裁判では、かつて裁判官裁判の時代にあったような典型的な任意性に関する争いは激減した。取調室における捜査官の言動等の有無をめぐる水掛け論はほとんど姿を消している。今後も争いがありうるとすれば、①捜査官の言動の解釈と評価が争われる場合と、②逮捕前の過程や取調室外での捜査官の言動等が問題とされる場合であろう。

再三触れているが、任意性の判断基準が必ずしも明確に確立しているとはいえない中、①のような事態は新制度実施後にも起こりうる。この場合、争いが評価にあることが明らかになれば、主張自体から結論が明白な場合を除き、問題の場面を特定して公判で録音・録画の記録を再生し、裁判員の意見を参考聴取の上、構成裁判官が結論を出すことになるだろう。なお、その結果任意性を肯定して自白調書を採用するときには、証拠はあくまで調書であること、録音・録画に含まれていた被告人の言動中調書に記載のないものは犯罪事実の認定には使えないことを、それぞれ裁判員に明確に説明しておく必要がある。

②は、新制度下でもその適用外の場面であり、捜査官の証人尋問等従前実施していた証拠調べが避けられない事案

もあるかもしれない。その審理のあり方は今後の課題である。

おわりに

「はじめに」で紹介したように、二〇一九年六月までに録音・録画の新制度が実施される。現在の検察・警察の積極的な動きは、この新立法の指針を示した法制審議会・新時代の刑事司法制度特別部会が二〇一四年七月にまとめた答申案を受け、新立法の内容を先取りして将来のその実施に備える意味合いが強いようである(河原二〇一六)。

また、任意性を争う事案が激減していることは再三述べたが、関連して、長年取調べ可視化に向けた刑事弁護の実践とその理論化の先頭を切ってきた経験豊かな弁護士が、近年取調室から「殴る、蹴る」が消えたとの所感を力説しているのが印象深い(小坂井二〇一六)。

しかし、未解決の問題もある。裁判員裁判における自白の信用性の審理・判断のあり方がそれである。注意則について裁判官が説明しながら厳選された少数の証拠を素材に裁判員と共に評議しても、その実態は直感的印象的な総合判断にしかならないのではないか。また、そもそも注意則は裁判官が裁判員に説明すべき事項なのか。

紙数も尽きつつあるが、二つの方向を示して本稿の締めくくりとしたい。第一に、注意則は審理計画策定にあたって証拠調べを組み立てる際の指針として活かす途を考えるべきである。第二に、供述心理学の助力を仰ぐことを真剣に考えるべきである。その際、録音・録画は、自白調書の要領調書性に由来する前述の弱点を補うツールとして活用されることになるだろう。

参考文献

石井一正(二〇一一)『刑事実務証拠法　第五版』判例タイムズ社
松尾浩也(一九九九)『刑事訴訟法・上(新版)・下(新版補正第二版)』弘文堂
青木孝之(二〇〇九)「取調べ可視化論の整理と検討」『琉球法学』八一号・同(二〇一三)『刑事司法改革と裁判員制度』日本評論社所収
石塚章夫(二〇一五)「自白の信用性」木谷明編著『刑事事実認定の基本問題　第三版』成文堂
岩倉広修・三輪篤志(二〇一五)「自白の任意性が問題となる事案の審理計画・審理の在り方」『判例タイムズ』一四一一号
大澤裕(二〇一六)「刑事司法は変わるか」『法律のひろば』六九巻九号
河原雄介(二〇一六)「取調べの録音・録画及び同制度に対する警察の対応について」『警察学論集』六九巻九号
小坂井久(二〇一六)「「取調べ可視化批判論」批判」『季刊刑事弁護』八八号
吉田雅之(二〇一六)「「刑事訴訟法等の一部を改正する法律」の概要について」『警察学論集』六九巻八号

4　量刑の基本的考え方

原田國男

はじめに

量刑の基本的考え方として幅の理論と呼ばれるものがある。犯情により量刑の大枠を定め、その枠の中で一般情状を考慮して量刑を決定するというものである。犯情により量刑の上限と下限を定め、その範囲内で具体的な量刑を決定すると言い換えることもできる。犯情というのは、犯罪行為自体に関する情状であり、具体的には、犯罪の種類、罪質、犯行の動機、態様・手段、被害結果の大小・程度・数量等がこれである。これに対して、一般情状とは、被告人の前科・前歴、被告人の性格(反社会性、常習性、犯罪傾向性、粗暴性、精神的未熟性等)、被告人の反省・悔悟の状況、社会的制裁や示談・損害賠償等がこれに当たる。この幅の理論は、現在、裁判員裁判の量刑評議において、冒頭で裁判員に対して、分かりやすく説明がなされている。その意味では、判例実務の採用する一般的でスタンダードな考え方ということができる。本稿では、この幅の理論の意味内容を説明した上で、この理論が直面し、直面しようとしている問題点を①死刑、②執行猶予、③求刑合意との関係で検討したい。

一　幅の理論

幅の理論とは、「なされた犯行の重大性(責任の重さ)を「基礎」としつつ、それに予防的考慮を「加味」して最終的な刑量を決する見解」(小池二〇〇六：一二以下が幅の理論について詳しい)である。ドイツの判例・通説であり、我が国でも裁判員裁判で一般的に採用されている見解である。学説上も通説的見解とか多数説といわれる。有力な反対説も存在する。これは、消極的責任主義を主張し、「責任なければ、刑罰なし」という原理は、犯罪の成否だけではなく、量刑にあたっても妥当するから、責任刑は単なる上限であり、予防的な必要性に応じて量刑をすべきであるとする(城下一九九五：一一六—一一七)。責任の下限を設定し、これを下回る量刑を認めないのは、まさに、「責任あれば、刑罰あり」との積極的責任主義にほかならないというのである。刑法改正作業の過程で、平野龍一を中心とする全面改正反対派から、この消極的責任主義が標榜され、この考え方が、量刑論にも波及し、前記のような考え方を生んだのである。この考え方は、今日でもなお有力であるが、裁判実務では取り入れられておらず、むしろ、幅の理論が裁判員裁判の導入に伴い一般的な量刑の考え方として全国に流布していった。量刑には幅があるという思考方法自体、裁判員裁判以前の量刑相場に基づく裁判官裁判でもなじみやすいものだったことも一因であろう。そして、刑罰論(何故刑罰を科することができるのか)においても、幅の理論は、責任を基礎とし、その範囲の中で予防を考慮することにより、責任と予防を全体として調和させることができる点で優れて安定的な量刑スタンスといえるからである。確かに、下限を下回ることができず、厳然として下限が存在することは、幅の理論の必然的な帰結であるが、それがまさに応報刑主義の由縁であり、存在理由といえるのである。

さて、この幅の理論を前提としつつ、幅の上回り及び下回りを例外的に認める見解もある。すなわち、井田は、上回りについて、判決時に特別予防の必要性が明白に認められる例外的な場合（たとえば、常習累犯など）に、下回りについて、明らかに再犯のおそれがなく、施設への収容がマイナスの効果をもたらすことが必然的であるような場合に、それぞれ幅からの逸脱を認めるのである（井田一九九六：二九九―三〇一）。小池はこれを異説として紹介する。

この幅の理論のもつ実質的な意味について、鹿野は、①「行為を離れた人的要素の排除である。行為者（犯罪者）の行為以外の人的要素については、どのような人的要素を取り上げ、それをどう評価するかについて評価者の主観が大きく入る余地が生じ、恣意的な評価がなされる危険性があるから、それを避けるため、「同じ犯罪行為をした者には同じような刑を与える」ことにしようとするのである」②「時間的な区別の徹底である。(a)過去の事実はある程度確定的に評価でき、その評価の相当性について議論もできるが、将来の事実はあくまでも予想でしかない不確定なものであるから、不確定なものは排除する、ないし枠内での二次的な要素とするという意味である。(b)犯行自体の罪の重さはその時点で決まるべきものであって、行為後の事情によってこれを変えないという意味である」と説明する（鹿野二〇一〇：五六二―五六三）。幅の理論について、理念的な説明がこれまでもっぱらであったが、このような実質的な意味を論じたものとして、評価できる。ことに、裁判員には、概念論よりこのような実質論のほうが理解しやすいものと思われる。

二　死刑適用と幅の理論

死刑の適用に幅の理論を適用するとどうなるかという問題を検討しよう。川崎は、幅の理論（責任枠）を採る立場から、死刑と無期刑の選択に関して、①責任枠が死刑相当の範囲に限定される場合、②責任枠が死刑及び無期刑に相当する範囲に及ぶ場合、③責任枠が無期刑相当の範囲に限定される場合の三つの場合に分け、①の場合には死刑が選択されなければならないが、③の場合には、死刑は選択されてはならない、②の場合には、無期刑を選択できるかどうかは予防判断に依存するとする。そして、①の場合について、「刑罰が責任相応刑でなければならないという責任主義の原則を積極的に厳格に解すべきであるとすれば、責任の下限を超えて無期刑を言い渡すことはできないと考えられるであろう」とし、「しかし、このような責任主義の厳格解釈は、死刑の言い渡しを回避できるときは、その言い渡しをできるかぎり回避するという基本姿勢からは、支持されないであろう」とする。さらに、「責任枠が死刑相当の枠としてのみ決定されるにもかかわらず、その下限を超えて無期刑を言い渡すべき事情が存在する場合を認めるとしても、それはきわめて例外的な場合であるといわざるを得ないであろう」とする（川崎一九九六：四六—五二）。責任枠の理論を刑種の選択に当てはめれば、前記のように三つの場合があり、①の場合、すなわち、責任相当刑が死刑に限定される場合には、責任の幅、責任枠は閉じてしまい、予防を考慮して、無期刑を選択することは、できないことになる。これは、一つの論理的な帰結である。そこで、きわめて例外的な場合に限って、無期刑選択が許されるとするのである。その理由は、死刑回避主義という政策的考慮が働くというのであろう。その限度では、幅の理論に例外を認めざるをえないことになる。

そこで、私は、次のような提案をした（原田二〇一一：一四一—一五三）。犯情により死刑を選択し、一般情状により死刑を回避するというものである。すなわち、⑴犯情のみにより死刑が選択できるか否かを判断し、一般情状は、死刑を回避する方向でのみ考慮すべきである。⑵犯情により死刑を選択できなければ、死刑適用の余地はない。犯情から死刑が選択できないのに一般情状である被害者遺族の被害感情がきわめて強い、被告人の改善更生の可能性がない、反省していないという理由で死刑を選択すべきではない。⑶犯情により死刑が選択できても、一般情状により死刑を回避すべきときは、死刑の適用はない。より分かりやすくいえば、㋐犯情からして死刑しかない場合でも一般情状から無期を選択することは許される、㋑犯情からすれば、死刑も無期もいずれも相当である場合に、一般情状から死刑を適用すべきではない、㋒犯情からして無期しかない場合に、一般情状から死刑を適用すべきではない、というのである。

この見解に対して、城下は、上記(2)の点は、責任が刑罰の「上限」であること自体に関わり、(3)の点は、責任が「上限」にすぎない以上、それを下回る刑罰も許容されることに関するもので、量刑の基本原則である「消極的責任主義」に沿ったものであると評価する(城下二〇一一：七七―八〇)。

これに対して、小池は、死刑についても、幅の理論を適用する新たな見解を提示している(小池二〇一二a：八二―八五)。すなわち、i「責任の幅に死刑しか含まれない場合」、ii「責任の幅の大部分は死刑に対応するが、下限は無期刑に及ぶ場合」、iii「責任の幅の中心は死刑だが、下半分の大部分は無期刑に対応する場合」、iv「責任の幅の中心は無期刑だが、上限付近は死刑に及ぶ場合」、v「責任の幅の上限が死刑に届かない場合」などを観念し、iの場合には、「責任刑の例外的下回り」論を適用して、死刑回避を例外的に認め、iiからiiiに近づくにつれて、死刑回避のための一般情状に対する要求基準を緩和し、ivの場合には、幅の中心ないし出発点が無期刑であるのに死刑を選択するにはその具体的な合理性が問われるべきであるとし、再犯のおそれや遺族の被害感情による死刑適用を否定するのである。そして、vの場合に死刑を選択しえないことには異論がないとする。私見に当てはめれば、(1)の場合も一般情状による死刑回避を認め、(2)の場合も幅の中心点である無期刑を超えること、すなわち、死刑の適用を否定し、(3)の場合には、当然、死刑は適用されないとするのである。この考え方は、幅の理論について、幅の中にあっても、一般情状から自由に刑を定めることが許される訳ではなく、上記のような制約があるとする新しい幅の理論に依拠し、私見が死刑・無期の選択について、幅の理論の適用を断念し、責任上限論を採用し、結局、二元的な構成を示したのに対して、幅の理論を適切に理解すれば、同様の結論に達しうるとするものである。

この小池説に対して、本庄は、非常に洗練されたものと評価する一方、「幅の理論を死刑にも適用すると、真にやむを得ない場合だけに死刑の適用を限定するという姿勢が弱くなってしまい、永山基準と整合しないという問題が生じる可能性がある」と批判する(本庄二〇一六：一一二)。ただここで注意すべきなのは、幅の理論に立つ川崎、小池の見解によっても、死刑適用について、幅の理論の修正を認めていることである。幅の理論が無期刑、自由刑、日数罰金とで連続性があるドイツと異なり、死刑という異種の極刑をもつ我が国では、幅の理論の適用にも若干の修正が必要であるということであろう。その結果、責任相応刑として死刑しかない場合に無期懲役刑に処する余地を認めていることになる。その範囲について、川崎は、「きわめて例外的な場合」とし、小池は、「責任刑の例外的下回り」論が適用される場合とする。私見では、一般情状による無期懲役刑選択を認めるから、城下と同様、その範囲は、右両者の見解よりも広い余地がある。なお、一般に責任刑を下回ることが法がとくに認めているから許される場合として、酌量減軽、執行猶予、刑の免除等が挙げられている。責任相応刑としては、死刑しかないと思われる事件も実際に存在する。多人数殺害事件である。永山事件や一連のオウム真理教関係事件である。東京地判平成一〇年五月二六日判時一六四八号三八頁では、被告人に対して、犯罪の解明に対する貢献や被告人の反省悔悟、被害感情の一部緩和等を理由として自首減軽を認めて無期懲役とした。この東京地判も自首減軽事由があったから、責任刑である死刑を下回り、無期懲役が可能であったと位置づけることができる。法定の減軽事由に当たらない場合に、一般情状から死刑を回避して無期懲役を選択できるかは残された問題である。

次に、私見前記㋒の犯情からして無期しかない場合に、一般情状から死刑を適用すべきではないという主張について検討してみよう。

前科に関連して、無期懲役の仮釈放中の同種再犯(強盗殺人)については、死刑とするのが最高裁判例であるが(最判平成一一年一二月一〇日刑集五三巻九号一一六〇頁)、これを責任の幅の中で正当化するのは難しい。この場合に死刑に処するには、単にそれが従来の量刑の傾向であるというだけでは足りず、そのこと自体に具体的、説得的な根拠が必要である(最判平成二七年二月三日刑集六九巻一号一頁、同九九頁)。同種再犯については、行為責任として無期が相当であるとすれば、それを死刑にするには、ドイツにおけるいわゆる警告理論(行為者が有罪宣告によって警告されたにもかかわらず、それを無視して新たな犯罪行為を実行する場合、行為責任の加重とそれに伴う処罰の加重をもたらすという考え方)により犯情に含まれるという説明が考えられる。しかし、それだけでは無期を死刑とする理由としては不十分であろう。そこで、井田は、再犯が法益の価値を軽視・否定し、明白な形で規範を動揺させる点に加重の根拠を求める(井田二〇一二:六六)。この場合や無期に準じるような相当長期の有期懲役刑の場合について死刑とする最高裁や下級審の各判例は、端的に、手口の類似性等から、更生改善の余地がもはやないという点を重視しているともみることもできる。改善更生の可能性という一般情状により犯情としては無期相当な場合でもそれを上回り死刑とすることができるということであろう。しかし、この発想は、改善更生の可能性がないものは、社会の一員として生存する意義がないから死刑に処してもかまわないということにもつながり、死刑囚の人間性を全否定するものであって、疑問である。前記㋒の私見にも真っ向から反する。裁判員裁判による死刑判決を破棄して無期懲役を自判した東京高判平成二五年六月二〇日も、先例の量刑傾向に照らして、前科との間に顕著な類似性が認められるような場合には、改善更生の可能性がないから、死刑選択もできるということを前提しているようにも読める。もっとも、同判決は、類似性が認められないから、改善更生の可能性のないことが明らかとはいい難いとして、死刑を回避しているので、結論として私見と同様な考え方とみることもできよう。また、一般予防(威嚇予防)の観点から、無期懲役の仮釈放中に同種再犯を犯した者は、死刑という威嚇によりそのような再犯を防止するという考え方もありうる。これによれば、一般予防による責任刑の上回りを許す例外的な場合という説明になるであろう。しかし、このような説明は、おそらく妥当でないであろう。こうしてみると、この場面では、幅の理論には例外があるといわざるをえない。責任の上限をかさ上げして責任の幅の中だというのか責任の上限を超えることを端的に認めるのかの違いはあるが、幅の理論では十分に説明できないことは事実であろう。

三　執行猶予と幅の理論

殺人罪のような重い犯罪でも、介護疲れによる殺人等については、裁判員裁判で執行猶予の例が少なくない。裁判官裁判の時代でも同じであった。我が国では、嬰児殺も執行猶予が相場である。このような寛刑でも、殺人罪の責任相応刑といえるのであろうか。私も、この点に疑問が残り、拙著でもこの点を留保していた。しかし、近時、一部執行猶予の導入に至り、その過程で執行猶予について多く論じられるようになり、刑法学会(第九〇回大会)でもテーマとして取り上げられている。そのなかで、小池は、この問題に焦点を当てて、検討している。小池は、執行猶予は、特別予防的考慮から責任刑の幅の理論を下回ることを認めた特例規定であるから、幅の理論の射程外であるという理解に対して、真っ向から反論して次のように言う。「私見は、この見解には与しない。それは、条文の文言がそこまで拘束的とは解されないという形式的理由に加えて、その背景的理解にも賛同できないからである。刑事責任の程度が、少なくとも量刑一般において刑の上限のみならず下限をも画することを認める幅の理論は、犯罪行為をその重さに応じて処罰することに積極的意義を見出すことを前提に、特別予防的考慮との調整を図るものである。実刑か執行猶予かの選択は、まさしくこの調整が問題となる典型的かつ日常的な場面であるにもかかわらず、それを射程外としてしまえば、理論のそもそもの意義が問われかねない」として、「執行猶予付自由刑の刑事制裁としての内実を自覚的に分析し、それに幅の理論を適用することを可能にすることで、猶予の適否及びそれをめぐる諸判断の実質的基準を理論的に導き出すことを試みる」とするのである(小池二〇一三b：二四五—二四七等)。その内実をなす二つの実質的基準があるとする。一つは、判決の宣告及び猶予期間中の心理的負担(取消しの可能性に起因するもの)を内容とする実質的制裁で済ませることが相当かという問題であり、二つは、再犯被害という特別予防上のリスクを社会に引き受けさせることが相当かという問題だとする。そして、これに幅の理論を適用すると、刑事責任の幅の下限が実刑よりは軽い制裁レベルに及んでいることが、執行猶予の必要条件になり、そうでないと、いずれにせよ幅を下回る制裁となってしまうとする。

これに対して、樋口は、次のように論じる（樋口二〇一五：一〇一—一一一）。①重大犯罪に対する単純執行猶予と②非重大事件に対する短めの実刑を取り上げて（騒音による傷害や医師による睡眠薬投与による意識障害等の傷害）、いずれも、犯罪の重さを基本とする犯罪行為にふさわしい刑（責任相応刑）といえるかという疑問を提示し、応報とは別に、贖罪という視点から説明できるとする。①については、社会内において被害者に対する償いを行わせる点で、②については、被害者に対する償いを拒絶している点で説明が可能であるとする。

執行猶予が責任にふさわしい刑であるのか、応報としての服役という苦痛に比べて格段の軽い処分ではないのかという疑問は確かにある。しかし、小池が主張するように、社会内とはいえ、再犯をすれば、服役するという不安はそれなりに大きな心理的負担であって、これを軽視することは正当ではない。自由刑の執行猶予率は、近時五〇％を超えており、二〇一四年で五七・三％に及んでいる。半数を超える者が執行猶予になり、取消率も、同年で一三・七％にすぎないという実態を見れば、執行猶予を幅の理論の外側に位置づけるのは、非現実的である。実際的な事例で検討してみよう。裁判官が実刑か執行猶予かを悩むのは、どこで悩むのかということである。たとえば、母親が自分の一人息子を殺害して、自分も死のうとしたが死にきれなかった事例がある。母親がうつ病に罹患し、その影響で犯行に及んだ場合は、心神耗弱の認定がなされると、責任自体が下方に及ぶから、執行猶予も十分考えられる。その段階に至らなくとも、その点は、量刑を軽くする要素に働くであろう。そして、多くの無理心中崩れは、この要素がうかがわれるが、そうではなく、経済的な理由等で子供を道連れに死ぬしかないとして心中を図るケースもありうる。これをどうみるのか？　子供とはいえ、親の支配物ではなく、他人格であり、生育させていく義務があるから、その殺害は厳しく非難すべきであって、執行猶予などとんでもないという判断もあるだろう。アメリカなどは、そうであると思われる。アメリカに夫の海外勤務に伴い転居していた主婦が夫の不倫が原因で二人の子供を入水させて殺し、自分は助かったという事件で重い刑が予想されたが、日系アメリカ人らの嘆願もありアメリカでは考えられない軽い刑（禁固一年六月）で済んだということが報道されたことがある。この事件は、日本でも話題になった。アメリカでは、スーパーで買い物中子供を自動車の中に置いていただけで大騒ぎになったという話も聞く。他方、我が国では、自分が死んで子供を残していくのは、子供がかわいそうだという心理はそれなりに理解できるという考え方もあるだろう。さらに、考えると、母親は子供をわが手で殺したことにより、深い精神的な打撃を負い、その後の人生は、社会からの非難等で社会から精神的に隔絶され、後悔と悔悟に苛む日々を送ることもありうるだろう。その苦しみだけで応報として十分だという見方もあろう。被告人によっては、自分の気持ちとして、刑務所に入り、きちんと罪を償いたいという者もいる。執行猶予など希望しないのである。ここの判断が率直にいって難しい。単に、実刑が重く、執行猶予が軽いとは言い切れない。

この判断の際には、人を殺した以上、被告人に相応の責任を負わせるべきであり、執行猶予は、責任の下限を下回り許容されないとみるのか、執行猶予でもなお責任の下限を上回り許容されるとみるのかである。すなわち、執行猶予が許容されないのは、責任の下限を下回るからである。この責任との相応性を否定し、刑期は、幅の理論により決定され、執行猶予は、主として再犯のおそれがないという特別予防的要素で決まるとするならば、ほとんど確実に再犯のおそれが否定される上記の事例はそれだけの理由で執行猶予も可能ということになりかねない。責任相応性は、執行猶予という処分も含めて幅の理論のもとで、犯情と一般情状を総合して判断すべきなのである。幅の理論は、刑期の算定だけではなく、執行猶予と実刑の選択基準でもあるのである。それが実務の立場といえるだろう。そして、上記のように執行猶予でも応報に値する負担と苦痛を被告人に与える場合もあるのである。

そして、近時、刑務所志願者も現れ、社会内での生活よりも刑務所内の生活を希望し、そのために軽い犯罪を行い、執行猶予になるとがっかりして、また、犯罪を行い、希望通り、服役する。このような主観を考慮すべきではないことは当然であるが、社会内処遇が被告人の経済的、社会的、精神的・身体的負担になっているという新たな現実も出てきている。保護観察も再犯があれば、実刑になるという点で無視できない負担である。これらの心理的負担を責任すなわち応報にふさわしいといえるかはなお難問であるが、責任の幅の中にとどめて、特別予防等の考慮を加味して考えていくほうが、執行猶予の場合の刑期や執行猶予期間を考えるうえでも相当だと思われる。裁判員に責任の幅を意識させれば、単に可哀想だから執行猶予といった感情的な判断を防ぐことができるであろう。いくら特別予防の観点から再犯のおそれがなく、執行猶予が相当であっても、責任の下限を大きく下回ることは許されないはずである。やったことの責任は、執行猶予という形でも採らせなければならないのである。

樋口のいう償いとは、「行った罪の重さを受け止めてその罪を償う」ことを意味する。償いは、社会内での償いとして執行猶予に固有のものではなく、上記の無理心中の事案でも言及したように、刑務所に入り、きちんと罪を償いたいという被告人もいるから、刑務所での償いも十分考えられる。両者に共通するものとして考えたとき、償いという要素は、責任を受け止めて償いを果たすという被告人の心境を示すものであり、責任とは矛盾するものではなく、両立するものだといえる。

問題は、償いという要素が情緒的発想として一刀両断に切り捨てることができるかである。論者は、償いという視点に対する考えられる批判としてこの情緒的発想という点を挙げて、これに反論して、「社会の中で償うという視点を完全に排除する場合、家庭内での殺人既遂に単純執行猶予を認める現状は更生の要請が大きく応報を上回るという苦しい説明を行うか、正当化できないものとして実刑に処すべきということになりかねないが、そのような議論はいずれも妥当とは思われない」（樋口二〇一五：一一〇）とする。

応報としての責任をとらせるということは、その意思に反して強制的に苦痛を与えることを本質とするが、償いは、あくまで本人の自由意思による自発的な判断によるから、その意味では、強制的要素はなく、単に本人の自覚を促すにすぎない。そうすると、この要素は、応報刑の本質とはいえず、これに付随する効果であって、応報も贖罪を伴うことにより十全の機能を果たすといえるのであろう。贖罪は、一種の期待にすぎないし、それ以上に、これを強制することはできないから、刑罰の効果としては弱いものだといわざるを得ない。しかし、この贖罪という要素を上記の限度でも用いることは、樋口のいう①の重大犯罪に対する単純執行猶予と②の非重大事件に対する短めの実刑の事例では、有効であろう。

もっとも、樋口のいう①については、実際に殺人で考えると、下限は懲役五年であるから、執行猶予にするには、酌量減軽して下限を懲役二年六月以上にしたうえで執行猶予を付することになる。酌量減軽規定が法律により責任の下限を下回ることを認めるものだと解するときには、その執行猶予が幅の理論では説明できないとまでいう必要はないように思われる。その②については、騒音による傷害の事案では、約一年半にも及ぶ執拗な犯行態様と陰湿な動機からして、懲役一年の実刑が犯罪行為自体に照らしてふさわしくない重い刑とはいえない。医師による睡眠薬投与も医師という立場を考えれば、懲役八月程度の実刑も責任にふさわしい刑であるといえよう。

以上本項については、原田二〇一七：一頁以下も参照されたい。

四　求刑合意と幅の理論

二〇一六年に成立をみたいわゆる「新たな刑事司法制度」に関する刑事訴訟法等の改正のなかに、協議・合意制度が新設されている。特定犯罪に係る他人の刑事事件について、被疑者又は被告人において、①捜査官の取調べに際して真実の供述をすること、②証人尋問に際して真実の供述をすること、③捜査官による証拠の収集に関し、証拠の提出その他の必要な協力をすること、他方、検察官において、①公訴を提起しないこと、②公訴を取り消すこと、③特定の訴因・罰条により公訴を提起し、又はこれを維持すること、④特定の訴因・罰条の追加・撤回をすること又は特定の訴因・罰条への変更を請求すること、⑤特定の刑の求刑をすること、⑥即決裁判手続の申立てをすること、⑦略式命令の請求をすることを内容とする合意ができるとしたのである(刑訴法三五〇条の二)。このなかで、⑤の特定の刑の求刑をすること(求刑合意)がここでの問題である。これは、被疑者等が真実の供述などをする代わりに、検察官が本来の求刑より軽い刑を求刑するというものである。裁判所がその刑よりも重い刑の言渡しをしたときは、被告人は、合意から離脱することができるとされている(三五〇条の一〇)。求刑が裁判所を拘束するものではないことから、それを合意内容とすることに疑問を示す見解もあったが、川出は、「宣告刑が求刑を上回る事例も少なく、検察官から、それらが合意に基づいてなされていることが示されればなおさらであると考えられる。また、仮にそのような結果が生じうるとしても、そのことを前提として両当事者が協議と合意を行うことを否定する理由はないであろう」として、求刑合意も合意内容に加えられたと説明する(川出二〇一五：六七)。さらに、川出は、これを敷衍して、「最終的にはそれを認めるか否かが裁判所の判断に委ねられることになるもので、その意味で両当事者が意図したとおりの結果になることは保障されていません。ただ、現在の運用を見る限り、求刑以上の刑の言渡しがなされる場合というのがそれほどあるわけではないようですし、…略…そうした運用が、今後大きく変わるとは考え難いので、制度として担保されたものではなくとも、実際上の効果としては、こうした内容の合意も、被告人側に合意をして協力する誘因として働き得るだろうと思います」と述べている(法制審議会特別部会第一作業分科会第六回会議における発言)。衆参両法務委員会でも法務当局から同旨の説明がされている。

このような立法経緯からすると、裁判所が求刑に拘束されないことは当然の前提として、検察官は、実際の運用において、どの程度軽くした求刑をするのか、それに対して裁判所はどの程度の量刑をするのか極めて興味深い。公訴の提起すらしないことが合意内容になるのであるから、これに近いような軽い刑や執行猶予の求刑もありうることになる。最高裁は、いわゆる寝屋川虐待死事件において、「これまでの量刑の傾向から踏み出し、公益の代表者である検察官の懲役一〇年という求刑を大幅に超える懲役一五年という量刑をすることについて、具体的、説得的な根拠が示されているとはいい難い」として、第一審及び原審の判断を量刑不当に当たるとして、破棄している(最判平成二六年七月二四日刑集六八巻六号九二五頁)。これは、検察官の求刑に法的拘束力はもとより、事実上の拘束力も認める趣旨ではないが、公益の代表者である検察官の求刑を事実上尊重してきた実務の在り方を是認するものであると思われる。公益の代表者がその程度の刑でよいとし、他方、弁護人がそれよりも軽い刑を主張しているのに、裁判所が卒然としてそれを上回る量刑をするには、それなりの誰でも納得する合理的な理由が必要なはずである。求刑超えは、事件の見方が検察官と大きく異なるような限られた場合にしか起こらないのが実際である。前記最判は、裁判員裁判において求刑超えが裁判官裁判に比べて顕著に増加していることに対する警鐘としての意味があり、同判決後、求刑超えは、激減したという(原田二〇一五:三八)。

そうすると、合意に基づき軽い求刑がなされた場合にも、それを尊重し、その求刑を超えない量刑を行うのが望ましいということになる。そうしないとこの新たな制度がうまく機能しないことになる。協議・合意制度については、その導入に反対する意見も多く、元裁判官委員も明確に反対を表明している(法制審議会特別部会第二五回会議における龍岡委員の発言)。しかし、実際に、制定された以上は、それを前提に、その制度が適切に運用されるように裁判所も十分意を用いるべきであって、裁判所の量刑権限を振り回して、この制度を機能不全とするようなことはすべきではない。

検察官が実際にどの程度量刑の幅を下回る求刑をしてくるかは今のところ不明である。法務省刑事局長の国会答弁では、合意がなければしたであろう求刑もあわせて明らかにすることが考えられるとしている（第一八九回衆議院法務委員会第一八回議事録）。そこで、たとえば、懲役四年のところ懲役二年を求刑するということである。裁判所による求刑超えによる合意からの離脱を防ぐために、公訴不提起に匹敵するような極端に軽い刑は求刑しないことも十分予想される。そうは言っても、たとえば、特定犯罪に含まれる贈賄罪（刑法一九八条）には、選択刑として二五〇万円以下の罰金が定められているから、贈賄被告人について、合意に基づき、検察官から罰金の略式命令の請求があれば、通常は、罰金で処分が済むことになる。もちろん、量刑が不当に軽いと裁判官が判断すれば、略式不相当として通常の審判手続に移行するから（刑訴法四六三条一項）、同じ問題は生じる。そうすると、罰金以上であっても、軽い──たとえば懲役六月程度の実刑や執行猶予の求刑もありうることになる。本改正における「特定の刑を科すべき旨の意見」には、執行猶予も含まれると解される。もっとも、検察官が執行猶予を求刑することはこれまで異例であった。執行猶予相当事件であっても、それを明示せず、逆に実刑相当と考える場合にあえて実刑意見を述べる実務も少数ながらあった。実刑にしなければ、控訴審査も辞さないという含みがあったと思われる。もっとも、執行猶予を求刑するくらいなら、不起訴にすることも十分ありうる。

ところで、従来、捜査に協力したことは、刑を下げる方向での一般情状と解され、幅を左右する犯情自体ではないとされていた。それは、明らかに犯罪後の情状であって、犯情を構成する犯罪自体の情状ではないからである（長瀬二〇一一：三六三）。そこで、幅の理論による限り、一般情状である捜査協力という量刑事情により、その下限を下回ることは、許されないことになる。これが、論理の必然の結果である。そうすると、協議・合意により幅を下回る求刑があった場合にも、これには従わず、求刑を超え、かつ、幅の下限を上回る量刑をすべきことになる。さらに、右論文は、この立場から、量刑要素の一部の判断を司法取引という形で検察官に委ねることになってしまうとして、検察官と被告人が行った交渉結果に裁判所が拘束される（あるいはその交渉結果を尊重する）ことの理屈付けが難しいことから、結局、この交渉したこと自体を被告人に有利に斟酌する余地はないとの意見が研究会で大多数であったとしている（長瀬二〇一一：三七六）。これは、司法取引新設に対して裁判所全体が否定的な雰囲気にあったことの反映であろう。前記の龍岡意見もその雰囲気を伝えるものであろう。ただ、立法が現実化する過程では、求刑合意については、裁判所の判断を拘束するものでないという点は、コンセンサスとなってきたと思うので、問題は、拘束しないという前提で、幅の理論との関係をどう解するかである。幅の理論を厳格に適用して、それを下回る求刑を認めない見解（A説）がまず考えられる。これによれば、検察官も責任の幅の中で求刑をすべきであり、裁判所もあくまでその幅の中で量刑をすべきであるから、求刑が責任の下限を下回るときは、求刑超えの判決もやむをえないということになる。もちろん、求刑が責任の幅の中に納まっていれば、それを十分尊重し、求刑どおりか、さらに下限の範囲内で求刑より軽い判決をすることになる。ドイツにおいては、このような考え方が採られているという（宇藤二〇一一：三四六）。ドイツ刑訴法二五七条C四項は「法律上若しくは事実上の重要な事情が見過ごされており、又はそれが新たに判明した場合、裁判所が、そのことを理由に予告した刑の枠がもはや犯行ないし責任に相応しないとの心証に至ったときは、裁判所に対する申合せの拘束力は失われる」と規定している。

次に、一般に、幅の理論を認めず、下限を下回ることを承認する見解（B説）によれば、幅を下回る求刑も是認でき、求刑を尊重して、さらにそれをも下回る量刑も本来可能ということになる。もう一つは、単に捜査協力をしたというだけではなく、制度にのっとって求刑合意という法的な形で捜査に協力したことを責任を軽減する要素と認める見解（C説）がありうる。幅が下方に広がるという発想である。捜査協力について、刑を裁量的に減免できる規定が導入されれば、前述した自首減軽規定（刑法四二条）のように、法定刑の下限を下回る量刑をすることができるから、説明しやすい。しかし、この種の規定は、最終的に採用されなかった。それが導入された場合の多くの懸念が示されたからという(川出二〇一五：七二)。被告人が他人の犯罪事実の解明への協力を主張し、検察官がそれを争った場合、本来の審判の対象とは異なる犯罪事実について立ち入った審理を行わざるをえなくなり妥当でないというのである。かかる減免規定がない場合について、求刑合意という形の捜査協力について、C説も感覚としてあながち不自然でないとする見解もある(堀江二〇一五：三八二)。正確には、求刑合意を前提とせずに、捜査協力一般について述べるものであるが、考えられる理由として、堀江は、次の四点を挙げる。①当該犯罪行為による法益侵害・法秩序紊乱に対する非難としての刑罰賦課(の基礎となる真実解明)を容易にした(それに寄与した)のが、被告人自身の捜査協力行為であることから、その寄与度に応じて、被告人に対する刑罰をもってしての非難の相当性が減少する。②より広い意味で「刑事手続への貢献」をした者に対しては、刑事罰でもってのぞむことの相当性が(その貢献の度合いに応じて)減少する。③さらに広く「社会的貢献」をした者に対しては社会ないし国家の側からの非難の相当性が減少する。④捜査協力が被告人の改心(反省悔悟)に基づいている場合には、その点を捉えて非難すべき度合いが減少している。しかし堀江も指摘しているように、捜査協力は、責任の幅の決定に影響しうる被害弁償とは異なり、自己の侵害・紊乱した法益や法秩序を回復させたとはいえないから、非難の相当性や刑罰の相当性が減少すると直ちにいえるか疑問が残るであろう。取引による自白だから、④の反省悔悟による自白とは直ちに同視できないであろう。

A説のように、幅の理論がおよそ例外を認めない原理だというのは、あまりにドグマティックであろう。ここでも、例外的な下回りを認める余地がある。そうすると、刑の減免規定が設けられなかったので、やや難点はあるものの、C説による説明がさしあたり考えられる。理論的問題ではあるが、これからの運用の実際等も踏まえ、検討すべき課題である。

協議・合意制度については、冤罪を招くおそれがあるという反対論がかなり強く、その面があることは否定できないが、本来の制度目的は、組織下位者を切り捨てて真に悪い上部者が処罰から逃れることを防ぐためのもので、下部者の処罰を軽減し、あるいは、処罰しないことにより、その自白を得て、上部者の罪責を追及するものであって、違憲とされない以上、前述したように、裁判所がその制度を骨抜きにするような運用をすべきではないのである。もっとも、合意形成に裁判所が直接かかわるドイツと異なり、被告人と検察官のみで求刑合意を行う我が国の制度では、その求刑合意に裁判所を法的にも事実上も拘束する効力がない以上は、裁判所の出方いかんによっては現実には実効性のないものになるおそれはある。尊重するかしないかとは別に、量刑判断について、裁判官と検察官との見解の違いが顕在化するおそれもあるだろう。これまでは、求刑を上限として八掛け程度の量刑が多く、それはそれで合理性があったといえたが、これからは、量刑相場をかなり下回る求刑も出てくる可能性もあるから、検察官の求刑の在り方のみならず、裁判所の量刑の在り方も問われる時代になったといえよう。求刑合意は、量刑論に多くの影響を及ぼすものと思われる。

一について

小池信太郎(二〇〇六)「量刑における犯行均衡原理と予防的考慮(1)——日独における最近の諸見解の検討を中心として」『慶應法学』六号

城下裕二(一九九五)『量刑基準の研究』成文堂

井田良(一九九六)「量刑理論の体系化のための覚書」『法学研究』六九巻二号

鹿野伸二(二〇一〇)「刑法五〇条(確定裁判の余罪の処断)における量刑について」『原田國男判事退官記念論文集　新しい時代の刑事裁判』判例タイムズ社

二について

川崎一夫(一九九六)「死刑と無期刑の選択基準」『創価法学』二五巻一・二号

原田國男(二〇一一)『裁判員裁判と量刑法』成文堂

城下裕二（二〇一一）「裁判員裁判における量刑の動向と課題」『犯罪と非行』一七〇号
小池信太郎（二〇一三ａ）「量刑における幅の理論と死刑・無期刑」『論究ジュリスト』四号
井田良（二〇一二）「裁判員裁判と量刑」『論究ジュリスト』二号
本庄武（二〇一六）「裁判員制度と死刑の適用基準」『理論刑法学の探究9』成文堂

三について

小池信太郎（二〇一三ｂ）「量刑理論からみた刑の執行猶予」『刑法雑誌』五二巻二号
樋口亮介（二〇一五）「日本における執行猶予の選択基準――系譜・比較法的知見を踏まえて」『論究ジュリスト』一四号
原田國男（二〇一七）「執行猶予と幅の理論」『慶應法学三七号　井田良教授退職記念号』

四について

原田國男（二〇一五）「量刑論」『法学教室』四一八号
宇藤崇（二〇一一）「司法取引と量刑的考慮について」『刑法雑誌』五〇巻三号
長瀬敬昭（二〇一一）「被告人の真実解明への積極的協力と量刑」大阪刑事実務研究会編著『量刑実務体系第3巻　一般情状等に関する諸問題』判例タイムズ社
川出敏裕（二〇一五）「協議・合意制度および刑事免責制度」『論究ジュリスト』一二号
堀江慎司（二〇一五）前記長瀬論文への「コメント」同書三八二頁

II

裁判員裁判はどうあるべきか

5　裁判員制度と手続二分

青木孝之

一　罪責認定手続と量刑手続

刑事裁判においては、検察官が、起訴状に掲げた犯罪事実[1]を立証命題として、証拠によりこの事実の存在を立証しようと試みる。これに対峙して無罪を争う被告人・弁護人は、検察官立証が有罪認定に必要とされるレベルに達していないことを主張する。その結果、判断者（通常は裁判官）が、犯罪事実について、合理的疑いを容れない程度の高度の蓋然性をもって存在するとの心証に達しなかった場合には、無罪が言い渡される。判断者が、右の程度の心証に達した場合には、犯罪事実が存在すること（すなわち有罪）を前提に、そこから導き出される刑罰の種類及び量が定められることになる。殺人罪（刑法一九九条）を例にとると、検察官が訴訟の命題として掲げた殺人罪に該当する具体的事実の立証に成功すれば、法定刑の範囲内で、判断者は死刑、無期懲役刑、有期懲役刑のいずれかの刑罰を選び、有期懲役刑を選んだ場合には、さらに一月以上二〇年以下の範囲内で刑期を定め（同法一二条一項参照）、宣告刑として言い渡すことになる。このように、刑事裁判で有罪が認定され、具体的な刑罰が言い渡される場合には、まず、証拠により犯罪事実が認定できるかを判断する過程（以下「罪責認定手続」という）があり、次に、当該犯罪事実にふさわしい刑を定める過程（以下「量刑手続」という）があるという、二段階のプロセスを経ることになる。

これら二つのプロセスを手続上明確に区別する法制度をもつ国がある。アメリカ合衆国(米国)がその例である。同国においては、陪審裁判が選択された場合、罪責の認定には一般市民から選ばれた一二名の陪審員が従事し、職業裁判官はこれに加わらない。罪責認定手続においては、両当事者が犯罪事実の存否に焦点を絞って主張・立証を戦わせるが、判断者は法律の素人である陪審員であるから、そこでは、証人が別の第三者から聞いた内容を証言している場合には、「また聞き」になっている内容については、直接その第三者を法廷に呼んで尋問した上でなければ事実として認定できないとか(伝聞法則)、前科の存在は、判断者に偏見を抱かせやすい証拠である上に、そもそも、裁判の立証命題である犯罪事実の存否とは直接関係ないから、この段階で前科の存在を持ち出すのは原則として禁止しようとか(悪性格立証の禁止)、そのような証拠の取扱いに関するルールが発達することになる。これらのルールが守られるように、裁判官が手続をコントロールし、当事者が主張・立証を尽くした結果、陪審は、犯罪事実が存在するか(有罪：guilty)、あるいは存在するとは認められないか(無罪：not guilty)、その点に限って判断(評決：verdict)を示す。有罪の判断が下された場合は、次の段階である量刑手続に移行するが、陪審は罪責認定の判断を下した時点でその任務を終了して解放される。死刑事件等ごく一部の例外を除いては、量刑には関与しない。量刑手続においては、裁判官が、保護観察官(probation officer)と呼ばれる専門スタッフに判決前調査(presentence investigation)を命じ、量刑のために必要な資料、例えば被告人の生育歴や生活歴、前科・前歴、犯行時の詳しい状況、被害内容や被害弁償の必要性、被告人の社会適応性などに関する資料を収集させる。そして、その結果が報告書として上がってくると、それにもとづき刑を定めて言い渡す。以上で前記二つのプロセスが完結するのである。

このように、米国の刑事手続においては、それぞれの手続における判断者が異なることを前提に、罪責認定手続と量刑手続が形の上で明確に二分されている。しかも、二つの手続を規律するルールもそれぞれ異なる。罪責認定手続においては、上述した伝聞法則等に代表される証拠法の厳格な規律の下、合理的疑いを容れない程度の高度の立証が検察官に求められる。これに対し、量刑手続においては、証拠の使用に関するルールは緩和されて、証人尋問を通じ直接法廷で確かめた内容でなくても、別の第三者が書面に書きまとめた内容を証拠として代用することが認められるし、証明の程度についても、合理的な疑いを容れない程度の高度の蓋然性までは要求されず、一応そのような事実が存在することが確からしいと考えられるレベル（「証拠の優越」という）の立証で足りるとされるのが一般的である。すなわち、米国の刑事手続は、目に見える形としても、法律的な取扱いの面でも、罪責認定手続と量刑手続が明確に二分されているのである。

二　わが国の刑事手続

これに対し、わが国の刑事手続法においては、罪責認定手続と量刑手続を明確に区分する規定は設けられていない。それどころか、伝統的には、当事者の主張の上でも、立証活動の上でも、罪責の認定及び量刑の各プロセスは、混然一体として扱われることがむしろ普通であった。すなわち、検察官は、起訴状を朗読して、訴訟の立証命題となる犯罪事実の内容を明らかにした後、証拠調べ手続の冒頭で、冒頭陳述（刑事訴訟法二九六条）を行い、多くの場合、用意してきた書面（文章）を読み上げ、検察官から見た事件の全体像を明らかにする。そこでは、例えば、「第一　被告人の身上・経歴」と題して、事件と関連する限りで被告人の生活歴や人となりが明らかにされ[2]、その上で、「第二　犯行に至る経緯」で被告人がなぜ当該犯罪を行ったのか、その経緯や動機の形成過程などが語られる。そして、「第三　犯行の状況」で、本論であるところの犯罪事実が、その行為態様や行為に付随する事情まで含めて詳しく描写され[3]（例えば、単に「人を殺した」事実にとどまらず、どのような手段を用いて、どの程度執拗に攻撃して殺害したのか等）、犯行後被告人がどのような行動をとったのか、逃亡したのか反省悔悟して自首したのか、被害者・遺族に対する謝罪や弁償があったのかなどについては、「第四　犯行後の情状」で述べられる。以上のような構成が採られるのが一般的であった。

ところが、裁判員制度の施行前後から、訴訟の結論に影響しない細かな事実まで盛り込んだ冗長な文章は、判断者が無理なく事件の概要を把握する妨げになることが意識されるようになった。そこで、近時においては、文章の全体量を抑制するほか、事件によっては、物語風の語り口を避け、立証が必要かつ有益な事実に絞って箇条書きで記載したり、文章を読み上げる傍ら、重要な項目をパワーポイントで示して視覚に訴えたりするなど、様々な工夫が見られるようになった。しかし、全体として、検察官が事件の全体像を文章に書きまとめて提示する冒頭陳述のスタイルは、大きくは変わらなかった。その理由は幾つか考えられるが、最大のものとして、刑罰という法的効果を発生させる犯罪事実と、その効果（刑罰の種類及び量）を左右する情状としての事実が、必ずしも截然と分けられるものではないことが挙げられる。具体例に即して考えてみよう。殺人罪に該当する行為を事実として摘示するには、例えば、「殺意をもって、刃渡り約二〇センチメートルの包丁で胸部を刺突した」と摘示するだけで足りよう。しかし、当該事案が、刃物を使った殺人の中でも悪質な事案であることを示すためには、当該包丁がたまたま現場にあったものではなく、被告人が用意して持参したものであること（すなわち、計画的な犯行であること）や、たまたま胸部を刺突したものではなく、心臓等が位置する人体の急所としての胸部を狙って刺突したものであること（すなわち、被害者に対する強固な殺意が存在したこと）などをも盛り込むことになろう。その結果、文章としては、例えば、被告人は、「強固な殺意をもって、予め用意して持参した刃渡り約二〇センチメートルの包丁で、被害者の胸部を狙って突き刺した」と表現することになる。この場合、「強固な殺意をもって」という部分は、殺人罪の成立に必要な「殺意」の存在を示すと同時に、それが「強固な」ものであって、殺人罪の中でも重い刑罰に値する行為であることを示している。すなわち、前者（殺意の存在それ自体）は犯罪の成立そのものに関わる事実であり、後者（存在する殺意が強固なものであること）は、犯罪の成立を前提に刑罰の種類及び量（いわゆる量刑）を左右する事実だということになる。もっとも、それは刑法という法律の解釈論上の話である。理論を離れて事実を素直に見れば、被告人が行為当時「強固な殺意」をもっていた事実は、「殺意」の存在とそれが「強固」であることの二つに分解できるものとしては意識されておらず、一つのまとまりをもった社会的事実として認識されているのが通常であろう。このように、人を処罰する前提として最小限必要な事実としての犯罪事実と、そこから発生する法的効果（刑罰）の種類及び量を左右する、いわゆる情状事実は、理屈の上では切り分けられても、実際には切り分けが困難なことも多く、それが、物語形式の文章で綴った冒頭陳述のあり方を正当化してきたのである。

また、このような主張を裏付けるべき証拠の構造も、混然一体とした社会的事実に対応するものとなっていた。その典型例が、捜査段階で取調官によって作成された供述録取書面（いわゆる供述調書）である。これまで良くも悪くも、わが国の刑事司法運営を特徴づける立証手段として、検察官立証の中核を占めてきた供述調書は、平たく言えば、取調室という密室の中で行われた取調べの結果を、警察官あるいは検察官が書きまとめたものである。取調べ自体は、取調官が発問し、被疑者や参考人がこれに答える、一問一答形式で行われる。しかし、その結果、例えば、被疑者が犯罪事実を自白して、取調官がその内容を調書として作成する場合には、そこに至るまでの一問一答のやり取りがそのまま再現され記録されるわけではない(4)。取調官が、被疑者を主語にした一人称の文体で、事件を物語風に語る内容の文章を作成する。例えば、「今回、私が、Aさんを殺害したことは間違いありません。どうしてこのようなことをしてしまったのか、まずは、私とAさんの関係からお話しします」といったように、まさしく、「被告人の身上・経歴」や「犯行に至る経緯」から始まって、核心部分であるところの「犯行の状況」に至り、そして「犯行後の情状」で物語が締めくくられる、いわば短編小説のような物語が文章で展開されるのである。このような証拠の内容・形式は、物語の読み手ないし聞き手が事件の概要を手っ取り早く把握するのに適しているということで、刑事司法の運営を効率化するメリットがあるとされ、それゆえにこれまで多用されてきた。たしかに、判断者の立場からすれば、事件と直接関連のないことまで含めて、種々雑多な情報を順不同で提供された場合には、判断に必要な事項と不必要な事項を頭の中で整理しながら情報に接するという面倒な作業を迫られることになる。法律的な勘所を得た取調官が要領よくまとめた供述調書を読む場合には、そのような作業を省略し、物語を聴いているかのように流れに乗って情報に接すればよいから、その分、事件の内容が頭に入りやすくなることは間違いない。このように、これまでのわが国の刑事裁判においては、主張及び証拠の両面において、犯罪事実そのものと、それ以外の情状と呼ばれる事実が、厳密に区別されずに扱われてきたのである。

三　手続二分論とは何か

本稿が主題とする手続二分論とは、これまでの法制度やその運用を見直し、犯罪を構成する事実そのものと、犯罪の成否に直接かかわる事実ではないが、犯罪が成立する場合には刑罰の種類及び量に影響する事実とを可能な限り区別し、主張としても立証活動の上でも、別のプロセスとして扱っていくことを提唱する試みにほかならない。

もちろん、これまでも、犯罪事実と情状事実の区別が意識されてこなかったわけではない。例えば、弁護人が被害者との間で示談が成立した事実を立証するため、示談書の証拠調べを請求し、これが認められた場合には、犯罪事実に関する事実の立証が終了した後の段階で、情状事実に関する証拠として取り調べられるのが通例であった。このような場合、示談の成立及びその内容は、犯罪の成立を前提にして初めて意味をもつ事実であり、かつ、犯罪行為に関する事実とは、事実として全く重なるところのない、いわば純粋な情状事実（一般情状）である。このような場合には、罪責認定手続と量刑手続は、形の上で無理なく区別することができるから、実務も、二つのプロセスを分けて審理してきた。従来からこのような運用がされていたことに加え、とりわけ裁判員裁判においては、これら二つの手続を区別できるものならば区別することが、審理内容を理解しやすいものにすること(そのことに異論は見られない)が意識されるようになり、平成一六年に裁判員制度が創設された際には、刑事訴訟規則に、「犯罪事実に関しないことが明らかな情状に関する証拠の取調べは、できる限り、犯罪事実に関する証拠の取調べと区別して行うよう努めなければならない」という規定(同規則一九八条の三)が新設された。これは、「努めなければならない」という文言が示すとおり、ある種の努力目標を定めた訓示規定と呼ばれる規定であり、これを守れなかったからといって、何らかの制裁措置が発動するとか、そのような性質をもつ規定ではない。ただし、目指すべき運用の方向性を示すものであることは間違いなく、この規定の趣旨を最大限に尊重して、手続二分論を推し進めようというのが、本稿の立場である。

なお、一口に「手続二分論」と言っても、いろいろなレベルのものがある。まず大別すると、米国のように、罪責認定手続と量刑手続を制度上明確に区分することを指向する立場と、わが国の現行刑事訴訟法を前提に、その枠内でできる限り手続を二分して運用するのが望ましいという立場とがある。いずれの立場を採るかに拘わらず、罪責認定手続が終了した時点で、裁判所は、いったん有罪・無罪に関する中間的な判断を示すべきだという考え方もあれば、そのようなことは必要ではなく、これまでどおり、判決という最終判断において、罪責の認定についても量刑についても、まとめて判断を示せばよいという考え方もある。さらに、量刑手続においては、被告人の人格・特性に応じた適正な量刑を可能にするため、米国のような判決前調査制度を採用すべきだという考え方もあれば、現在でも犯罪行為それ自体という客観的な指標にもとづき量刑が適正に行われていることを理由に、判決前調査のような制度は必要ないとする考え方もある。これら諸点に関する考え方の組み合わせによって、「手続二分」についても、何通りかのバリエーションが存在することになる。筆者の基本的なスタンスは、これまで述べてきた現状をふまえ、裁判員制度の施行及び刑事訴訟規則の制定などを契機として、「本格的に二分論の運用を広め、しかる後に立法課題として議論すべき」(青木二〇一二：三五)だというものである。すなわち、筆者は、手続二分が望ましい類型の事件については、将来的には、立法によりそのことを明確にして解決すべきだと考えているが、同時に、さしあたっての課題は、現行法の枠内で可能な運用としての手続二分を広め、理論的にも実践的にも深化させることだと考えている。このような観点から、立法上の手続二分論については機会を改めて論じることとし、本稿においては、今すぐにでも実践可能な運用としての手続二分論に焦点を絞って論じることにする。

四　犯人性が争われる事案

殺人罪を例に述べたところから分かるとおり、自白事件においては、罪責認定手続と量刑手続を区別せずに進めても特に不都合はない。被告人が犯罪事実を認めており、他の証拠に照らしても同事実の存在が間違いないと思われる場合は、当事者も裁判所もそのことを前提に、刑の量定に関心を絞って訴訟を進めることができる。このような場合においては、犯罪事実の存在を前提に必要な情状事実を拾い上げればそれで訴訟の結論にたどり着ける。犯罪事実に関係する部分と情状に関係する部分が(供述調書のように)ひとつの証拠の中に混在していても、それで困ることはないのである。しかし、裏を返せば、このような前提が欠ける場合、すなわち、犯罪事実の存在が激しく争われ、この点について判断者が一応の心証形成をした上でないと、量刑に手続の重点を移行することが適切でない場合には、刑事裁判は罪責認定と量刑という二つのプロセスからなるという手続の基本構造に立ち戻り、これらを区別して扱うことが、形の上でも証拠の取扱いの上でも簡明だということになる。そして、犯罪事実の存在が激しく争われる場合の典型例が、犯人性が争点となる事案、すなわち、誰かによって犯罪が実行されたことは間違いないが、その主体が被告人であるかどうかが問題となる事案である。何者かによる犯罪実行の事実が仮に認められたとしても、それが被告人によるものであることが立証されない限り、被告人に対する訴訟は無罪の結論に至るから、量刑を考えても意味がない。したがって、まずは当該犯罪行為が被告人によって行われたものであるか、罪責の問題を確定した上で、必要ならば量刑の問題を検討するという順序で手続を進めるのが論理的に正しく、かつ、証拠の取扱いの上でも混乱が生じないことになる。その意味で、犯人性が争われる事案においては、罪責の認定と量刑とを区別して扱うことの利点が最も分かり易く表れる。逆に、このような事案において、罪責の認定と量刑を区別せず手続を進めた場合には弊害すら生じかねない。

例えば、被告人に前科があることは、犯罪事実の存在が確定した上で、量刑を考える際に刑を重くする方向で意味をもつ、いわゆる一般情状事実だというのが通常の理解である。しかし、罪責の認定と量刑の区別が曖昧で、その結果、被告人が自分は犯人でないと激しく争っている段階で、前科の存在が証拠上明らかになってしまうと、判断者に予断・偏見を抱かせ、犯人は被告人なのだろうという誤った心証を形成させることになりかねない。ましてや、前科が公訴事実(当該訴訟で問題になっている犯罪事実)と同種のものである場合には、問題は深刻である。夜道を独歩していた被害女性に対する強制わいせつ致傷被告事件(刑法一八一条一項参照。裁判員裁判の対象事件である)において、被告人が、自分は犯人でない、人違いであると争っている最中に、被告人が数年前に別の強制わいせつ被告事件で有罪判決を受けた事実が明らかになったケースを想定すれば、そのことは容易に理解できるであろう。もちろん、実務も、予断・偏見の問題には注意しているから、通常このような事態は生じない。しかし、わが国の従来型の法廷においては、前述のとおり、罪責認定のための主張・立証の部分と、専ら量刑に関わる主張・立証の部分とが厳密には区別されていないから、罪責の認定に際し、本来量刑事情として扱われるべき事実が何らかの影響を与えることを、制度上完全には防止できない。最高裁第二小法廷判決平成二四年九月七日刑集六六巻九号九〇七頁は、被告人に対する現住建造物等放火罪(刑法一〇八条)の公訴事実の立証につき、手口の類似した放火の同種前科による立証を許すべきものとした原審（高等裁判所）の判断が否定された事案である。検察官は、被告人には、住居に侵入して窃盗に及んだが欲する金品を得られなかった場合に、その腹いせに火を放つという特殊な経緯・動機による放火の前科があるところ、今回の放火も同じような経緯・動機による犯行であることがうかがわれるから、右のような内容の前科の存在は、被告人が今回の放火の犯人であることを推認させる意味をもつと主張して、本件においては罪責の認定に前科の使用が許されるべきである旨、第一審（地方裁判所）の審理において主張した。一審はこれを採用せず、前科の存在・内容に関する検察官の証拠調べ請求を却下したが、高等裁判所は、検察官の控訴を容れて、このような立証を許すべきである旨の判断をした。ところが、最高裁は、このような立証を許すことは、つまるところ、前科の存在から被告人に対し放火を行う犯罪傾向があるという人格的評価を加え、このような評価にもとづき被告人が今回の放火に及んだという合理性に乏しい推論をすることに等しく、このような立証は許されないと判示して、原判決を破棄し、審理を高等裁判所に差し戻したのである。この事件の審理経過が示すように、罪責の認定については、どのような証拠を使って、どのような立証を許すかについて、判断が非常に微妙なものになる場合がある。このような事態を極力避けるためにも、ふだんから罪責の認定と刑の量定を意識して区別し、主張や立証のあり方を規律するルールを前もって確立しておくことが望ましい。つまり、当初から手続を二分して臨むことが、無用の紛れをなくすゆえんであり、賢明ということになるのである。

犯人性が争点となった事案における手続二分の運用の試みは、すでに裁判員裁判の現場でも実践されている。例えば、選挙事務所襲撃事件（水戸地方裁判所判決平成二三年一二月二一日）と呼ばれる殺人、器物損壊、窃盗被告事件においては、暴力団関係者である被告人が、以前の県議会選挙に絡んで県議会議員T氏に恨みをもち、保冷車を運転して同氏の選挙事務所に突っ込み、同氏のおじを轢き殺したとして起訴された。被告人は、右のような犯罪行為をした行為者が自分であることを一貫して否認しており、犯人性の審理が複雑なものになることが予想された。そこで、公判前整理手続（刑事訴訟法三一六条の二以下）において、①犯人性の審理に八日間を充て、この点に限定した当事者の論告（同法二九三条一項）及び弁論（同条二項）を聴いた上で、裁判官及び裁判員がおよそ二日半を費やして中間評議を行い、犯人性に関する結論を出す。中間評議の結果（犯人性が肯定できるか否か）は明らかにしないまま、その後の手続を進め、さらに、②殺意の有無の点について審理し、最後に、③情状立証（被害者遺族の証人尋問等）を行って、事件全体に関する論告及び弁論を改めて行い、判決を言い渡す。概ね以上のような審理計画が立てられ、それが実践された結果、被告人に懲役二〇年の有罪判決が言い渡されたのである。この審理については、幾つかの課題もあったようであり、例えば、同じ犯罪事実を、その客観的な現象面である①犯人性と、主観的な現象面である②殺意の有無の二つに分解して審理したことが、はたしてどうだったかという疑問も呈されている。ただ、それは訴訟の進め方の技術論であり、公判前整理手続の段階で、犯人性①の点だけでも証拠調べの量が相当なものに及ぶことを察知し、消化不良に陥って混乱することを避けるためには、この点に絞っていったん審理を区切るべきであると見極めたのは、正しい判断だったというべきであろう。その結果として、大きな混乱なく審理は予定どおり終了したようであるし、例えば、犯人性の審理に引き続き、情状立証という名目で被害者遺族の証人尋問が行われ、その内容（多くの場合、エモーショナルなものになりがちである）が犯人性の認定に微妙に影響するといったことも起こらなかったとされるのである。

五　責任能力が争われる事案

前節で述べたところは、責任能力が争われる事案についても基本的に妥当する。この種の事案においては、被告人が当該犯罪行為を行った主体であることに争いはない。そのことを前提に、行為を行った当時、被告人が行為の善悪を判断し（この能力を「是非弁別能力」という）、その判断にしたがって自らの行動を統御することができたか（この能力を

「行動統御能力」という)が問題となる。仮に、被告人が精神医学上の「病気」が原因で精神の障害を有するとしよう。病気になることについては、遺伝的負因や生活環境など複合的な理由が考えられるので、その人だけの責任ではない。したがって、病気が原因で健全な意思決定ができない人に対し、なぜ犯罪などという社会規範に反する行為を選択し実行したのかと、刑罰をもって法的に非難するわけにはいかない(このような考え方を「責任主義」という)。そこで、被告人が、行為時、精神上の障害により是非弁別能力と行動統御能力の少なくともいずれか片方を欠いた状態であったならば、心神喪失(刑法三九条一項)として被告人は無罪となる。(5) また、これら二つの能力のうち、少なくともいずれか片方が著しく減退した状態であったならば、心神耗弱(同条二項)として必要的に刑が減軽される。このように、責任能力の有無は、犯罪の成否を決する要素のひとつであり、それが存在すれば、他の要素が備わっている限り、犯罪は成立(有罪)、存在しなければ犯罪不成立(無罪)ということになる。だとすると、例えば精神科医による鑑定(刑事訴訟法一六五条)を実施して専門家の知見を得るなどし、罪責認定の過程において責任能力の点に関する一応の結論を出すのが望ましいであろう。その方が、目の前で展開される手続の主題が外形的に明確になって、とりわけ裁判員に対する分かり易さの点で優れているし、罪責認定における判断の純粋性も確保されるからである。なお、ここでいう判断の純粋性(以下「罪責認定の純粋性」と呼ぶ)とは、罪責認定の過程に情状事実にまつわる審理が混入し、判断者に不当な影響を与えることを排除することを指していう。前節において、犯人性が問題になる事案において、罪責認定の過程に前科という情状事実が紛れ込み、判断者に良からぬ影響を与えかねないことを指摘したが、手続を二分し、このような場面を極力避けることが、その一例である。責任能力が争われる事案についても、同様のことが起こり得る。例えば、精神病歴のある被告人が複数の被害者に対して通り魔的な殺傷事件を起こしたとしよう。被告人・弁護人は責任能力を争っており、専門医の証言などの証拠に照らすと、被告人が行為当時心神喪失であったかもしれないとの合理的疑いを払拭できない。だとすれば、「疑わしきは被告人の利益に」という刑事訴訟法上の鉄則にしたがい、被告人は無罪となるべきであるが、刑事訴訟の上ではそれが論理的な帰結であっても、何の落ち度もないのに殺傷された被害者の側には割り切れない思いだけが残る。社会の一般的な感情（世論）も、当然のことながら被害者の側に共感を寄せる。そのような背景の下、例えば、被害者やその遺族が情状証人として出廷し、涙ながらに現在の被害感情について述べた場合、判断者がそれに引きずられ、存否いずれもあり得るとの心証をもっていた責任能力の判断について、それが存在する（すなわち、被告人に対し刑事責任を問える、あるいは問いたい）との方向に傾く可能性がないとはいえないであろう。これは、責任主義という刑事法の基本原理に真っ向から抵触しかねない事態である。刑事法の基本原理が永遠不変の真理であるなどというつもりは毛頭ないが、裁判という制度が、それなりの理由があって歴史的に形成されてきた原理や判断枠組みにしたがい、構築されている以上、その原理や枠組みにできる限り忠実に、それを活かすよう運用の努力をすべきことは当然であろう。だとすれば、情状に関する判断が罪責判断に誤って影響を与える可能性がある場合には、できるだけそのような可能性を排除するよう手続を組み立てるべきなのである。

　このような問題意識にもとづき、責任能力が争われる事案についても、裁判実務の現場においては、既に手続二分の試みがされている。有名なのは、手続二分の先駆者であり、かつ主唱者でもあった故・杉田宗久教授（元・大阪高裁判事）の実践例である。杉田は、大阪地方裁判所の裁判長時代、幾つかの裁判員裁判対象事件において手続二分(6)を実践しており、その成果が論文にまとめられ、紹介されている（杉田二〇一〇：三九）。それによれば、杉田コートの実践例は、統合失調症に罹患している被告人が、朝の住宅街において、通勤途上の若い女性に強制わいせつ行為を行い傷害を負わせた事案に関するもので、被告人が何度も入通院を繰り返していることや、犯行態様自体にも若干異常さがうかがわれることなどから、責任能力の有無・程度が争われた。杉田コートは、最終の第五回公判前整理手続期日において、両当事者に手続二分論的運用を行いたい旨の提案をし、とくに異論は出なかったので、次のとおりの審理計画を立てた。①第一回公判期日から第三回公判期日の午前中まで、罪責認定の審理を行った後、②第三回公判期日の夕刻(午後四時)から両当事者が責任能力の点に限定した中間論告・弁論を行う。③その後、裁判体が責任能力に関する中間評議を行い、④その結果、心神喪失の結論に至った場合には、第四回公判期日の冒頭で、量刑に関する証拠調べをすべて却下し、当事者に最終論告・弁論の機会を与えた上、直ちに無罪判決を言い渡す。⑤他方、完全責任能力あるいは心神耗弱の結論に至った場合には、第四回公判期日において、予定どおり量刑に関する立証を行い、結審する。実際の裁判においては、右の中間評議において完全責任能力の結論に達したので、裁判長が、第四回公判期日において、「現段階では、少なくとも心神喪失には当たらない(すなわち、無罪ではない)との結論に至ったので、量刑手続に移ります」と告げて、量刑資料の取調べに移行し、最終論告・弁論を経て判決言渡しに至った。専門的に見れば、杉田コートの実践例は、罪責認定に関する中間判断を示すところに特徴があり、この点に関して、その中間判断は判決という最終判断が示されるまでの間は変更可能なものなのか、中間判断に対して独立した不服申立ては可能なのかなど、幾つかの理論的な問題も生じる。ただ、現行法を前提にした実践例としては、ひとつの完成形であり、丁寧な検討に裏付けられた難点の少ないものであることは、おそらく多くの法律家が同意するところであろう。本稿の意図するところは、まさしくこのような実践例を増やし、その成果を蓄積して、手続二分の運用の基盤を強固なものにすることにある。

六　被害者関連制度との関係

既に触れたとおり、罪責認定の純粋性は、被害者ないし親族・遺族の被害感情に関する検察官側の立証と緊張関係に立つ。被害者や親族・遺族の憤りや無念を背負って訴追権力を行使する検察官は、被害感情をできるだけ効果的に法廷に表出しようとする。これに対し、当該犯罪事実は成立しないという前提に立って争う被告人・弁護人は、被害感情が峻烈であればあるほど、そのことが判断者を「目の前にいる被告人こそが、憎むべき犯人に違いない」との心理に陥らせるのではないかと警戒し、それを阻止しようとする。したがって、被害者が刑事公判手続に関わる場面は、罪責認定の純粋性を確保する上で、常に難しい問題をはらむことになる。

例えば、被害者等による心情意見陳述という制度(刑事訴訟法二九二条の二)がある。これは、近時の被害者保護の潮流の下、犯人として起訴された被告人に対する事件において、検察官立証とはまた別の観点から、被害者や遺族が直接その思いのたけを判断者に伝えることにも意味があるということで、平成一二年に立法された制度である。ここで述べられた被害感情は、被告人が犯人であるという裁判の結論を先取りした上で、被害者や遺族としての憤りや苦衷を述べるものであることが圧倒的に多く、罪責認定の純粋性と真っ向から抵触しかねない。そこで、「犯罪事実の認定のための証拠とすることはできない」(同条九項)と法律に明記されているが、その一方で、有罪認定に達した場合に量刑の一資料(被害感情)として考慮することは許されると一般に理解されている。しかし、このような切り分けが本当に可能なものであろうか。犯罪事実の認定と情状の考慮は別物であると、幾ら理性のレベルで分かっていても、現実に生々しい被害体験を訴える声を聞くと、そこに何らかの感情の動きが発生することは否定できない。

この点について、筆者にも多少の個人的経験がある。筆者は、幼児に対する虐待死が疑われた、ある裁判員裁判の事件で弁護人を務めた。その事件では、被告人は捜査段階から犯人性を否認し、一貫して無罪を主張していた。証拠調べが終わった段階では、検察官も危機感をもち、審理予定になかった新たな証拠調べを請求しようとしたくらいだから(さすがに、裁判長はそれを認めなかった)、結論は微妙な事件であったと思う。しかし、論告・弁論に先立って行われた被害者遺族の心情意見陳述で、法廷の空気が変わった。この事件では、被害者の実母が被害者参加制度(刑事訴訟法三一六条の三三以下)を使って手続に参加しており、心情意見陳述の場面では、実母が書いて提出した手紙を裁判長が代読(朗読)したのだが(同法二九二条の二第七項、第八項)、その朗読によって、一部の裁判員が涙を堪える表情を見せるなど、明らかに感情に訴えかける効果のあったことが見て取れたのである。果たして結果は、厳しい実刑の有罪判決であった。このような結果に終わったのは、弁護人の非力のなせる業であり、被害者等意見陳述のせいで不本意な有罪判決を受けたなどと言うつもりはない。しかし、弁護人としては、今後の参考のためにも、あの心情意見陳述が法廷の列席者にどう受け取られたのか、どうしても気になる。そこで、たまたまこの場面を傍聴していた信頼できる某司法記者に後日尋ねたところ、その記者の答えは、「あの朗読はインパクトがありました。手続の意味を知っているわれわれでさえ、心が揺さぶられましたから、裁判員に対してはかなりの影響を与えたのではないでしょうか」というものであった。被告人が真犯人かどうかが問題になっている場面において、被告人が犯人であるとの結論を先取りし、それを前提に、亡くなった実子に対する想いや被告人に対する恨みの感情を述べる感情的な証拠が法廷に出て、それが判断者の感情に訴えかける力をもつとどうなるか。自分では理性的に判断をしているつもりでも、何らかの先入観や感情にとらわれ、判断や意思決定をしていることがないと果たして言えるのか。筆者は疑問を拭いきれないでいる。しかも、制度上、この意見陳述は、前記のとおり、被害者あるいは遺族としての「心情」を裁判所に直接届けることに主眼があるとされ、したがって、陳述者の一方的な陳述のみが予定されており、その陳述の前提に明らかな誤解があったとしても、それを訂正する十分な機会が保障されていない。弁論行為(訴訟上意味のある主張をする行為)なのか、証拠調べの一種なのか、曖昧な性格を残したまま立法された制度なのである。刑事手続において被害者に何らかの主体的地位が認められること自体には意味があるが、このような制度の立てつけは、罪責認定の純粋性と抵触するおそれのあるものとして、少なからず疑問と言わざるを得ない。これは被疑者・被告人の立場からだけの立論ではなく、被害者の尊厳を守る立場からもそのように言えると考える。なぜなら、せっかく真摯な思いのたけを法廷で述べても、それが原因で判断者が事実認定を誤り、真犯人でない者を犯人と誤認してしまうと、それ自体が真犯人の処罰を望む被害者の真意に反する。その一方で、法廷外にいる真犯人は処罰を免れるから、二重に深刻な結果となる。

やはり、罪責認定手続と量刑手続は区別するべきだといわなければならない。また、被害者が手続に参加する際には、それが大きな心理的負担を伴うものであること、被害者のプライバシーに配慮しつつ手続を進めるべきであることなどが強調される。この点についても手続二分には利点がある。罪責認定手続と量刑手続を区別した上、前者については原則どおり公開法廷で行い、後者については被害者保護のためにも、また被告人の人格尊重のためにも、非公開とすることが考えられるからである（憲法八二条一項、二項参照）。いずれにせよ、被害者関連制度との関係が問題になる事案もまた、手続二分に適しているのである。

（1）　刑事訴訟法の用語で「訴因」あるいは「公訴事実」と呼ばれる。両者の関係については議論があるが、本稿では、さしあたり同じ意味で用いる。

（2）　これらは、犯罪とは直接関係のない一般的な事情だということで、通常、「一般情状」と呼ばれる。

（3）　これらは、犯罪事実と直接関連し、犯罪行為の詳しい要素となっている事実だということで、前記の一般情状と区別し、「狭義の情状」あるいは「犯情」と呼ばれる。

（4）　取調べをリアルタイムでＤＶＤ等の記録媒体に録音・録画する、いわゆる可視化が行われた場合は別である。この場合には、取調べ時のやり取りがそのまま映像と音声で保存されることになる。ただし、現時点では、この録音・録画による可視化が実施される事件は、全体の中で少数にとどまっている。

（5）　心神喪失を理由とする無罪の場合、被告人は刑事処罰を受けることはないが、かといって何の制約も受けないわけではない。殺人、放火等の重大事件については、心神喪失者等医療観察法上の措置により、閉鎖病棟のある精神病院に入院させられ、医療上の措置を受けることがあるので注意が必要である。

（6）　ただし、杉田は、罪責認定と量刑の手続を分けた上、罪責認定に関する一応の結論を中間判断として明示する制度的枠組みのことを「手続二分論」と呼んでいる。これに対し、罪責に関する中間判断を出すことをせず、単に罪責認定と量刑とを手続上区分して運用することを「罪責・量刑の手続的区分」と呼び、区別している。この用語例にしたがえば、本稿が提唱する手続二分は、「罪責・量刑の手続的区分」だということになる。

参考文献

青木孝之（二〇一二）「争いのある事件における手続二分」『季刊刑事弁護』七二号
青木孝之（二〇一三）『刑事司法改革と裁判員制度』日本評論社
石松竹雄（一九九八）「手続二分論の見直し――冤罪防止の見地から」井戸田侃ほか編『竹澤哲夫先生古稀祝賀記念論文集　誤判の防止と救済』現代人文社
岩瀬徹（一九七五）「手続「二分」論」『公判法大系Ⅱ』日本評論社
岩瀬徹（一九七九）「手続二分論」松尾浩也編『刑事訴訟法の争点』有斐閣
上田國廣（二〇〇五）「裁判員裁判と手続二分論」『季刊刑事弁護』四四号
垣花豊順（一九九一）「手続二分論」松尾浩也・井上正仁編『刑事訴訟法の争点（新版）』有斐閣
黒田一弘（二〇〇一）「手続二分論の導入を提言する」『季刊刑事弁護』二五号
杉田宗久（二〇一〇）「裁判員裁判における手続二分論的運用について」初出・原田國男判事退官記念論文集『新しい時代の刑事裁判』判例タイムズ社
鈴木茂嗣（一九八四）「訴訟手続二分論」高田卓爾・田宮裕編『演習刑事訴訟法』青林書院新社
田口守一（一九九一）「公判二分論の今日的意義」『高田卓爾博士古稀祝賀　刑事訴訟の現代的動向』三省堂
福井厚（一九七二）「西ドイツにおける刑事手続二分論」『岡山大学法学会雑誌』二二巻二号
本庄武（二〇〇五）「ドイツの参審制と量刑手続」『季刊刑事弁護』四四号
山田道郎（二〇〇七）「冒頭陳述、手続二分および裁判員制度」三井誠ほか編『鈴木茂嗣先生古稀祝賀論文集・下巻』成文堂

6　裁判員制度の導入により刑事裁判はどう変わったか

家令和典

はじめに

裁判員制度の導入は、刑事司法への市民参加を実現するとともに、これまでの刑事裁判の有りようを大きく変えることとなった。以下、裁判官裁判と対比しつつ、証拠開示に関して歴史的経緯を振り返りつつやや詳しく述べた上、争点及び証拠の整理、公判審理と事実認定のそれぞれにおいて、どのような点が変化したのかを概観してみたい。

一　証拠開示

一　証拠開示とは、訴訟の一方当事者が、相手方に対し、手持ちの証拠・資料等を閲覧・謄写させるなどして、その内容を明らかにすることをいう（英米法の discovery の訳語）。検察官と被告人・弁護人との間では証拠収集能力に格段の差があるため、刑事訴訟においては、主に検察官側の証拠開示が問題とされてきた。被告人側としては、証拠開示を受けることによって、検察官側の攻撃証拠に対する防御の準備をすることができ、また、被告人に有利な証拠を発見し利用する機会を得ることができるのである。

二　旧刑訴法の下では、検察官が起訴と同時に捜査記録その他証拠の全部(一件記録)を裁判所に提出し、弁護人は裁判所に行けばこれを見ることができたため(旧刑訴法四四条一項)、証拠開示が問題となることはなかった(ただし、一件記録にいかなる範囲の資料を綴るかについては捜査官側の判断が混入する余地があり、一件記録は有罪証拠の集合となり得たとの指摘もされている(1))。現行刑訴法の下では、裁判所の予断を排除するため、起訴状一本主義が採用され(刑訴法二五六条六項)、起訴後も捜査資料は検察官の手元に残ることとなったことから、起訴後に弁護人が裁判所に行っても、第一回公判前には見るべき証拠はないこととなった(刑訴法四〇条は、弁護人が、公訴提起後、裁判所が保管する書類及び証拠物の閲覧・謄写をすることを認めるにすぎない。また、刑訴法二九九条一項は、検察官、被告人又は弁護人が、証拠書類又は証拠物の取調べを請求する場合には、あらかじめ、相手方に閲覧する機会を与えなければならない旨規定するが、取調べ請求をしない証拠についての開示は義務付けられていない)。現行刑訴法の立法にも関与された団藤重光博士は、早くから「これは被告人側にとっては一得一失であるといわなければならない。裁判官が事件について予断をいだかないことはその重要な利益であるが、捜査記録を閲覧・謄写する機会がないことは、実質的にいって相当に大きい不利益である」と指摘されていた(2)。もっとも、現行刑訴法施行時に、法曹三者で話し合いが持たれ、検察官は、起訴後できるだけ早期に事件に関する証拠を整理し、第一回公判期日前に検察官のもとに赴いた弁護人にその閲覧・謄写を許可するという実務慣行が形成されていたため、閲覧場所は異なるものの、実質的には旧法時と同様の運用が行われていた(3)。

三　ところが、昭和二八年頃から、公安労働事件、贈収賄事件、公職選挙法違反事件などの否認事件において、検察側が、当初から証人尋問を請求する方針であり、供述調書の取調べを請求する意思はないとして、証人申請予定者の供述調書の事前開示を拒否し、これに対して、弁護側が、供述調書の開示がない以上、罪状認否の仕様がない、証拠調べ請求に対する意見が述べられないといった対応を採り、訴訟の進行が滞る事態が生じたことから、証拠開示が刑訴法上の重要問題として浮上した。特に、松川事件の「諏訪メモ」の問題や(4)、大阪地裁の裁判長が、訴訟指揮権に基づき、検察官に対し、起訴状朗読前に手持ち証拠の全部を弁護人に閲覧させるよう命じた命令が、最高裁によって取り消されたこと（最三小決昭和三四年一二月二六日刑集一三巻一三号三三七二頁）などから、激しい論争となった。

検察側の論者は、現行刑訴法の採る当事者主義の建前からは、事前に相手方の手持ち証拠を知ろうとするのはフェアではないし、取調べ請求をする意思のない証拠を閲覧させなければならない法文上の根拠はなく、証拠隠滅工作を誘発する弊害もあることから、開示は検察官の裁量に委ねられているなどと主張するのに対し、弁護側の論者は、当事者主義を実質的なものにするためには、捜査機関が収集した証拠は、検察官が取調べ請求をする意思がなくとも弁護側に開示すべきであるし、公益の代表者である検察官は真実発見に協力すべきであって、被告人に有利な証拠が検察官の故意・過失により公判に提出されないことを防止するためにも、検察官手持ち証拠の事前の全面開示が必要であるなどと主張した。事態は膠着し、立法や規則制定による解決も試みられたが、実現せず、裁判実務家の中からは、裁判所の訴訟指揮権に基づく個別的な証拠開示命令により事態を解決すべきであると説くものが現れ、これが昭和四四年四月二五日の最高裁決定の容れるところとなったのである（同じ日に二つの決定が出された。一件（刑集二三巻四号二四八頁）は大阪地裁の証拠開示命令を是認したものであり、もう一件（同号二七五頁）は横浜地裁の証拠開示命令を取り消したものである）。最高裁が示した準則は、裁判所は、①証拠調べの段階に入ってから、弁護人の具体的必要性を示した申し出があり、②開示の対象である証拠が不特定でなく、③事案の性質、審理の状況、閲覧を求める証拠の種類、内容、閲覧の時期、程度、方法、その他諸般の事情を勘案し、その開示が被告人の防御のため特に重要であり、罪証隠滅、証人威迫等の弊害を招来するおそれがなく、開示が相当と認められる場合、訴訟指揮権に基づき、検察官に対し、その所持する証拠を弁護人に閲覧させるよう命ずることができるというものである。この最高裁決定により、現行刑訴法施行後二十年来の最大の問題について解決の道筋が付けられたのであるが、上記③の要件には裁量の余地があり、その裁量いかんによっては、全面的事前開示論に近い運用から、開示否定論に近い運用までが可能であって、根本的な解決に至ったわけではなかった。

四　刑事裁判の充実・迅速化を図る方策として、平成一六年の刑訴法改正により、公判前整理手続が新設され（刑訴法三一六条の二以下）、同手続中に、詳細な証拠開示の手続が定められたことから、証拠開示問題は大きく転回することとなった。同手続は平成一七年から実施され、平成二一年から開始された裁判員裁判の対象事件については、同手続に付さなければならないこととされている（裁判員法四九条）。新しい証拠開示の制度は、上記最高裁決定後も根強く主張されていた全面的事前開示論は採用せず、次のような段階的な開示の制度を導入した。すなわち、公判前整理手続において、①検察官は、公判において証明を予定する事実を明らかにするとともに、その証明に用いる証拠の取調べを請求し、その証拠を弁護側に開示しなければならない。②弁護側は、特定の検察官請求証拠の証明力を判断するために重要な一定類型に該当する検察官手持ち証拠（類型証拠）の開示を請求することができ、検察官は、開示の必要性及び弊害を勘案し、相当と認めるときは、これを開示しなければならない（類型証拠としては、証拠物、検証調書、鑑定書、証人申請された者の供述調書、被告人の供述調書など、弁護側の防御にとって有用であり、証拠隠滅のおそれが少ないものが定められている）。③弁護側が公判でする予定の主張を明らかにした場合、その主張に関連する検察官手持ち証拠（主張関連証拠）の開示を請求することができ、検察官は、開示の必要性及び弊害を勘案し、相当と認めるときは、これを開示しなければならない。そして、当事者間に争いが生じた場合には、裁判所が裁定をする。(5)

五　最高裁は、証拠開示命令の対象の範囲について、積極的な判断を示している（最三小決平成一九年一二月二五日刑集六一巻九号八九五頁、最三小決平成二〇年六月二五日刑集六二巻六号一八八六頁、最一小決平成二〇年九月三〇日刑集六二巻八号二七五三頁）。いずれも、警察官の捜査メモに対する証拠開示請求に関するものであるが、証拠開示制度の趣旨にかんがみれば、証拠開示命令の対象となる証拠は、必ずしも検察官が現に保管している証拠に限られず、当該事件の捜査の過程で作成され、又は入手した書面等であって、公務員が職務上現に保管し、かつ検察官において入手が容易なものも含まれるとし、さらに、証拠開示命令の対象となるものか否かの判断は裁判所が行うべきものであるから、裁判所は、その判断のために必要があるときは、検察官に対し、証拠の提示を求めることができるとしたのである。このような最高裁の積極姿勢もあってか、最近は、証拠開示に関する検察官と弁護人間の紛議は少なくなっている。特に、裁判員裁判において、検察官は、請求証拠を開示する時点で、後に類型証拠や主張関連証拠としての開示請求が見込まれるものについても任意に開示するといった柔軟な対応を行うようになっている。

六　このように、事件が公判前整理手続に付された場合、証拠開示は検察官の裁量的な措置でも、裁判所の訴訟指揮に基づくものでもなく、証拠開示請求権に基づくものとなったのであり、このことの意義は大きい。公判前整理手続に付されていない事件については、昭和四四年の最高裁決定が示した準則が適用される余地はあるものの、検察官に対して整備された証拠開示の規定に準じた働きかけを行うことが容易になってきたように思われる。また、新たな証拠開示制度は、デュープロセスの観点から、検察側と弁護側の証拠収集能力の格差を是正し、裁判の公正を図り、冤罪を防止することを究極の目的としているとして、再審の場合にもその趣旨を及ぼすべきであるという見解も示されている(6)。

二　争点及び証拠の整理

一　現行刑訴法は、当事者主義を基調とし、起訴状一本主義を中心とする予断排除の原則を採用していることから、第一回公判前の争点整理は当事者間で行うべきものとされ(刑訴規一七八条の二以下)、裁判所の役割は、当事者の公判へ向けた準備を促すための連絡・調整が基本とされていた。前述のとおり、証拠開示に関する規定も存在しなかった。そのため、複雑困難事件や大規模事件の争点及び証拠の整理を十分に行うことは困難であった。当事者による充実した事前準備を前提として、裁判所は、審理に二日以上を要する事件については、できる限り、連日開廷し、継続して審理を行わなければならないものとされていたものの（削除前の刑訴規一七九条の二、現在の刑訴法二八一条の六）、刑訴法学者からは「継続審理の規定は、ほぼまったく死文化しているのが実情であり、統計資料によれば、公判は約一か月ごとにとびとびに開かれている。欧米諸国を眺めると、ほぼどこの国でも刑事事件では、文字どおり連日の、あるいはそれに近い継続審理方式がとられる。これは、例えば英米では巡回裁判の伝統が作用し、あるいは陪審ないし参審制がとられるからであろう。その意味でわが国の方式は、大へんユニークな運用だといえる。欧米が内科治療方式とすれば、日本は歯科治療方式である。また月賦販売方式とよばれることもある」と評されていた(7)。

二　新設された公判前整理手続は、裁判所の主宰のもとに進められ、起訴状の訴因の記載を前提として、検察官が証明予定事実を提示するとともに、これを証明するために用いる証拠の取調べを請求し（刑訴法三一六条の一三）、被告人・弁護人は予定主張を明示するとともに、これを証明するために用いる証拠の取調べを請求しなければならない（刑訴法三一六条の一七）。前述のとおりの段階的に行われる証拠開示を経て、証拠の採否が決せられる。このようにして争点及び証拠の整理がされ、裁判所がその結果を確認して（刑訴法三一六条の二四）、公判前整理手続が終了すると、その後の証拠調べ請求が制限される（刑訴法三一六条の三二第一項）（ただし、主張制限の規定は設けられていない）。裁判所は、充実した公判審理を継続的、計画的かつ迅速に行えるよう、十分な準備が行われるようにするとともに、できるだけ早期にこれを終結させるように努めなければならず、訴訟関係人も裁判所に進んで協力しなければならない（刑訴法三一六条の三）。ところが、裁判員裁判の開始後、その審理が本格化した平成二一年から平成二四年にかけて、特に否認事件の公判前整理手続の期間が長期化し（平均で六・八カ月→八・三カ月→九・一カ月）、判決に至るまでの審理期間も長期化した（平均で九・八カ月→一〇・九カ月→一一・七カ月）。裁判員裁判においては、公判中心主義、直接主義を徹底し、裁判員が人証によって重要事実に関する心証を形成すべき要請が特に強いことから、証人の記憶が鮮明なうちに証人尋問等を行う必要性は高く、早期に審理を行うことは、被告人の未決勾留期間を短縮するという意味でも重要であることから、公判前整理手続の短縮化が重要な課題とされた。個々の事案の特殊事情により、公判前整理手続が長期化するのがやむを得ない場合もあるが（追起訴が続く場合、裁判員法五〇条の鑑定手続が実施される場合、弁護人と被告人との間の意思疎通が困難な場合など）、典型的な長期化パターンも明らかになってきている。例えば、①検察官が、犯行に至る経緯、犯行状況、犯行後の状況等について、捜査段階で得られた詳細な供述証拠等に依拠して詳細過ぎる証明予定事実記載書を提出し、これに対して弁護人が細かな認否を行うと、多くの争点が生じたかのような事態となる。このような場合、検察官の請求する証拠の量も多くなりがちであり、類型証拠開示にも期間を要することとなる。こうなると、争点と証拠の絞り込みに手間取ることとなる。②弁護人の予定主張の明示は、類型証拠開示を受けたことが前提とされているが（刑訴法三一六条の一七）、弁護人が大量の類型証拠開示請求を行い、その開示が完了しない限り、予定主張も証拠意見も一切述べられないという対応が行われると、手続の進行が滞ることとなる。③裁判所が、審理・評議においてポイントとなるべき事項を明確に意識しないまま、漫然と公判前整理手続期日を重ねると、検察官、弁護人に対して確固たる方針を示すことができず、上記のような訴訟活動が行われても、適切な指揮を行うことができず、手続の進行が滞ることとなる。

三　近時、三者間で次のような対応が行われるようになって、事態は改善に向かった。まず、起訴の約一週間後に、三者間で打合せを行って、当事者の準備状況を確認し、今後のスケジュールの確認・設定を行う。この段階で弁護人の暫定的な応訴方針（自白か否認か、否認するとすればどのような点か）が示されれば、検察官もこれに応じた証明予定事実記載書を作成することができる。検察官は、通常、起訴から約二週間後に証明予定事実記載書を提出するとともに証拠の取調べ請求を行うが、その際、弁護人に対しては、請求証拠だけでなく、弁護人が後に類型証拠、主張関連証拠として開示を求めてくるであろう証拠についても、任意に開示するといった柔軟な対応がとられている。弁護人も、証拠開示の手続が完了する前であっても、可能な範囲で予定主張を明らかにし、検察官請求証拠に対する意見を述べるという対応を行うことにより、争点や必要な証拠調べの内容が少しずつ固まっていき、公判期日の仮予約を行うことができるようになる。そして、審理計画が固まれば、公判前整理手続終了前でも公判期日を指定することができる（このような形でスムーズな準備が行われるためには、弁護人が暫定的に示した応訴方針が、証拠開示が進んだことなどによって変更されても、その変遷を被告人に不利な形で用いないことについての共通認識が必要である）。このような対応が行われるようになって、公判前整理手続の終了から第一回公判期日までの平均日数が平成二一年から平成二六年にかけて顕著に短縮し（四九・九日→三九・四日→二九・五日→二〇・六日→一七・四日）、平均審理期間の短縮にもつながっていた。

ところが、平成二七年以降、平均審理期間及び公判前整理手続期間が、自白事件、否認事件のいずれにおいても再び長期化に転じており、原因分析と改善策の策定が急務となっている(8)。

四　このところ、最高裁は、公判前整理手続に関して、次のような重要な判断を続けて示している。

1　最一小決平成二五年三月一八日刑集六七巻三号三二五頁

被告人又は弁護人に主張明示義務及び証拠調べ請求義務を定めた刑訴法三一六条の一七が、自己に不利益な供述を強要されない権利を保障した憲法三八条一項に違反するとの主張がされた事案について判断を示したものである。最高裁は、上記刑訴法の規定は、被告人又は弁護人において、公判期日においてする予定の主張がある場合に限り、公判期日に先立って、その主張を公判前整理手続で明らかにするとともに、証拠の取調べを請求するよう義務付けるものであって、被告人に対し自己が刑事上の責任を問われるおそれのある事項について認めるよう義務付けるものではなく、また、公判期日において主張をするかどうかも被告人の判断に委ねられているのであって、主張自体を強要するものではないから、憲法三八条一項には違反しない旨判示した。本決定により、立法段階から議論のあった論点が決着をみた。

2　最三小判平成二六年四月二二日刑集六八巻四号七三〇頁

被告人が、被害者を殺害し、可能ならその前に被害者を拉致する目的で被害者方に侵入したが、拉致に失敗したため、被害者を殺害しようと、向けていたけん銃の引き金を二回引いたものの、事前の操作を誤っていたため弾が発射されなかったことから（本件未発射事実）、被害者に対し、殺意をもって、刃物を複数回突き出し、心損傷に基づく出血により死亡させて殺害したという事案について判断を示したものである。最高裁は、「第一審の公判前整理手続において、本件未発射事実については、その客観的事実について争いはなく、けん銃の引き金を引いた時点の確定的殺意の有無に関する主張が対立点として議論されたのであるから、その手続を終了するに当たり確認した争点の項目に、上記経過に関するものに止まるこの主張上の対立点が明示的に掲げられなかったからといって、公判前整理手続において争点とされなかったと解すべき理由はない」などと述べて、第一審判決が本件未発射事実を認定するに当たり、上記の主張上の対立点を争点として提示する措置をとらなかったことに違法があったとは認められないとした。本決定は、公判前整理手続で行われる「争点」の整理は、核心となる主張上の対立点こそが公判審理の対象の中心となるよう、いわば公判審理の枠組みを提示する運用が目指されるべきものであり、公判前整理手続を終了するに当たり確認される「争点」についても核心的な主張の対立点を掲げていくという運用が望まれることを示したものといえよう。

3　最二小決平成二七年五月二五日刑集六九巻四号六三六頁

詐欺罪で起訴された被告人が、公訴事実記載の日時には犯行場所にはおらず、自宅ないしその付近に存在した旨のアリバイ主張を明示したが、それ以上に具体的な主張は明示せず、第一審裁判所もその点につき釈明を求めることなく公判審理に入ったところ、被告人質問において、被告人が、アリバイに関して具体的な供述を始め、弁護人が更に詳しい供述を求め、被告人もこれに応じた供述を行おうとしたのに対し、検察官が異議を申し立て、裁判所が刑訴法二九五条一項によりこれを制限したことが違法であるかどうかが問題となった事案について判断を示したものである。最高裁は、「公判前整理手続は、充実した公判の審理を継続的、計画的かつ迅速に行うため、事件の争点及び証拠を整理する手続であり、訴訟関係人は、その実施に関して協力する義務を負う上、被告人又は弁護人は、刑訴法三一六条の一七第一項所定の主張明示義務を負うのであるから、公判期日においてすることを予定している主張があるにもかかわらず、これを明示しないということは許されない。こうしてみると、公判前整理手続終了後の新たな主張を制限する規定はなく、公判期日で新たな主張に沿った被告人の供述を当然に制限できるとは解し得ないものの、公判前整理手続における被告人又は弁護人の予定主張の明示状況（裁判所の求釈明に対する釈明の状況を含む。）、新たな主張がされるに至った経緯、新たな主張の内容等の諸般の事情を総合的に考慮し、前記主張明示義務に違反したものと認められ、かつ、公判前整理手続で明示されなかった主張に関して被告人の供述を求める行為（質問）やこれに応じた被告人の供述を許すことが、公判前整理手続を行った意味を失わせるものと認められる場合（例えば、公判前整理手続において、裁判所の求釈明にもかかわらず、「アリバイの主張をする予定である。具体的内容は被告人質問において明らかにする。」という限度でしか主張を明示しなかったような場合）には、新たな主張に係る事項の重要性等も踏まえた上で、公判期日でその具体的内容に関する質問や被告人の供述が、刑訴法二九五条一項により制限されることがあり得るというべきである」と判示した（ただし、本件はそのような場合に当たらないとしている）。なお、小貫裁判官は、補足意見の中で、第一審公判において生じた事態は、第一審裁判所が、公判前整理手続段階で被告人の主張をあいまいなままにしておいたことが原因であり、「自宅付近にいた」との主張については、釈明を求めて具体的内容を明らかにさせ、それが不可能であるというのであればその理由も記録として残しておくべきであったと指摘している。本決定の判示は、補足意見も含め、裁判員裁判の運用に当たっても参考にすべき点が多い。

三　公判審理と事実認定

一　公判審理の実際

1　冒頭陳述

裁判員裁判においては、検察官の冒頭陳述に引き続き、弁護人の冒頭陳述が行われ（刑訴法三一六条の三〇）、双方が証拠により証明すべき事実が明らかにされる。その際には、公判前整理手続における争点及び証拠の整理の結果に基づき、証拠との関係を具体的に明示しなければならない（裁判員法五五条）。冒頭陳述は、公判前整理手続に関与していない裁判員が争点を的確に把握できるように、事件の概要と立証方針を分かりやすく示し、その後に行われる証拠調べの理解に資するものでなければならないから、簡潔さが求められる。証拠の具体的な内容を引用するなど証拠調べを先取りするようなものであってはならないし、ましてや証拠の評価について議論をするようなものであってはならない。しかしながら、制度開始当初は、双方にそのような認識が浸透しておらず、冒頭陳述により裁判員を説得しようという姿勢で臨む当事者もおり、情報過多であったり、裁判員が主張と証拠の区別に困難をきたすような内容のものなどが目立った。近時は、裁判所側の働きかけなどにより、当事者に冒頭陳述が果たすべき機能についての認識が深まり、検察官の冒頭陳述は、自白事件であればＡ４用紙一枚、否認事件でもＡ３用紙一枚のメモに収まる程度の内容のものが行われるようになり、「この点については、Ａさんの証人尋問により明らかにします。その際には○○の点に注目してお聞き下さい」といったように、証拠調べにおける注目点が併せて述べられることも行われるようになってきた。弁護人の冒頭陳述も改善されてきてはいるが、弁護人の経験と力量により個人差が大きいというのが筆者の実感である。

2　証拠書類の取調べ

裁判官裁判の場合は、証拠書類の取調べは公判においてその要旨が告げられることによって行われ、裁判官は、提出された証拠書類を改めて精査して判決書を作成するというのが実情であった。しかしながら、裁判員裁判においては、公判廷における証拠調べのみによって心証を形成していく必要があり、全文朗読が原則となることから、証拠書類の取調べは、必要かつ十分な内容が、分かりやすく提示されなければならない。捜査段階においては、事件の全容解明に向けてあらゆる証拠が収集され、被疑者や関係者の取調べにおいても、詳細に事情が聴取される。捜査の終盤には、事案の核心や全体像が明らかとなり、公判における立証方針もある程度明らかになることから、検察官としては、その時点において、可能な限り、朗読により取り調べられることも念頭において、簡にして要を得た検察官調書を作成すべきであるとされたが(「裁判員裁判における検察の基本方針(平成二一年二月)」)、実際には容易なことではない。

裁判員裁判においては、特に証拠の厳選(刑訴規一八九条の二)が求められるが、公判前整理手続の迅速化のため、早期の証拠請求が求められていることもあって、検察官は、当初は、ある程度広めに証拠を請求せざるを得ないという事情もある。そこで、検察官は、公判前整理手続が進行し、弁護人の予定主張と証拠意見が明らかになった段階で、書証原本のうち朗読を要しない部分を削除した抄本、あるいは、複数の第一次証拠のうち公判において告知を要する部分をまとめた統合捜査報告書を作成して証拠請求し、不要な証拠の請求を撤回するという手順で証拠の絞り込みを行うようになっている。抄本化や統合化に当たっては、弁護人が必要とする情報に漏れがないような調整も行われている。公判廷における証拠書類の取調べに際しては、検察官はメモ欄を設けた証拠の一覧表を提出した上で、モニターへの図面や写真等の映写を併用しつつ朗読を行うなどして、分かりやすさに配慮している。

裁判員裁判の対象事件には被害者が死亡した事件が含まれており、死因や犯行態様などが争われると、遺体の写真や解剖時の写真などが証拠請求されることとなる。こういった証拠の取調べは、裁判員に重い精神的負担を掛けることになるが、必要な証拠については良く見てもらう必要がある。そのため、最近は、公判前整理手続の段階で検察官に証拠を提示してもらい、真に必要な部分を吟味した上で、カラー写真を白黒にし、あるいは図面化する、不要な部分をマスキングするといった措置を講じてもらっている。そして、公判における取調べの際にも、裁判員に注意を促した上で取り調べるようにしている（裁判員の選任手続においても、そのような証拠を取り調べる予定があることを告げている）。

3　証人尋問、被告人質問

否認事件の場合は、裁判官裁判においても、裁判員裁判においても、検察官請求の証拠書類の多くについて弁護人から不同意の意見が述べられ、犯罪事実に関する証人尋問、被告人質問が行われ、公判供述により起訴された犯罪事実の存否についての心証形成が行われる。一方、自白事件の場合、裁判官裁判においては、検察官の請求証拠が全て同意採用されてその要旨が告げられ、情状に関する証人尋問と被告人質問が行われて結審するというのが通常であり（被告人質問のみの場合も多い）、裁判員裁判においても、検察官請求の証拠には同様に同意の意見が述べられるので、供述調書の取調べを中心とした公判審理を行うことも可能ではある。しかしながら、供述調書を読み慣れた裁判官と違って、裁判員は供述調書に馴染みがなく、その朗読時間が長いと集中力の維持も困難であるし、実感を持って事実を把握することも難しい。そこで、自白事件においても、被告人の供述調書については採否を留保した上で被告人質問を実施し、供述調書の取調べの必要がなくなれば、検察官にその請求を撤回してもらうという方法が主流となっている。制度導入当初は、自白事件においては、犯罪事実に関する証人尋問を行うことまでは想定されていなかったように思われるが、調書の朗読ばかりが続く公判は相当ではないとの反省から、当該事案の実体を把握する鍵となる関係者については、その供述調書が弁護人により同意されている場合でも、証人尋問を行う取り組みが行われている。[9]

なお、当該事案について鑑定を行った専門家証人の証人尋問が行われることもあるが、その内容は裁判官にとっても理解が容易ではないことが多い。裁判官裁判の場合は、公判終了後に、裁判官が提出された鑑定書と証人尋問調書を読み込み、必要があれば参考文献も参照して理解に努めてきたところである。裁判員裁判においては、そのような方法をとることはできないので、公判前整理手続の段階で、鑑定人から鑑定結果の概要について説明を求め、公判期日における鑑定結果の報告方法や所要時間、その際に用いる資料について聴取し、検察官及び弁護人から鑑定人に対し行う尋問事項や尋問時間、示す資料等の尋問方法について聴取するといったカンファレンスを行い、裁判員にも理解可能な証人尋問の実現が図られている。[10]

4　論告、弁論

従前の裁判官裁判においては、論告、弁論は、証拠調べの結果を受けて、事実経過を時系列で述べ、あるいは、証人や被告人の供述要旨をまとめた上で、それぞれが争点と考える点について、自己に有利と考えられる事情を網羅的に述べる、量刑事情についても、総花的に主張するといったものが多かった。裁判員裁判においては、論告、弁論は、裁判員上記の冒頭陳述同様、Ａ４一枚からＡ３一枚程度のメモに基づき、争点に即して、証拠を簡潔に引用しつつ、裁判員に自己の主張の正当性を訴えるというスタイルで行われるようになってきた。量刑事情についても、被告人の犯罪行為に相応しい刑事責任の分量を明らかにするという量刑の本質を踏まえた主張が行われるとともに、裁判員量刑検索システム[11]に基づき、同種事案の量刑分布の中での位置付けを示しつつ、どのような刑が被告人に適切かについての意見が述べられることが多くなっている。

二　事実認定

1　裁判員は、事実の認定、法令の適用、刑の量定に関して裁判官とともに合議して判断する権限を有している（裁判員法六条一項）。事実を認定するに当たって、証拠の証明力は、それぞれの裁判官、裁判員の自由な判断にゆだねられている（裁判員法六二条）。

最高裁は、裁判員裁判の開始に先立って「刑事裁判における有罪の認定に当たっては、合理的な疑いを差し挟む余地のない程度の立証が必要である。ここに合理的な疑いを差し挟む余地がないというのは、反対事実が存在する疑いを全く残さない場合をいうものではなく、抽象的な可能性としては反対事実が存在するとの疑いをいれる余地があっても、健全な社会常識に照らして、その疑いに合理性がないと一般的に判断される場合には、有罪認定を可能とする趣旨である。そして、このことは、直接証拠によって事実認定をすべき場合と、情況証拠によって事実認定をすべき場合とで、何ら異なるところはないというべきである」との判示をした（最一小決平成一九年一〇月一六日刑集六一巻七号六七七頁）。裁判長の説明（裁判員法三九条一項）に当たっては、「常識的に考えて間違いない」といえなければ、有罪認定はできないといった説明を行っている。否認事件の中には、事実関係が証拠上明白なものや、被告人の弁解が明らかに不合理なものもあり、そのような事案においては「社会常識」による判断は容易であるが、このあと述べるように、裁判員が困難な判断を求められる場合も多い。

2　殺意、正当防衛、責任能力（心神喪失、心神耗弱）といった法律概念が問題となる事案においては、その定義自体の理解が難しく、認定した事実をその概念に当てはめることも難しい。そこで、裁判員に対しては、法律概念の本当に意味するところに立ち返って、分かりやすい説明をする提言が行われている（平成一九年度司法研究『難解な法律概念と裁判員裁判』）。例えば、激情型の殺人事件の場合、被告人が「殺すつもりはなかった」と述べて殺意を否認することが多いが、立証の対象を「被告人が相手が死ぬ危険性の高い行為をそのような行為であると分かって行ったかどうか」と設定することにより、多くの事案で適切な結論を得ることができている。

正当防衛は、複数の要件が満たされて成立するものであるし、その中には急迫性、防衛行為の相当性といった評価的な要件も含まれている。そのため、例えば、急迫性の要件を「被告人にとって、生命や身体に対する危険が差し迫った緊急状態にあったか」と言い換えたところで、判断基準がそれほど明確になるわけではなく、裁判員は困難な判断を求められている（東京高判平成二七年六月五日判時二二九七号一三七頁は、第一審判決と同じ事実関係を前提として、急迫性の要件を欠くとして、過剰防衛を認めた裁判員裁判による第一審判決を破棄した）。

責任能力の意義については、古い判例（大判昭和六年一二月三日刑集一〇巻六八二頁）により、心神喪失とは精神の障害により事物の理非善悪を弁識する能力がなく又はその弁識に従って行動する能力がない状態をいい、心神耗弱とはその能力が著しく減退した状態をいうとの定義が与えられている。責任能力の有無・程度の判断方法については、最高裁の判例が整理され[12]、上記司法研究においても、統合失調症の者の犯行について「精神障害のためにその犯罪を犯したのか、もともとの人格に基づく判断によって犯したのか」という視点での検討が提言されている。しかしながら、責任能力に関する認定は、もともと裁判官にとっても判断が難しく、審級ごとに判断が分かれる例も多かったのであり、やはり裁判員は困難な判断を求められている。

3　覚せい剤密輸入事件においては、被告人が航空機で我が国に入国する際、通関時に覚せい剤所持の事実が発覚し、被告人がその故意を否認するという事案が多い。このような事案においては、海外の関係者にまで捜査権が及ばず、直接証拠が得られにくいことから、限られた間接事実（情況証拠）による認定をせざるを得ない。例えば、被告人が、依頼者から内部に覚せい剤が隠匿されたスーツケースを預かって我が国に入国し、渡航費用や宿泊費用は依頼者持ちで、相当額の報酬を約束されていたが、スーツケースの他の収納物にさほどの価値があるとは認められないといった場合には、依頼者がそのような費用をかけてまで我が国に持ち込もうとする物で、スーツケースに収納可能なものとしてまず考えられるのは、覚せい剤を含む違法薬物であるとの推認過程を経て、被告人に違法薬物の未必的認識が認定されることが多い。しかしながら、違法薬物とは別の相当の価値がある物を隠匿運搬することを依頼されたといった弁解が行われたような場合には、判断が難しい。この種の事案では相当数の無罪判決が言い渡されており、第一審と控訴審で判断が異なる事例も目立っている。

4　最一小判平成二六年三月二〇日刑集六八巻三号四九九頁は、裁判員裁判による第一審判決を支持し、これを破棄した控訴審判決を破棄したものであるが、やはり裁判員が困難な判断を求められたことがうかがわれる。事案は、夫婦である被告人両名が、妻の妹で、統合失調症の診断を受けていた当時二一歳の被害者を自宅に引き取り同居し、日常的に虐待行為に及んでいたため、極度に衰弱し身動きも困難になった被害者に、医療措置を受けさせず、わずかな飲食物を提供するのみで、その生存に必要な保護を加えず、外傷による出血及び低栄養に基づく虚血状態に起因するショック等により死亡させた、というものである。第一審判決は、被害者の衰弱状態等を述べた医師らの証言が信用できることを前提に、病者である被害者を保護する責任のある被告人両名が、被害者の生存に必要な保護をせず、その結果死亡させたとして保護責任者遺棄致死罪の成立を認めたのに対し、控訴審判決は、医師らの証言が信用できず、被害者の状況は医療措置を受けさせる必要があるとの認識を抱かせるものに足りないとの判断を示していた。

おわりに

裁判員制度の導入は、我が国の刑事裁判の歴史上画期的な出来事であり、理想とされてきた公判中心主義、当事者主義の実現に大きく踏み出すこととなった。その一方で、裁判所が証拠を見ないまま争点と証拠の整理を行い、連日開廷により短期間で判決を言い渡すという制度設計に由来する構造的な問題も生じているように思われる(13)。真の公判

中心主義、当事者主義の実現のためには、法曹三者の協力と力量の向上が求められているといえよう。(14)

(1)　松代剛枝(二〇〇四)『刑事証拠開示の分析』日本評論社、一三二頁
(2)　団藤重光(一九四八)『新刑事訴訟法綱要』弘文堂書房、二四六頁(引用にあたり、現代表記に改めた)
(3)　佐伯千仭(一九七九)「刑事訴訟における証拠の開示」『刑事訴訟の理論と現実』有斐閣、四五頁
(4)　佐伯前掲は、次のような書き出しで始まる。「松川事件の裁判において「諏訪メモ」の投じた波紋は、まことに大きいものであった。それというのは、検察官および原審たる控訴審の裁判官によって、八月十五日正午頃から国鉄労組福島支部事務所で行われた列車顚覆の連絡謀議に、東芝側を代表して唯一出席したとされてきた佐藤一が、実は、右の時刻に松川で行われていた東芝会社と同労組との団体交渉に加わっていたのであって、同じ時刻に福島にいたはずがないということが、その諏訪メモによって、立証せられたからである。しかも、かように佐藤が行っていないとすれば、国鉄側と東芝側との連絡謀議は存在しなかったことになり、それはひいては、この連絡謀議を基礎として行われたとせられる被告人等による列車顚覆行為の存在をも疑わしいものたらしめずにはおかぬのである。果して、原判決は、最高裁判所によって破棄せられた。しかし、ここでの問題は、松川事件判決の内容ではなくて、むしろ、被告人等の運命にとってこれ程重大な関係のある証拠が——被告人等にとっては、死刑か無罪かの岐れ目となるものであるにも拘わらず——公訴提起後、一審二審を通じて十年に亘る公判審理の間、遂に被告人、弁護人の目に触れることもなく、空しく検察庁のどこかの部屋の片隅に眠り込まされていたという訴訟手続上の事実である。それは、最高裁判所の提出命令によって始めて公判廷に顕出せられて、日の目を見たのである。これは、一体どういうことであるか。刑事被告人は、自分の無罪を立証する証拠についても、検察官にその提出を求める方法がないのか。かような頗る重大な疑惑が、検察官に対して、国民から投げかけられているのである。」
(5)　平成二八年の刑訴法改正により、検察官、被告人及び弁護人に公判前整理手続の請求権が付与された(三一六条の二)。そして、証拠開示制度の利用に資するよう、被告人側から請求があるときは、検察官に、保管証拠の一覧表の交付が義務付けられることとなり(三一六条の一四)、類型証拠開示の対象も拡大された(三一六条の一五)。
(6)　門野博(二〇一〇)「証拠開示に関する最近の最高裁判例と今後の課題——デュープロセスの観点から」『原田國男判事退官記念論文集・新しい時代の刑事裁判』判例タイムズ社、一三九頁
(7)　田宮裕(一九九六)『刑事訴訟法　新版』有斐閣、二四一頁

(8) 平成二八年一二月に開催された裁判員制度の運用等に関する有識者懇談会(第二八回)においてもこの問題が取り上げられている(最高裁のホームページで議事概要と配布資料が公開されている)。参加した委員からは、長期化要因の一つとして、防犯カメラや携帯電話の記録等の解析結果のほか、取調べの録音・録画DVD等の証拠が増加し、その開示と弁護人の分析に時間を要している点が挙げられている。

(9) 最近、検察官から、捜査段階の取調べ状況を録音・録画したDVDの証拠調べ請求が行われる例が増えつつある。取調べの録音・録画は、取調べを可視化することによりその適正を図るとともに、公判における供述の任意性立証に資することを主たる目的として行われるようになったものであるが、平成二七年二月一二日付けで次長検事の依命通知「取調べの録音・録画を行った場合の供述証拠による立証の在り方について」が発出され、取調べDVDを犯罪事実自体を立証するための証拠(実質証拠)として請求することも検討することとし、事案の内容、証拠関係、被疑者供述の内容等によっては、当初から取調べDVDを実質証拠として請求することを目的として録音・録画を行っても差し支えない旨の通知がされた。取調べDVDを公判廷で取り調べることは種々の問題をはらんでおり、慎重な対応が必要であろう。東京高判平成二八年八月一〇日判タ一四二九号一三二頁は「取調べ状況の録音録画記録媒体を実質証拠として一般的に用いた場合には、取調べ中の供述態度を見て信用性評価を行うことの困難性や危険性の問題を別としても、我が国の被疑者の取調べ制度やその運用の実情を前提とする限り、公判審理手続が、捜査機関の管理下において行われた長時間にわたる被疑者の取調べを、記録媒体の再生により視聴し、その適否を審査する手続と化すという懸念があり、そのような、直接主義の原則から大きく逸脱し、捜査から独立した手続とはいい難い審理の仕組みを、適正な公判審理手続ということには疑問がある」と述べている。

なお、平成二八年の刑訴法改正で新設された三〇一条の二は、裁判員裁判対象事件と検察官独自捜査事件について、身柄拘束中の被疑者を取り調べる場合には、原則として、その取調べの全過程の録音・録画を義務付け、供述調書の任意性立証には録音・録画記録の証拠調べ請求を必要とすることとされた(平成二八年六月三日の公布から三年以内に施行される)。

(10) 東京高判平成二七年二月二五日は、裁判員裁判の公判前整理手続において、専門的・医学的知見を要する争点が浮上し、医師である証人の尋問の必要が生じたことから、当事者に対し、医師を含めたカンファレンスの必要性を説明し、当事者の理解と了承を得ながら、証人予定者の医師に予定証言の内容の要旨を記載したプレゼンテーション用レジュメの提出を求め、その内容につき、原審裁判長が意見を述べた原審の措置は違法、不当とはいえないとした。

(11) 裁判員裁判の量刑評議において、必要に応じて、主として犯情に関わる基本的な量刑因子を入力して検索することにより、裁判員に同種事例の量刑の傾向を視覚的に把握することができる資料を提供できるようにしたシステムである。当該事案に応じた検索条件を入力すると、量刑分布表が表示され、類型に応じて大まかな量刑の傾向を把握することができる。裁判員裁判対象事件を担当する検察官及び弁護人も裁判所の専用端末を操作して検索することができる。

(12)　最一小決平成二一年一二月八日刑集六三巻一一号二八二九頁は「責任能力の有無・程度の判断は、法律判断であって、専ら裁判所にゆだねられるべき問題であり、その前提となる生物学的、心理学的要素についても、上記法律判断との関係で究極的には裁判所の評価にゆだねられるべき問題である。したがって、専門家たる精神医学者の精神鑑定等が証拠となっている場合においても、鑑定の前提条件に問題があるなど、合理的な事情が認められれば、裁判所は、その意見を採用せずに、責任能力の有無・程度について、被告人の犯行当時の病状、犯行前の生活状態、犯行の動機・態様等を総合して判定することができる」と判示した。

(13)　例えば、公判前整理手続で争点化されていなかった問題点が公判段階で浮上し、対応に苦慮することがある。また、第一審で当事者が指摘しなかった問題点が控訴審段階で指摘され、その結果、第一審判決が破棄される例も見受けられる。

(14)　裁判員裁判の終了後、事件を担当した裁判所、検察官、弁護人が集まり、裁判員に対するアンケート結果を踏まえた反省会が行われている。

7　少年事件と裁判員制度

廣瀬健二

はじめに

国民の司法参加には先進諸国における陪審・参審制度があり、我が国でも、「裁判員の参加する刑事裁判に関する法律」(以下「裁判員法」という)により裁判員の参加する刑事裁判(以下「裁判員裁判」、その制度全般を「裁判員制度」と呼ぶ)が平成二一年から施行されている。周知のように、司法制度改革の論議で裁判員制度には異論も多かったが、これまでのところ実績を積み重ね、相応の評価を得ていると思われる。(1) 他方、諸外国では犯罪を犯した少年にはその特性を考慮した手続・処分の修正・特則(少年法制)が設けられており、国民が参加する刑事裁判にもその特則が及ぼされている。(2) この点、我が国の少年に対する刑事裁判には特則が少なく、裁判員裁判においても、この点は、変わりがない。そこで、裁判員制度における国民の司法参加という理念・要請と、少年事件における教育・保護の理念・要請がうまく整合するのかを検討する必要がある。本稿では、少年事件の特則、裁判員制度の概要、それぞれの運用状況等を確認したうえ、少年事件に相応しい裁判員裁判の在り方を検討し、その意義・今後の課題等を考えることとしたい。(3)

一　少年事件の特則

1・少年事件の手続と処分

我が国では、一四歳未満の犯罪に当たる行為(触法行為)や社会的に問題性の根深い行為でも犯罪に当たらないものは罰せられない(刑法四一条)。しかし、少年法は、一四歳〜一九歳の犯罪を犯した少年(犯罪少年)のほかに触法少年(触法行為をした一四歳未満の少年)及び虞犯少年(家出、不良交遊等、問題行状を繰り返し、触法行為・犯罪に至るおそれ(虞)の強い少年)も非行少年として少年審判の対象とし(少年法三条)、家庭裁判所における少年保護手続(少年審判手続)によって保護処分が課されている。触法少年、虞犯少年の取扱いも少年法では重要であるが、刑事裁判の対象とならないので、本稿では触れない[4]。犯罪の扱いを成人・少年で対比すると以下のとおりである。

(1)　成人

①犯罪の犯人・証拠の発見・確保(捜査)は、ほとんどの事件では警察官が行い、捜査した事件は検察官に送られる。②検察官は、犯罪の嫌疑の程度・立証の難易なども検討し起訴・不起訴を決定する(訴追裁量権)。起訴には、③書面審理で罰金とする略式命令請求と正式の裁判(刑事公判)が行われる④公判請求(正式起訴)がある。検察官は、刑事公判に立ち会って有罪の立証活動・論告求刑などを行い、地方裁判所(軽い事件は簡易裁判所)で刑罰(罰金、拘留、科料、懲役、禁錮、死刑)が科される。

(2)　少年

①捜査は成人事件とほぼ同様に行われるが、少年の年少さなどを考慮して、逮捕は慎重に行われ、勾留はやむを得

ない場合に限定される（少年法四三条・四八条）などの特則がある。捜査が終わって犯罪の嫌疑が認められると、罰金以下の事件は警察官から直接（同法四一条）、それ以外の事件は検察官から家庭裁判所に送られ（刑事訴訟法二四六条、少年法四二条）、全部の少年事件が家庭裁判所に集められる（全件送致主義）。少年事件を受理した家庭裁判所は、非行の原因を解明し少年に最適な処分をするため、家庭裁判所調査官(5)（以下「家裁調査官」と略記）に調査を行わせ、必要に応じて少年鑑別所に少年を収容して、知能、性格等の心身の鑑別を行う（判定を付した鑑別結果通知書が家庭裁判所に送られる）。これらの調査結果を家裁調査官がまとめ、処遇意見を付した少年調査票で裁判官に報告される。この調査結果を踏まえて裁判官が家庭裁判所において非公開で要式性を廃した職権主義的な少年審判で非行事実を認定し、少年の問題点に即応した最適な処分を決定する。家庭裁判所では、保護処分（保護観察、児童自立支援施設等送致、少年院送致。少年法二四条）、児童福祉機関送致（同法一八条）、不処分（裁判官による説諭等の教育的措置。同法二三条）のほか、刑事処分（検察官送致・検送・逆送。同法二〇条）も選択できる。また、その過程において、家裁調査官の調査の際の面接指導・助言等の教育的措置が取られるが、これで十分であれば審判を開かず終局する審判不開始（同法一九条）、一定期間、家裁調査官に動向を観察させたうえで処分を決める試験観察、その際に篤志家等に少年を預ける補導委託（同法二五条）なども行われ、これらも少年の改善更生に重要な機能を果たしている。検送を受けた検察官には起訴が義務付けられるので（起訴強制。同法四五条五号）、少年事件では刑事裁判に付すことも家庭裁判所が実質的に決定している（家裁先議、家裁中心主義）。

起訴後の刑事裁判手続には少年の特則はほとんどなく問題が指摘されているが、刑事公判に付される事件も少なく、改正の際にも十分には論じられてこなかった(6)。しかし、平成一二年改正で犯行時一六歳以上の少年による故意の生命侵害犯は刑事処分が原則とされ（原則逆送。少年法二〇条二項）、更に、刑事裁判への被害者参加が平成一九年の改正で認められた（平成二〇年施行）。そのうえ、裁判員裁判が平成二一年に施行され、原則逆送事件は全てその対象となるため[7]、少年の重大事件の刑事裁判への注目が高まり、問題点が顕在化してきている状況である。

2　少年事件の特徴と少年法制

前記のような少年に対する特則の根拠として、少年は、成人に比して、人格が発達途上で判断力・感情統制力などが未熟である一方、教育可能性・改善可能性は高いこと、十分自立できておらず、その居所、学校、職業等の自己選択も限られ、周囲の影響を受けやすく、犯罪に対する抵抗力も弱いことなどから、犯罪を犯したことに対する非難可能性(刑事責任)が低減されること、年少者であることから社会的に寛容な扱いも許容され得ることなどが指摘されている[8]。このような少年に対する特則を定める法制度を少年法制と呼ぶ。少年法制は、各国の刑罰・裁判制度、文化、宗教、国民性等の差異が反映される結果、刑事裁判手続を修正する少年刑事裁判型、独自の特別手続を設ける少年特別手続型、児童福祉的な対応に包摂する福祉手続型などに分かれている[9]。各制度の差異は少なくないが、少年の特性に配慮し、制裁よりも教育・保護を重視し、心理学、教育学、社会学等の専門家を調査・裁判・処分の執行等に関与させること(科学主義)、手続の公開を制限すること、処分を軽減・緩和すること、犯罪・年齢による区分を設けることなどの点では先進諸国に共通した特徴が認められる[10]。

我が国では、少年法一条が「少年の健全な育成を期し……少年の刑事事件について特別の措置を講ずることを目的とする」と謳って、少年事件には非要式・非公開の少年審判手続によることを原則とし、刑事手続は、成人の手続が原則とされ(同法四〇条)、健全育成理念は及ぶものの、特則は、勾留の制限(同法四三条・四八条)、取扱いの分離(同法四九条)、家庭裁判所への移送(五五条移送。同法五五条)、科学調査の活用(同法五〇条)が規定されている程度である[11]。同法五〇条は「少年に対する刑事事件の審理は、第九条の趣旨に従つて、これを行わなければならない」としているが、これを受けた刑事訴訟規則二七七条には「少年事件の審理については、懇切を旨とし、且つ事案の真相を明らかにするため、家庭裁判所の取り調べた証拠は、つとめてこれを取り調べるようにしなければならない」と理念や基本方針が示されているだけである[12]。それでもこれらの規定に対応するべく、少年の刑事裁判では、前述の家裁調査官の調査結果をまとめた家庭裁判所の少年調査記録(社会記録)が取り調べられてきた。しかし、そのための特則規定は置かれておらず問題と指摘されているが[13]、裁判員裁判においてもこの点は同様である。他方、少年に対する刑については、以下の特則が定められている。犯行時一八歳未満の少年には、死刑は科せず、無期懲役は一〇年から二〇年以内の懲役・禁錮に減軽することができる(少年法五一条)[14]。少年を有期の懲役・禁錮にする場合には、刑の執行猶予の場合以外は、短期一〇年以下、長期一五年以下の範囲で長期・短期を定める不定期刑が科される(同法五二条)[15]。

二　裁判員制度の特徴

裁判員制度について、少年事件との関係で問題となると思われる点を確認しておく。この制度は国民の司法参加を目指して諸外国の陪審制、参審制などが参考とされたが、我が国独自の制度である。その特徴は、①裁判員は一般国民の中から事件ごとにくじで選ばれて刑事裁判手続(公判)に参加すること(裁判員法一三条・三七条等)、②裁判員の合議体に参加する人数は原則六人であること(同法二条二項)、③裁判員は、職業裁判官(以下「裁判官」という)三人との合議体で公判審理に立ち会い、事実の認定、法令の適用、刑の量定など、法令の解釈等を除いて、裁判官と同等の権限を持ち、判決も裁判官のみによる従前の裁判と変わりはないこと(同法六〜八条・五四条・五六〜六〇条)[16]などである。幅広い国民の参加を可能とし裁判員制度の実効性をあげるため、一般市民である裁判員が十分に理解でき、その過重な負担とならないように、迅速でわかりやすい審理が関係法律実務家に強く要請されている(同法五一条・六六条五項等)。この要請に応えるため、公判前整理手続が必ず行われ(同法四九条)、争点と証拠が整理された審理計画が策定されて、公判では絞られた重要な争点に即して短期集中的に審理が行われる。証拠調べも、厳選された証拠について、裁判員が法廷で「目で見て耳で聞いてわかる」ように工夫することが求められている。また、裁判員裁判対象事件は、同時に被害者参加制度(刑訴法三一六条の三三以下)の対象ともなるので、被害者が参加する場合も多い。(17) 公判前整理手続、被害者参加制度についても批判・議論がみられるが、(18) 少年事件に関係する限度で触れることとする。

三　少年事件と裁判員制度

裁判員裁判においては、前述のように一般市民が十分に理解でき、過度な負担とならずに参加しやすいように、関与する実務家に、迅速で裁判員にわかりやすい審理とする手続遂行義務が課されるが、迅速性とわかりやすさ(簡明性)には本質的に相反する面がある。また、少年及び少年事件の特性を一般市民に正確に理解してもらったうえ適正な判断をしてもらうことは困難な課題である。少年事件で重要と思われる点として、少年である被告人(以下「少年」という)への配慮、証拠調べ、家庭裁判所への移送決定(少年法五五条)、不定期刑(同法五二条)について順次検討することとする。(19)

1　少年への配慮措置

被告人には公平な裁判を受ける権利があるが(憲法三七条一項)、公判の厳粛な雰囲気にのまれ、言いたいことが十分にいえないことは、従前の成人の刑事裁判でもありえないことではない。そのために、弁護人が保障され、裁判所には後見的な対応(実質的弁護)が求められる。年少者に更なる配慮の必要性があることは明らかで、諸外国では心理・教育等の専門家が少年の刑事裁判に立会うが、このような制度がない我が国では運用上の配慮で対応するほかない。特に、裁判員裁判では、裁判官三人、裁判員六人(更に補充裁判員二人程度)が法壇上に並び、重大事件では傍聴人多数の場合も多い。出廷する少年は、非公開の少年審判とはもちろん、裁判官三人の従前の公判と比べても、強度の緊張を強いられ、萎縮して十分に発言・対応できないおそれが生じる。裁判の結論が正しくても、正当な裁判を受けられなかった、不当な処罰を受けた、などの思いを抱かせればその刑・処分の処遇効果も大幅に減殺されざるを得ない。また、少年は、成人に比して、人格が未成熟で判断能力も未熟であり、傷つきやすく情操を害されやすいこと、前述の科学調査では、犯罪原因・非行メカニズム、最適な処遇方策を検討するため、少年や家族等の秘密などプライバシー保護の必要性の非常に高い情報を収集している。その内容が少年に突然知らされると不必要かつ甚大な精神的打撃を与える場合もあり[20]、少年に刑罰を科す場合も予後が長いので改善更生・社会復帰の観点が成人の場合以上に重視されるべきである。このように少年には科される刑のみならず、その裁判手続についても情操を不必要に害することのないような配慮が必要となる[21]。既に触れた諸外国で手続の公開制限や専門家の関与などが行われているのは、これらの要請に応えようとするものでもある。裁判所は弁護人・検察官と打ち合わせて少年の年齢・性格等に即応した最善の対応に努めるべきであるが、実務上、以下のような対応が行われている[22]。

(1)　法廷内での少年への配慮

少年の着席位置を弁護人の前とし、法壇に顔を向け傍聴席を背にさせること、少年と傍聴席との間に衝立を置いて遮へいすることが行われている[23]。裁判所は、事前に検察官・弁護人と十分打ち合わせたうえ、少年の年齢、性格、精神状態、体調等に応じて訴訟指揮により適切な措置をとるべきである[24]。なお、証人尋問の際、ビデオリンク方式(証人が別室でモニター画面で法廷の質問者を見ながら証言・応答する方式。刑訴法一五七条の四第一項三号)の使用は、事例に応じて少年の情操保護・萎縮防止等も考慮要素として実施することは可能と思われる[25]。マスコミの法廷画家による少年のスケッチの制限、スケッチ自粛の申し入れを裁判所が行い、匿名化に役立った例もある[26]。

(2) 少年被告人の氏名の秘匿(匿名化)

裁判員の選任手続は非公開であるが、裁判員候補者には守秘義務がない。そこで、裁判員に選任されなかった候補者で少年の氏名等を知った者から公表されるのを防止するため、選任手続で裁判員候補者に対して少年の匿名性についての注意喚起が行われている[27]。公判の人定質問では、少年に氏名(生年月日)だけを答えさせる、起訴状の被告人欄を示してそのとおりかを確認する、公判で複数の少年・共犯少年を特定するときは、その氏名に代えて、A・B・Cなどの符号で呼び代える、開廷表に氏名を記さない、情状証人である少年の親族についても、氏名・住所を尋ねず出頭カード記載のとおりか確認するなどの配慮がなされている[28]。

(3) 少年の心身の疲労等への配慮

少年は、成人よりも集中力の持続時間が短くなるので、その心身の発達の程度に応じて、審理時間を区切り、休廷をこまめにとる、休廷日を設けるなどして、審理に集中できるように配慮することが求められる。否認事件では防御の観点からもその必要性が高まるが、証人尋問等も多く、審理の密度も高くなり得るので、少年が行われている手続の意味や内容を理解して立ち会うことができるように配慮すべきである[29]。

(4) 迅速な手続進行

裁判員裁判では、前述のように、裁判員の理解促進・負担軽減のため、短期・集中的な審理が求められる。この点は、少年の心身への負担軽減のほか、少年の特則(五五条移送、不定期刑など)適用は裁判時に少年(二〇歳未満)でなければならないため、成人となる前に審理を終える必要が高いことからも要請される[30]。同時に、前記のとおり、少年の集中力・理解力を超えるような審理日程とならないよう配慮すべきである。立法論的には一定期間の年齢の特例(成人後も少年の特則適用)や行為時法の適用も考えられるところであろう。

(5) 身柄拘束

少年の心身、学習への悪影響を考慮して、身柄拘束を必要最小限度にするように努め、保釈の活用も図るべきであるが、裁判員裁判事件は裁量保釈(刑訴法八九条一号)となるので積極的な運用は困難な場合も多いと思われる。勾留場所を少年鑑別所とすること(少年法四八条二項)も検討すべきであるが、実際に原則とすることは困難なようである。(31)

(6) その他の措置

前述のように、少年への精神的打撃等防止のため、少年の出生の秘密、家族内の葛藤・親の心情など、少年に聞かせたくない証言や証拠の取調べの際に、少年を一時退廷させることが望ましく、少年審判では実施されているが(少年審判規則三一条二項)、刑事公判には特則がなく、期日外尋問も要件を満たさない限り実施は困難である。(32) 被害者参加について、少年事件であることのみでは、参加を不相当とし、あるいは制限する理由とすることはできないと解されているので、相当性判断に当たり、少年の性格等具体的な事情を十分検討すべきである。裁判員裁判では併合審判の必要性が厳格に判断されるため、個別審理の要請(少年法四九条二項)は尊重されており、併合審理する場合でも共犯者との遮へいも検討されている。(33)

2 社会記録の取扱い

裁判員裁判では、前述のように公判に提出される証拠の厳選と法廷で「目で見て耳で聞いて」心証をとるという直接主義・口頭主義の徹底、具体的には証人尋問、証拠書類の朗読、が強く要請されている。少年事件でも犯罪事実の認定に関しては裁判員にわかりやすい証拠調べは少年の理解にも資するので問題はない。しかし、少年事件では、科学調査結果を活用し少年の健全な育成を目指す審理が求められ、処分の特則(家裁移送、不定期刑)に対応するために、少年の犯罪原因や最適な処遇等についての正確な情報、少年の生育歴や環境など十分な資料を調べる必要がある。そのために、公判前整理手続等において、裁判所、検察官、弁護人で十分に協議し最良証拠に厳選して適切な運営が目指されるべきであるが、問題となるのが社会記録の取扱いである。

社会記録とは、前述の家裁調査官の少年に対する調査（社会調査）の結果を編綴した記録である。少年鑑別所の鑑別結果通知書、学校・職場のほか関係機関の照会回答書、児童相談所・保護観察所・少年院の報告書等、少年・保護者の回答書・面接結果など、家裁調査官が秘密保持を前提に関係者から聞き出した秘密性の高い資料がまとめられており、少年の生育歴や資質・性格等の問題を知るために必要かつ不可欠な資料である。[34] このため、科学調査活用（少年法五〇条）の趣旨から、少年の刑事事件では社会記録の取調べが行われ五五条移送の可否や量刑判断に活用されてきた。しかし、その内容が公開・公表されると、内容の性質から少年・保護者・関係者のプライバシー侵害、少年への重大な精神的ダメージによる情操侵害・更生の阻害、家裁調査官の守秘を前提とした調査への関係者の協力への支障などが生じるおそれがある。そこで、従前の裁判官のみの審理では、社会記録は法廷の取調べでは全文朗読（刑訴法三〇五条）を避け、簡潔な要旨の告知（刑訴規則二〇三条の二）で済ませ、後に裁判官が全文を熟読するという方法で対応されてきた。裁判員裁判では書証の全文朗読が励行されるので従前の扱いはできない。しかし、科学調査活用の要請に応えるため社会記録を実質的に取り調べるとともに、内容の公開等による弊害を防止する解決策が必要となる。この点については、問題点が最も顕在化する五五条移送と併せて論じることとする。

3　五五条移送

(1)　制度の意義と問題点[35]

少年の刑事事件の公判で、地方裁判所[36]が保護処分を相当（保護処分相当性）と認めるときは、家庭裁判所に事件を移送するという特則である（少年法五五条）。この保護処分相当性の判断は、検察官送致決定（同法二〇条）の刑事処分相当性の判断と相関するものであり、同決定に対する不服申立が認められていないため、この判断を通じて家庭裁判所の検察官送致（その前提となった刑事処分相当性）の判断が再度検討されることになる。再検討の結果として、①家庭裁判所の刑事処分相当性判断の前提とした犯情に関する重要な事実が変わる場合（㋐被告人の反省状況や被害感情などの事情に変更がある場合、㋑罪名や情状に大きな変更が生じる場合）、②前提事実は変わらず、保護処分相当性の評価が変わる場合が考えられる。①㋐㋑の場合（㋐＋㋑も含む）に地方裁判所の判断で移送することに問題はないが、②については、地方裁判所は家庭裁判所と同一審級であること、無条件に移送すると、家庭裁判所が考え方を変えない限り、事件が家庭裁判所と地方裁判所間を往復し少年等に不必要かつ甚大な負担を及ぼすキャッチボール現象が生じかねないこと、地方裁判所には家裁調査官のような補助機構もないことから、専門性のある家庭裁判所の判断を尊重すべきである[37]。

前提となる「刑事処分相当性」について、実務及び通説は、①保護処分では有効に対応できない場合及び刑罰が少年の処遇に有効である場合（保護不能）と②保護処分も処遇上は有効であるが、犯罪の重大・凶悪性等から社会の正義感情等に照らして刑罰が相当と認められる場合（保護不適）の双方を含むとしている[38]。学説上は、保護処分優先の趣旨から②による検察官送致を認めず、刑事処分相当性を①のみで判断し、少年に対する刑罰を極小化しようとする立場もみられる。しかし、少年による犯罪も甚大な被害等を及ぼすことは、特に重大・凶悪犯罪をみれば明らかであり、少年法はその対応を担わざるを得ない。また、保護・教育的な特則を認める少年法制は、一般社会・市民の理解・支持なくしては発展・維持は望み難い。刑罰を少年の改善更生に有効な場合に純化することは一つの理想とも思われる。しかし、そのためには、被害者の処罰要求・社会の正義感情等に応える有効な代替措置が必須であるが、その実現の見通しは全く立っていない。二〇条一項には「罪質及び情状」のみが掲げられており、行為責任、応報の観点が窺えるうえ、少年法も刑事司法の一翼を担い、重大・凶悪な犯罪への応報、被害者・一般社会の処罰要求に応える制度は刑罰しかない[39]。このように五五条移送の保護処分相当性については、保護不能の観点からの保護処分の有効性（想定される刑罰と移送後の想定される保護処分(措置)を対比し保護処分の方が少年の改善更生に有効であること)に加え、保護不適に対応する保護処分の許容性(社会の正義感情等から保護処分で対応することが許されないとはいえないこと)の双方を満たすことが必要と実務上解されてきた[40]。

(2)　原則逆送(少年法二〇条二項)との関係

原則逆送についての解釈の差異が少年法五五条の保護処分相当性に反映されて議論がある。しかし、同法二〇条二項は、少年の年齢(犯行時一六歳以上)と犯罪の重大性(故意の犯罪行為による生命侵害犯)を要件とするもので、類型的に罪質・情状の重い事件を取り出し保護不適を推定しているとみるのが文理上も素直な解釈である[41]。そうすると、原則逆送事件で逆送しない場合には、ただし書の諸事情(犯行の動機・態様、犯行後の情況、少年の性格、年齢、行状、環境等)から保護不適とならないこと(同法二〇条二項)が要件となり、五五条移送する場合には、前記の起訴後の事情変更等により、保護処分の許容性が認められ、かつ、保護処分の有効性があることが要件となることに変わりはないと考えるべきである。この点、議論もあるが[42]、保護不適推定説に立てば当然であるが、他の立場でも検討される要素は保護処分の許容性に包摂されるので、この枠組みの判断で実務上支障は生じないと思われる。なお、保護処分許容性がない場合は移送不可となるのでその判断のみで足りる場合があるが、保護処分相当性の判断には移送後想定される処遇内容と移送しない場合に科される刑罰との大枠での比較検討は不可避と思われる。実際には、それぞれの前提となる事実の整理と具体的な主張・立証が肝要となると思われる[43]。

(3)　社会記録の取調べについて

前記の社会記録の性質、その重要性及び裁判員裁判における要請から、以下のような工夫がなされている。

公判前整理手続で、事案の内容や少年の問題性などから、社会記録上どの部分が必要であるかを検討して最良証拠に絞り込み、従前から行われている同意書証の要旨の告知の活用に加え、①少年調査票の家裁調査官の処遇意見欄、鑑別結果通知書の総合所見欄等に限定して朗読すること、②社会記録の内容を要約・抜粋した証拠や代替の証拠、例えば、非行歴は検察官の捜査報告書、生育歴は弁護人による保護者らへの証人尋問や被告人質問、虐待等の問題は情状鑑定等で明らかにすることなどが提案されている。

事案の重大・凶悪性の程度、少年の問題性の内容・程度及びそれが犯行に及ぼした影響に応じて適切な対応が取られるべきである。少年の問題性の犯行への影響が少ない事例では①の運用で良い場合が多いであろう。[44] 少年の年齢・生育歴・性格上の問題性等が犯行の動機・態様等に大きな影響を及ぼしている可能性がある場合には、詳細な事実の立証が必要となる場合もあると思われる(裁判例【6】参照)。このような場合、①及び②の立証で足りなければ、社会記録の必要な部分を取り調べるべきであり、プライバシー・情操保護等の観点から全文朗読が不適切で、要旨の告知では十分な心証がとれない場合には裁判員に別室で閲読してもらうという方法もありうるであろう。プライバシー・情操保護、秘密保持の要請から、非公開での証拠調べが望ましいが、期日外の尋問(刑訴法二八一条・一五八条)の要件を満たさない限り困難であり、立法的な解決が望まれるところである。[45]

なお、家裁調査官に対して証人尋問を行って説明を求めるという議論もあるが、守秘義務の問題(刑訴法一四四条)のほか、今後の調査への支障から、少なくとも運用上相当ではないであろう。

4 移送裁判例

裁判員裁判実施後、五五条移送をした裁判例を①保護処分許容性と②保護処分有効性に焦点を当てて概観すると以下のとおりである(紙幅の関係から大幅に要約しているので、詳細は原文を参照されたい)。

【1】東京地決平二三・六・三〇家月六四・一・九一

犯行時一九歳の住居侵入、強盗致傷事件(裁判員裁判)で、①保護処分許容性について、重大事件で侵入手口は悪質であるが、事後強盗で暴行は傷害目的ではなく、軽傷(全治二週間の打撲症・治療不要)であること、被害品が直後に被害者に戻っていること、被害弁償され示談が成立していることなどに照らすと、保護処分選択が社会的に許容されないとはいい難いとし、②保護処分有効性について、犯行に至る経緯(外国人で言語不自由・意思疎通困難、共犯少年の誘い)、性格的問題点、環境の不備、共犯少年が中等少年院送致されていること、逆送時は否認し反省もなかったが、逆送後自白して反省しており、母との関係も改善し、少年も更生意欲を示すなど、少年の置かれた状況が逆送決定時と変化していることをあげている。

【2】福岡地決平二四・二・九・LEX/DB25481265

年長少年の強盗致傷、強盗事件(裁判員裁判)で、①②を分けずに判断しているが、要素を拾うと、①として、集団で深夜、オヤジ狩りとして通行人を襲い、二カ月足らずで強盗致傷二件、強盗三件を繰り返し、一人の顔面に重傷を負わせるなどした結果は軽視できず、犯行の中心的存在の一人で犯行の常習性もあるが、共犯者らと被害弁償をし被害回復に努めて示談が成立し、被害感情が一定程度緩和されていること、直接手を下したのは二件であり重傷には寄与していないこと、他の共犯者らの処分状況に照らしても保護処分選択が市民の正義感覚に反するとはいえないこと、②として、人格の未熟性が現れた犯行であり、性格的問題、両親の指導監督の不十分性に基因するところ、公判で内省を深める兆しがあること、両親は監督に力を尽くすと表明していること、矯正の必要性が高いことをあげている。

【3】福岡地決平二四・二・二四・LEX/DB25480587

年長少年(【2】の共犯)で強盗致傷、強盗事件(裁判員裁判)で決定理由もほぼ【2】と同様であるが、①の要素として、【2】の重い強盗致傷以外の四件に関与し、犯行の常習性もあるが、傷害結果は重大でなかったこと、被害弁償し三人の被害者と示談を成立させ、一人と示談交渉継続中で被害回復に努めていること、誘われて犯行に加わったが自ら離脱しており、中核的役割は果たしていないこと、他の三人より暴行の関与程度は低いことなどから、保護処分選択が市民の正義感覚に反するとはいえないこと、②として、人格の未熟性の現れた幼稚な犯行であること、性格的な問題、母の指導監督の不十分性に基因するが、内省を深めつつあること、母も適切な指導監督を誓っていること、少年院送致歴はなく少年院の教育効果が十分期待できることをあげている。

【4】鹿児島地決平二四・四・二〇・LEX/DB25481266／裁判所ウェブサイト

犯行時一七歳以下の傷害致死(裁判員裁判)事件で、①として、いじめの延長上で行われ、無抵抗の被害者に一方的暴行を加えた身勝手で卑劣な犯行であるが、被害者を岸壁から海に落とした態様は、集団で強度の暴行を加えるよりは死の危険性は一般的に低く、傷害致死の中では比較的軽い類型に属すること、海に落とす行為に関与したのは共犯者の指示に知的能力の低さと未熟さから従ったものであり、溺れそうな被害者の救助を一人で海に飛び込み相当時間試みていること、反省を深めていること、前歴もなく犯罪傾向はないことから、刑の執行猶予も考えられ、保護処分選択は社会的に許容されること、②として精神的に未成熟で性格的な問題が大きく、比較的長期の少年院送致の方が見込まれる刑罰よりも更生に役立つことをあげ、特段の事情があるとしている。なお、一八歳の共犯少年は、遺族が厳罰を望んでいること、犯行時一八歳の年長少年であったこと、罪の重大さを自覚させ、罪を償う意識を含めた反省を促すには、保護処分より刑罰の方が適切であることをあげて、懲役二年以上三年以下の実刑としている(鹿児島地決平二四・四・二〇・LEX/DB25481794／裁判所ウェブサイト)。

【5】福岡地小倉支決平二六・三・二七判タ一四〇七・三九七

犯行時一八歳以下の窃盗事件で、①について、犯行態様は悪質で被害も高額であり、常習性もあるが、財産的被害は買い取りにより回復されていること、ほぼ販売価格の八割相当額を贖罪寄付していることから、保護処分選択が被害感情、正義観念等に照らし、社会的に許容されないとはいえないとし、②について、犯行に至る経緯、交遊状況、性格的な問題性、人格の未熟性、保護処分を受けていないこと、両親の指導監督が適切でなかったこと、現在一九歳であることなどから、更生のためには、刑罰よりも長期にわたる綿密な矯正教育が有効と指摘している。

【6】横浜地決平二八・六・二三・LEX/DB25543486

犯行時一五歳八月の殺人事件（裁判員裁判）で、②について、非行歴、保護処分歴がなく、鑑定、公判での態度等から可塑性は窺えること、情緒的な関わりが少ない生育歴等の影響から性格的な根深い問題性があり、根気強い教育的働きかけを綿密に行う必要性があるが、それには少年刑務所より少年院での相当長期間にわたる個別的教育の方が有効であることを指摘し、①については、祖母、母二人を刺殺した強固な殺意に基づく極めて危険で残忍な犯行であり、遺族の一部も厳しい処罰感情を示しており、社会に与えた不安感等も無視できないが、計画性のない衝動的な犯行であること、犯行原因となった被告人の問題性は、生育歴等が影響を与えており、被告人一人に帰責すべきでないこと、家庭内の犯行で父や妹は厳罰を求めていないこと、被告人を改善更生して再犯を防止することは被害感情を和らげ、社会不安鎮静のためにも重要と考えられることから、有効性の認められる保護処分を選択し再犯防止を図ることは社会的に見て十分許容されるとしている。

【7】大阪地決平二八・八・二・LEX/DB25543573

犯行時一六歳の道路交通法違反、危険運転致死事件（裁判員裁判）で、①について、動機は安易・幼稚であるが反社会性が強く理不尽とまではいえないこと、態様は自己中心的かつ悪質であるが、積極的に危険な運転をしたわけではなく保護処分を許容する余地がないとはいえないと指摘し、②について、性格上の問題点が本件犯行に表れているが、その問題点は刑事処分よりも保護処分による専門的かつ教育的な働きかけによって改善する余地が大きいこと、本件当時一六歳五カ月と低年齢であること、これまで児童自立支援施設送致、保護観察処分の前歴はあるが、少年院送致歴はないこと、公判で内省を深めるきっかけが与えられ、遺族に対し、不十分ながらも謝罪の気持ちを述べていることなど、保護処分による改善更生を期待できる事情も認められ、相当長期間の矯正教育を施す旨の処遇勧告を付した保護処分が妥当と付言している。

5 不定期刑

少年に対する刑罰の特則は、前述のとおりであり、検討すべき問題点は多いが、裁判員裁判との関係で最も問題となり得る不定期刑を取り上げておく。

少年に対する不定期刑については、その基準等に疑問が多いことによる廃止論もみられたが[46]、平成二六年の少年法改正で刑の短期・長期を引き上げるとともに、下限を撤廃し、基準の明確化が図られた。この改正によって不定期刑の長期は行為責任を基本として定め、不定期刑の短期は、少年の可塑性・処遇の有効性から判断すべきことになった。その結果、不定期刑の長期については、成人の裁判員裁判における有期懲役・禁錮刑を量定する場合と基本的に類似する作業となったが、年少者であること、生育歴・性格上の問題性などをどのように評価すべきかが問題となるところ、この点で法律家（裁判官）と一般市民の間に年少者であることの量刑上の評価に相当な乖離が窺える[47]。確かに、少年が可塑性に富むことは改善更生のみならず犯罪性の深化にもつながりやすいこと、資質上の問題性は非難可能性の減少とともに犯罪的危険性を高める場合もあるなど、一面的な評価ではすまないものがあると思われる。法曹三者においては、抽象論ではなく、少年の年齢・性格、事案の性質に即した非難可能性、再犯の危険性などを、具体的、かつ、わかりやすく説明して的確に立証することが必要になると思われる。

不定期刑の短期については、少年法五二条二項の枠内で、少年に対する処遇の有効性などを検討するので、少年の年齢・知能・性格等から矯正処遇による改善可能性を具体的に検討することになると思われる。

以上の検討に際しては、不定期刑の長期・短期いずれの判断においても、少年の資質上の問題点・生育歴などが詳しく記載された社会記録が有効に活用されるべきである。この場面においても、前述の五五条移送判断の場合と同様に、社会記録の採用・取調べに当たっては、その抜粋・要約、代替証拠の活用も含めて、関係者のプライバシー保護、少年の情操保護、今後の調査への支障防止等に十分配慮すべきであるとともに、必要な事実の立証には社会記録を有効に活用すべきである。

おわりに

本稿では少年事件と裁判員裁判において重要である死刑・無期懲役の問題には全く触れることができなかった。この点は他日を期すほかない[48]。

ここまで、裁判員裁判と少年事件の各要請とその調和を目指して運用上の方策の検討を試みてみたが、裁判員裁判においては、冒頭に指摘した少年に対する刑事公判上の特則の不十分さという問題点が顕在化し増幅されている感をぬぐうことができない。当面は、運用上、更なる工夫・努力を積み重ねていくほかないが、公開制限、守秘義務など運用で賄えない点については、立法的な手当を行っていくべきである。他方、五五条移送や量刑などの場面においては、裁判員裁判であるため一般市民の良識が保護処分の許容性、少年の改善可能性の判断などに反映されて適切な判断が導かれる可能性も窺える。この面では、少年法制に対する一般市民の理解を深める契機ともなり得る[49]と思われ、関係者の更なる運用上の努力と成果を見守りたい。他方、研究者としては立法的改革の検討を怠るべきではないと思われる[50]。

（1） 施行三年間について最高裁判所事務総局『裁判員裁判実施状況の検証報告書』（二〇一二年）があり、「比較的順調に運営されてきた」と総括されている（同四二頁）。裁判員制度の成立の経緯、立法趣旨、運用状況等については、池田修＝合田悦三＝安東章『解説裁判員法〔第三版〕』（二〇一六年・弘文堂）参照。裁判員制度の他の事件への影響等については本書の各論考参照。

（2） 私が直接、調査した限りでも、イングランド＝ウェールズの青少年裁判所（Youth Court）、スコットランドの少年審判（Childrens' Hearing）、ドイツの少年参審裁判所（Jugendschoffengericht）・少年裁判部（Jugentkammer）、フランスの少年裁判所（tribunal pour enfants）・少年重罪法院（cour d'assises des mineurs）等があり、国民参加制度としてはアメリカ、イギリスの陪審、ドイツ、北欧等の参審制度等がある。詳細については、廣瀬健二「海外少年司法制度」家月四八巻一〇号（一九九六年）一頁、浜井一夫ほか『少年事件の処理に関する実務上の諸問題』（一九九七年・法曹会）八頁以下参照。最近の調査結果については、廣瀬健二「海外少年司法制度――北欧調査の一部報告」刑政一二六号（二〇一五年）一六頁、同「海外少年司法制度(2)――台湾の刑事・少年法制について」立教法務研究八号（二〇一五年）一六頁のほか「外国少年司法事情」として、家庭の法と裁判六号以降に連載中である（二〇一三年以降の調査は、ＪＳＰＳ科研費 25285024 及び 16H0351 の助成の成果によるものである）。

（3） 後述する問題点から少年事件の裁判員裁判からの除外論がある（佐藤博史＝竹田真「重大少年事件と裁判員裁判」現刑七巻一号（二〇〇五年）二五四頁、八木正一「少年の刑事処分に関する立法論的覚書」『小林充先生・佐藤文哉先生古稀祝賀刑事裁判論集上巻』（二〇〇六年・判例タイムズ社）六四六頁、角田正紀「少年刑事事件を巡る諸問題」家月五八巻六号（二〇〇六年）三九頁、平川宗信『刑事法の基礎〔第二版〕』（二〇一三年・有斐閣）三二一頁など）。私も立法論としては、裁判員制度より少人数で専門性もある国民参加制度の方が望ましいと考えている（廣瀬健二『子どもの法律入門〔改訂版〕』（二〇一三年・金剛出版）一三二頁以下。なお、我が国の少年法制の特徴については、廣瀬健二「少年法の基礎」研修二八九号（二〇一七年）三頁以下参照）。しかし、未だ制度施行後七年余であること、前記のような実績から立法の合理性も窺えること、裁判員制度の適正な実施のための努力が懸命に積み重ねられていることに加え、立法改革の見通しは全く立っていないことなどから、本稿では、現状と運用の在り方を中心に論じることとする。

（4） 本稿では、犯罪少年の刑事事件（少年事件）と裁判員裁判との関係がテーマであるので触法・虞犯少年には触れられない。その詳細については、田宮裕＝廣瀬健二『注釈少年法〔第三版〕』（二〇〇九年・有斐閣）六三頁以下参照。

（5） 家庭裁判所調査官は、大学・大学院で主として心理学、教育学、社会学、社会福祉学、法学等を専攻した者で選抜試験に合格し裁判所職員総合研修所で二年間の研修（現場における実務研修も含む）を経た者であり、主に少年事件、家事事件などの調査を担当する。
（6）　田宮＝廣瀬・前掲（注4）四一四頁参照。平成一二年改正前の少年の刑事手続についての総括的な論考として、早川義郎「少年の刑事被告事件の取扱いについて」家月二五巻八号（一九七三年）一頁、栗原平八郎「少年事件」『公判法大系Ⅲ』（一九七五年・日本評論社）一八八頁がある。
（7）　裁判員裁判の対象事件は、被害者の死が生じていない死刑・無期事件（現住建造物等放火（刑法一〇八条）、通貨偽造・行使（同法一四八条）、強制わいせつ・強姦致傷（同法一八一条）、身代金目的略取等（同法二二五条の二）、強盗致傷（同法二四〇条前段）、強盗強姦（同法二四一条前段））なども含むため、原則逆送事件の対象より広いが、故意の致死事件が被害者遺族や一般市民の関心という意味では最も重要なものといえよう。なお、裁判員法施行前のものであるが、重大事件が対象とされる点に着目した専門参審制の立法的提言として、佐藤＝竹田・前掲（注3）八七頁以下がある。
（8）　廣瀬健二「少年法制の課題と展望」井田良ほか編『新時代の刑事法学（下巻）』（二〇一七年・信山社）三二一頁参照。
（9）　廣瀬・前掲（注8）三二三頁以下参照。
（10）　廣瀬・前掲（注8）三二五頁以下参照。
（11）　他に、刑事訴訟規則二七七条のほか、国選弁護人の職権選任の励行（同二七九条）などがある。
（12）　少年法九条では、調査の方針として「少年、保護者又は関係人の行状、経歴、素質、環境等について、医学、心理学、教育学、社会学その他の専門的智識特に少年鑑別所の鑑別の結果を活用して」行うことが規定されている。
（13）　少年の刑事手続の問題点を論じたものとして、山口直也「少年刑事被告人の刑事裁判のあり方」同『少年司法と国際人権』（二〇一三年・成文堂）三一六頁以下、岡田行雄「逆送後の少年刑事事件の審理における新たな科学主義の意義」同『少年司法における科学主義』（二〇一二年・日本評論社）二五九頁以下、角田正紀「刑事公判」廣瀬健二編集代表『少年事件重要判決五〇選』（二〇一〇年・立花書房）二四七頁、角田・前掲（注3）二八頁、渕野貴生「逆送後の刑事手続と少年の適正手続」葛野尋之編『少年司法改革の検証と展望』（二〇〇六年・日本評論社）一〇五頁などがある。
（14）　犯行時一八歳未満の者は、無期懲役は必要的に一〇年から一五年の間の懲役・禁錮刑に減軽されていたが、平成一二年改正により減軽が裁量に改められ、平成二六年改正により減軽の上限が二〇年に引き上げられている。なお、少年法五一条の無期刑には無期禁錮も含むが、ほとんど実例がないので無期懲役と表記する。

(15)　不定期刑は、処断刑が三年以上の場合に短期五年以下、長期一〇年以下の範囲で行われていたが、平成二六年改正で下限が撤廃され、短期・長期の上限が引き上げられ、短期は長期の二分の一（長期一〇年未満の場合、長期から五年減じた期間）以上とされたが、少年の改善更生上特に必要があれば、処断刑の二分の一でかつ長期の二分の一までの範囲とできる（五二条二項）。

(16)　裁判員の選任資格、選任方法（くじびき）、人数（六人）①②などは、陪審制に類似する一方、裁判官と協同して、事実認定のほか、法令の適用、量刑まで行う点③は参審制に類似している。このような折衷的な制度の常であるが、その成否は運用の適否にかかるところが大きい。これまでは、参加している裁判員の熱意・誠実さ、担当する法律実務家の努力等により、相応の成果を挙げているといわれているが、今後も運用上の改善・努力の継続が必須と思われる。

(17)　被害者参加の対象事件は、故意の犯罪行為により被害者を死傷させた罪のほか、性犯罪（刑法一七六条〜一七八条）、業務上過失致死傷（同法二一一条）、逮捕監禁・人身売買（同法二二〇条・二二四条〜二二七条）、これらを含む罪、自動車運転による死傷の罪等のほか以上の未遂罪も含むので裁判員対象事件よりも広くなる一方、現住建造物等放火など死刑・無期事件でも他の罪は対象とならない。

(18)　被害者参加についての批判、問題点の指摘として、新屋達之「被害者参加と裁判員裁判」法時八一巻一号（二〇〇九年）五七頁、鈴木一郎「刑事弁護における被害者対応」季刊刑事弁護五七号（二〇〇九年）一〇〇頁、渕野貴生「被害者の手続参加、被害者報道と裁判員制度」犯罪と刑罰一九号（二〇〇九年）五一頁、川崎英明「刑事裁判への被害者参加制度の批判的検討」季刊刑事弁護五〇号（二〇〇七年）八九頁、岩田研二郎「刑事訴訟における被害者参加制度の問題点」法時七九巻五号（二〇〇七年）八七頁、山下幸夫「刑事裁判への被害者参加制度の立法経過と実務家から見た問題点」季刊刑事弁護五〇号（二〇〇七年）八二頁、堀江慎司「刑事手続上の被害者関連施策について」法時七九巻五号（二〇〇七年）七七頁などがある。被害者の関与に積極的意義を認める論考としては、椎橋隆幸「少年事件における犯罪被害者の権利利益の保障（下）」曹時六二巻一二号（二〇一〇年）一頁、「特集・犯罪被害者と裁判の新たな関係」ひろば六〇巻一一号（二〇〇七年）四頁以下、「特集・犯罪被害者と刑事裁判」ジュリ一三三八号（二〇〇七年）二頁以下、「特集・犯罪被害者保護と刑事手続」刑ジャ九号（二〇〇七年）二頁以下、守屋典子「被害者の少年審判傍聴についての一考察」警論六三巻二号（二〇一〇年）一二〇頁、山﨑俊恵「少年法と被害者」犯罪と刑罰一九号（二〇〇九年）一二一頁、長沼範良「被害者の刑事手続への参加」刑雑四七巻三号（二〇〇八年）六九頁、加藤克佳「犯罪被害者の権利拡充法制の意義と課題」同号七七頁、番敦子「弁護士による犯罪被害者支援及び刑事手続参加問題」同号九三頁、川出敏裕「犯罪被害者の刑事手続への参加」ジュリ一三〇二号(二〇〇五年)三六頁、同「少年保護手続における被害者の法的地位」『光藤影皎先生古稀祝賀論文集下巻』(二〇〇一年・成文堂)八八九頁、前野育三「被害者参加の少年保護手続と修復的司法」同九一一頁などがある。

公判前整理手続については、山崎学『公判前整理手続の実務』(二〇一六年・弘文堂)、「特集・公判前整理手続の在り方」刑ジャ四七号(二〇一六年)二二頁以下、座談会「公判前整理手続・連日的開廷で刑事弁護はどう変わるか」季刊刑事弁護四一号(二〇〇五年)三一頁以下、渕野貴生「公判前整理手続の問題点」同号二五頁以下、などがある。

(19) 少年事件と裁判員裁判の問題点について論じたものとして、高麗邦彦「少年事件の裁判員裁判」安廣文夫編『裁判員裁判時代の刑事裁判』(二〇一五年・成文堂)三四一頁、武内謙治「少年に対する裁判員裁判」同『少年司法における保護の構造』(二〇一四年・日本評論社)二七一頁、渕野貴生「裁判員裁判と少年の主体的な手続参加」武内謙治編著『少年事件の裁判員裁判』(二〇一四年・現代人文社)二四五頁、丸山雅夫「少年刑事事件と裁判員裁判」社会と倫理二五号(二〇一一年)一八七頁、葛野尋之「少年事件の処遇決定と裁判員裁判」澤登俊雄＝高内寿夫編『少年法の理念』(二〇一〇年・現代人文社)一八三頁、葛野尋之「少年事件の裁判員裁判」季刊刑事弁護五七号(二〇〇九年)四三頁、村山裕「少年逆送事件の問題」法時八一巻一号(二〇〇九年)三三頁、笹倉香奈「裁判員裁判と少年のプライバシー・情操保護」季刊刑事弁護五七号(二〇〇九年)四九頁などがある。

(20) 重大な犯罪に至る少年やその家族には生育歴や心身に様々な問題(例えば、出生の秘密、性的虐待、心身の障害、病気、遺伝的な負因等)がある場合、親子・親族等の関係に深刻な問題がある場合が多いので特に配慮が必要である。また、親や周囲の大人の少年に対する悪感情・敵意なども伝え方によっては少年を必要以上に傷つけることもある。

(21) 角田・前掲(注3)二八頁参照。

(22) いずれも担当する裁判所の訴訟指揮に関わり各裁判体の判断によるものである。この点について、和田真＝延廣丈嗣「少年の裁判員事件における審理等のあり方」判タ一四一〇号(二〇一五年)五頁以下、手﨑政人「少年の裁判員裁判について」判タ一三五三号(二〇一一年)四二頁以下、武藤暁「否認事件の場合」季刊刑事弁護五七号(二〇〇九年)七〇頁、守屋克彦「家庭裁判所は変わるか」季刊刑事弁護五七号(二〇〇九年)八一頁、藤原正範「家裁調査官の調査の劣化を危惧する」季刊刑事弁護五七号(二〇〇九年)八四頁、川村百合「少年の裁判員裁判の問題点と解決策を考える」自由と正義五九巻一〇号(二〇〇八年)八四頁などがある。

(23) 入退廷の際に遮へいし、少年の手錠姿を傍聴人に見せない運用は多いようであり、開廷中、傍聴席との遮へいを続けた例(非行歴のない女子で、性的虐待にも触れられる事案で過呼吸発作の可能性があった事例)も紹介されている(手﨑・前掲(注22)四三頁)。遮へいにはより積極的な立場もあるが(和田＝延廣・前掲(注22)一九頁、北村和「検察官送致を巡る諸問題」家月五六巻七号(二〇〇四年)五六頁)、より積極的な遮へいには立法的な手当が必要と思われる(角田・前掲(注3)三三頁、廣瀬・前掲(注8)三三九頁)。

(24) 角田・前掲(注3)三一頁以下参照。

(25) 手﨑・前掲(注22)四三頁参照。

(26) 手﨑・前掲(注22)四三頁。

(27) 和田＝延廣・前掲(注22)一八頁、高麗・前掲(注19)三五〇頁。しかし、実効性のある方策としては守秘義務を課す必要があろう。

(28) 手﨑・前掲(注22)四三頁、和田＝延廣・前掲(注22)一八頁、川村・前掲(注22)八九頁。人定質問での氏名・生年月日の匿名化に消極的な立場として、角田・前掲(注3)二九頁以下参照。

(29) 手﨑・前掲(注22)四三頁、和田＝延廣・前掲(注22)一九頁、川村・前掲(注22)九一頁。

(30) 手﨑・前掲(注22)四四頁。

(31) 保釈・勾留場所について、手﨑・前掲(注22)四四頁参照。

(32) 手﨑・前掲(注22)四四頁。なお、一時退廷については、少年審判規則三一条二項準用説もあるが、採用は困難であり、立法が必要であろう。

(33) 手﨑・前掲(注22)四四頁、和田＝延廣・前掲(注22)一九頁。

(34) 社会記録の意義及び裁判員裁判実施前の実務上の取扱いについて、横田信之「刑事裁判における少年調査記録の取扱いについて」家月四五巻一一号(一九九三年)二頁以下参照。裁判員裁判との関係も検討した論考として、武内謙治「少年法五〇条の法意」同『少年司法における保護の構造』(二〇一四年・日本評論社)三八三頁、葛野尋之「社会記録の取調べと作成者の証人尋問」武内謙治編著『少年事件の裁判員裁判』(二〇一四年・現代人文社)二六九頁、渕野貴生「裁判員裁判における社会調査の取調べと適正手続」浅田和茂ほか編『刑事法理論の探求と発見』(二〇一二年・成文堂)五四五頁、加藤学「保護処分相当性と社会記録の取扱い」『現代刑事法の諸問題(第一巻)』(二〇一一年・立花書房)四七三頁、斉藤豊治「社会記録と裁判員裁判」甲南法学五一巻四号(二〇一一年)一七三頁、相川裕「裁判員裁判における社会記録の取扱いの問題点」季刊刑事弁護五七号(二〇〇九年)五四頁などがある。

(35)　五五条移送に関する最近の論考として、丸山雅夫「少年法五五条による家庭裁判所への移送」南山法学三八巻三＝四号(二〇一五年)五五頁、八木正一「裁判員裁判における少年法五五条による移送の主張について」『新しい時代の刑事裁判』(二〇一〇年・判例タイムズ社)三二九頁、武藤暁「少年法五五条の保護処分相当性について」季刊刑事弁護六〇号(二〇〇九年)一〇〇頁、村中貴之「五五条移送が争点となる場合の主張上の問題点」季刊刑事弁護五七号(二〇〇九年)六〇頁、川村百合「五五条移送が争点となる場合の立証上の問題点」同号六四頁、正木祐史「逆送裁判員裁判における五五条移送「保護処分相当性」の提示」同号七五頁、北村・前掲(注23)八五頁以下、本庄武「少年刑事裁判における五五条移送決定と量刑」葛野尋之編著『少年司法改革の検証と展望』(二〇〇六年・日本評論社)一三三頁などがある。

(36)　正確には少年の刑事事件担当の裁判所であり、簡易裁判所、高等裁判所の場合もあり得るが(田宮＝廣瀬・前掲(注4)四七三頁)、裁判員裁判の関係では原則、地方裁判所に限られるので、地方裁判所として記述する。

(37)　(イ)について、考慮すべき事情の脱落、証拠能力の規制や新証拠の追加により認定事実が変更される場合は問題ないが、地方裁判所と家庭裁判所の証拠評価・経験則適用の差異だけによる場合にも地方裁判所としては認定できた事実を前提に判断するべきであろう(高麗・前掲(注19)三四五頁、八木・前掲(注35)三三四頁、手嶋・前掲(注22)四七頁参照)。

(38)　川出敏裕『少年法』(二〇一五年・有斐閣)三三〇頁、加藤学「終局決定(1)——検察官送致決定」廣瀬健二編集代表『少年事件重要判決五〇選』(二〇一〇年・立花書房)一九九頁、田宮＝廣瀬・前掲(注4)二〇九頁、北村・前掲(注23)五〇頁、平場安治『少年法〔新版〕』(一九八七年・有斐閣)二九九頁、団藤重光＝森田宗一『少年法〔新版・第二版〕』(一九八四年・有斐閣)一八三頁、大森政輔「検察官送致決定の実質的要件」別冊判タ六号(一九七九年)一八八頁等。裁判例として、東京家決昭三六・三・二二家月一三巻五号一八三頁、東京高判平三・七・一二高刑集四四巻二号一二三頁等(裁判例については、加藤・前掲一八九頁以下参照)。少年の刑事処分に関する裁判例の総合的研究として、廣瀬健二「少年の刑事処分」家庭の法と裁判九号(二〇一七年)六一頁以下参照。

(39)　死刑、無期刑(少年法五一条)は応報として位置付けるほかあるまい。また、保護教育優先が最も実現されていると思われる北欧諸国においても、処遇内容の改善は進められているものの、刑罰の制裁としての意義は、当然前提とされている。

(40)　田宮＝廣瀬・前掲(注4)四七四頁。

(41)　川出・前掲(注38)二二七頁。
(42)　例えば、和田＝延廣・前掲(注22)一一頁以下。
(43)　八木・前掲(注35)三三二頁以下。
(44)　佐伯仁志＝酒巻匡＝村瀬均＝河本雅也＝三村三緒＝駒田秀和『難解な法律概念と裁判員裁判』(二〇〇九年・法曹会)の保護処分相当性に関する記述(同書五九頁以下)及びその前提と思われる犯情説(北村・前掲(注23)七〇頁以下)が厳しく批判されている。しかし、これらは大きな制度改革に際しての問題提起・運用指針の提示であることは明らかであって(佐伯ほか・前掲書の冒頭に「そのまま活用することを目的とした実践的マニュアルでもない」と明記されており、重大・凶悪な典型事例を想定した限度では妥当性があり、家庭裁判所の判断に問題がなければそういう事例が多いことも推測もできる)、少年や事案の特質に応じた対応を否定しているものでもない。実際に後掲の裁判例をみてもおおむね事例に即応した判断がなされていると思われる。
(45)　非公開・公開制限に関しては、廣瀬・前掲(注8)三三九頁参照。
(46)　八木・前掲(注3)六三九頁以下参照。改正前の論考として、小林充「少年に対する不定期刑の言渡基準について」家月二五巻一二号(一九七三年)一頁がある。
(47)　前田雅英＝合田悦三＝井上豊＝野原俊郎『量刑に関する国民と裁判官の意識についての研究』(二〇〇七年・法曹会)一一頁以下。
(48)　重罪を中心とした裁判例の検討については、廣瀬・前掲(注38)六一頁以下参照。
(49)　池田修「裁判員裁判によって見えてきたもの」罪と罰五四巻一号(二〇一六年)七一頁参照。
(50)　前掲各文献には立法的な提言も多数含まれているが、その他の注目すべき論考として、坂井智「少年に対する刑事裁判における若干の問題」団藤重光・齋藤壽郎『刑事裁判の課題』(一九七二年・有斐閣)も参照。

8　裁判員裁判における「性犯罪の量刑」について

島岡まな

はじめに

裁判員裁判において、裁判員が量刑判断に参加する意味は、量刑判断の中に一般市民の感覚が取り入れられることにより、一般市民との関係での量刑の説得性・受容可能性が高まることにあるとされる(1)。しかし、一般市民の感覚といっても、いやしくも刑罰という国家による峻厳な人権侵害が正当化されるためには、理論的基礎を欠いた単なる感情的な所業であってはならない。裁判員が量刑判断の基本構造を理解し、適切な量刑判断ができて初めて、今度は法曹実務家や法学者との関係での量刑の説得性・受容可能性が高まるといえよう。では、量刑判断の基本構造とは何か。それは、行為主義、罪刑法定主義、責任主義という刑法の三原則を反映させたもので、量刑が大枠としての個別犯罪行為の違法性の分量を上回ってはならないという個別行為責任主義を基本とする(2)。犯罪行為の違法性(処罰根拠)は、当該犯罪の保護法益や法定刑の重さを指標として決せられ、それに対応する責任(非難可能性)や構成要件外事実も量刑に影響を与えるといわれる(3)。

したがって、本稿において「性犯罪の量刑はどうあるべきか」や「性犯罪は裁判員裁判になじむか」を考えるためには、性犯罪の保護法益や法定刑を指標とした「性犯罪の違法性」及びそれに対する加害者の「責任」を裁判員が正しく理解できることが大前提となる。しかしながら、家父長制度下の明治四〇年に制定された現行刑法典の性犯罪規定が、現代における「性犯罪の違法性」を正しく反映し、法定刑も適切であるか否かにそもそも疑問があり、職業裁判官の中にさえ「性犯罪とは何か」に関する正しい理解が欠けているのではないか?と疑わざるを得ない判決も散見される。(4)

そこで、本稿ではまず、刑法上の性犯罪が日本で従来どのように捉えられ、議論され、改善されようとしているかを概観し、性犯罪規定の立法、運用(司法)におけるジェンダー・バイアス(社会的・文化的性差別あるいは性的偏見)(5)の問題も踏まえた上で、性犯罪の量刑や裁判員裁判との相性という問題に関する私見を導きたいと考える。

一　性犯罪の罰則をめぐる近時の議論と刑法改正案

性犯罪規定をめぐっては、数年前から刑法典上の強姦罪等の見直しが主張されてきたが、(6)本格的に動き出したのは平成二六年の秋からであり、明治四〇年の制定以来一〇〇年以上変化がなかった強姦罪等の改正が平成二九年度中にも行われると予想される。本章ではまず、これらの動きを概観し、近年の性犯罪をめぐる議論を振り返るとともに、性犯罪の罰則(保護法益、法定刑等)はどうあるべきかを考察する。

(1)　法務省「性犯罪の罰則に関する検討会」

平成二六年秋に松島みどり法務大臣(当時)が就任後「性犯罪の見直し」を指示し、法務省が開いた「性犯罪の罰則に関する検討会」において平成二六年一〇月一日から議論が重ねられ、平成二七年八月六日に取りまとめ報告書が公表された。(7)同検討会で取り上げられた論点(及びその評価)は、①性犯罪の非親告罪化(積極)、②性犯罪に対する公訴時効の撤廃又は停止（消極）、③配偶者間における強姦罪（消極）、④強姦罪の主体等の拡大及び性交類似行為に関する構成要件の創設（積極）、⑤強姦罪等における暴行・脅迫要件の緩和（消極）、⑥地位・関係性を利用した性的行為に関する規定の創設（一部積極）、⑦いわゆる性交同意年齢の引上げ（消極）、⑧性犯罪の法定刑の見直し（積極）、⑨刑法における性犯罪に関する条文の位置（消極）、であった。

(2) 法制審議会

検討会の報告書をふまえ、法務省は、法制審議会に対し、性犯罪の罰則に関する諮問第一〇一号を諮問し、平成二七年一一月二日から部会での議論が開始された。(8) 検討会の報告書における論点中、法制審議会に対する諮問第一〇一号要綱（骨子）案でとりあげられたものは、上記(1)からもわかる通りその一部にすぎず、その他の論点については今後の課題となった。その上、諮問第一〇一号の要綱案の中にも先進諸外国の刑法から見ればかなり奇異な内容も含まれており、(9) 比較法的観点から日本の刑法典の後進性を繰り返し論じてきた筆者としては、(10) 大変残念であった。(11)

しかし、明治四〇年の制定以来、何度か改正案が出されたものの実現に至らず、(12) 一〇〇年以上も放置されてきた日本の性犯罪規定が、ようやく一部にせよ改正されようとしていることは、一定の前進であろう。審議会刑事法部会は、七回に亘る会議を経て、平成二八年七月に、要綱（骨子）修正案が公表された。現行条文との相違を表にしたものを掲げる（一二九条以下は省略）。

二 改正案から明らかとなる性犯罪の違法性・保護法益

このように、性犯罪の量刑を定める基礎となるべき性犯罪行為の「違法性」については、明治四〇年以来一〇〇年

（下線部分は変更点．＊は刑法改正（骨子）修正案の記述を変更した筆者独自の記載である．）

条文	現行刑法（1907 年制定）	刑法改正（骨子）修正案（2016 年）
180 条（親告罪）	1　第 176 条から第 178 条までの罪及びこれらの罪の未遂罪は，告訴がなければ公訴を提起することができない． 2　前項の規定は，2 人以上の者が現場において共同して犯した第 176 条若しくは第 178 条第 1 項の罪又はこれらの罪の未遂罪については，適用しない．	削除
181 条 1 項，2 項	1　第 176 条若しくは第 178 条第 1 項の罪又はこれらの罪の未遂罪を犯し，よって人を死傷させた者は，無期又は 3 年以上の懲役に処する． 2　第 177 条若しくは第 178 条第 2 項の罪又はこれらの罪の未遂罪を犯し，よって女子を死傷させた者は，無期又は 5 年以上の懲役に処する．	1　改正 176 条*若しくは改正 178 条第 1 項*若しくは A 条*の罪又はこれらの罪の未遂罪を犯し，よって人を死傷させた者は，無期又は 3 年以上の懲役に処する． 2　改正 177 条*若しくは改正 178 条第 2 項*の罪又はこれらの罪の未遂罪を犯し，よって人を死傷させた者は，無期又は 6 年以上の懲役に処する．
181 条 3 項	第 178 条の 2 の罪又はその未遂罪を犯し，よって女子を死傷させた者は，無期又は 6 年以上の懲役に処する．	削除

以上も変化がなかった刑法典上の性犯罪規定の改正が現在行われつつあり、保護法益に対する考え方も深化しつつある。

明治四〇年制定の現行刑法典における強制わいせつ罪（一七六条）、強姦罪（一七七条）等の性犯罪規定は、第二二章「わいせつ、姦淫及び重婚の罪」として、わいせつ物頒布等罪（一七五条）、重婚罪（一八四条）などの「社会的法益」[13]に対する罪の中に規定されている。制定当時の家父長制度を前提とした「貞操」という社会的法益が、強姦罪の保護法益であると考えられていたからである。[14]しかし、第二次世界大戦後は、そのような価値観は否定され、性犯罪の保護法益も被害者の「性的自由」や「性的自己決定権」とする学説が支配的

表1　性犯罪に関する現行刑法と改正(骨子)案

条文	現行刑法(1907年制定)	刑法改正(骨子)修正案(2016年)
177条	暴行又は脅迫を用いて13歳以上の女子を姦淫した者は，強姦の罪とし，3年以上の有期懲役に処する．13歳未満の女子を姦淫した者も，同様とする．	13歳以上の者に対し，暴行又は脅迫を用いて性交，肛門性交又は口腔性交(以下「性交等」という．)をした者は，5年以上の有期懲役に処する．13歳未満の者に対し，性交等をした者も，同様とする．
178条2項	女子の心神喪失若しくは抗拒不能に乗じ，又は心神を喪失させ，若しくは抗拒不能にさせて，姦淫した者は，前条の例による．	人の心神喪失若しくは抗拒不能に乗じ，又は心神を喪失させ，若しくは抗拒不能にさせて，性交等をした者は，第一の例による．
新設 (仮にA条*とする)	なし	1　18歳未満の者に対し，その者を現に監護する者であることによる影響力があることに乗じてわいせつな行為をした者は，刑法第176条の例による． 2　18歳未満の者に対し，その者を現に監護する者であることによる影響力があることに乗じて性交等をした者は，第1の例による． 3　1及び2の未遂は，罰する．
178条の2	2人以上の者が現場において共同して第177条又は前条第2項の罪を犯したときは，4年以上の有期懲役に処する．	削除

となり[15]、それで問題が解決したかのように、わが国では長年考えられてきた。

しかし、「貞操」すなわち将来男性に嫁ぐ無垢な女子の「処女性」または夫に従属する「貞淑な妻」の保護を目的とする日本の刑法のような「強姦法」と、一九七〇年代後半から欧米先進諸国で行われてきた改革により新たに成立した「性的暴行法」とは本質的な視点の相違があり、改革に立ち遅れた日本の強姦罪・強制わいせつ罪には、旧来の男尊女卑的な強姦法の特徴がすべて備わっていた。すなわち、①強姦罪の客体は貞操の主体（傍点筆者、以下同様）である女性に限られ、②（処女性を失わせる、または妊娠の可能性がある）姦淫（性交）は重く、それ以外の性的侵害行為（肛門性交、男性被害等）は軽く処罰され、③（夫婦間の通常の性交にも男性による暴行はつきもの〈すなわち許される〉という理由で）犯罪の成立には、相当程度強い暴行が必要とされてきた。このような前近代的な家父長制度を前提とした規定方法・内容を温存したままでは、保護法益の解釈を「性的自由」へ変更し、平成一六年の改正により刑罰の下限を一年引き上げたとしても、根本的な解決からは程遠かった[16]。

しかし、上記一(2)で述べたように、ようやく刑法の性犯罪規定改正が視野に入り、その中で①強姦罪の客体は女性だけでなく男性にも拡げられ（ジェンダー中立化）、②行為態様は、姦淫（性交）のみではなく肛門性交、口腔性交にも拡大され（生殖可能性のみに拘らない性暴力の処罰化）、③法定刑の下限も、従来比較され、批判されてきた強盗罪（二三六条）とのバランスから[17]、同様の五年以上へ引き上げられた。また、親告罪であった（準）強制わいせつ罪と（準）強姦罪も非親告罪化され、さらに、一八歳未満の者に対する地位・関係性を利用した性犯罪処罰規定も新設が予定されている。

これに伴い、従来、刑法の教科書等で「女性の性的自由」という抽象的な概念の記述に留まり、その内容について深く議論されることがなかった性犯罪の保護法益[18]に関しても、より具体的に、フランス刑法のような「心身の完全性[19]」という概念や、ドイツ刑法における「身体的内密領域に対する防御権[20]」という概念等も紹介されるようになっている。

そこで、このような新しい性犯罪規定から明らかとなる性犯罪の「違法性」や「保護法益」を裁判官と裁判員が正しく理解し、ジェンダー・バイアスも取り除いた上で初めて、裁判員裁判における性犯罪の適切な量刑が可能となるといえよう。そのためには、裁判員への正しい教育とそれを可能とする制度、裁判官の育成の双方が不可欠であるように思われる。

三　性犯罪裁判に必要な「経験則」と二次被害（セカンド・レイプ）の防止

(1)　性犯罪裁判に必要な「経験則」

裁判員裁判に限らず、性犯罪にも限らず、およそ刑事裁判においては、提出された証拠を裁判官の「経験則」によって判断し、事実認定を行う。しかし、それが裁判官の単なる個人的経験に基づく思い込みであってはならない。よく言われる「被害者は、本当に嫌なら強く抵抗するはずであり、抵抗が弱かったのは、本当は性行為に対する合意があったのではないか？」という思い込みや、「被害者は、本当に嫌なら何があっても逃げるはずだし、街中でナイフを突きつけられてビルに連れ込まれるまでに交番の近くや人通りのある道を通っているのに、なぜ助けを求めなかったのか？」というような疑問・思い込みは、正に「強姦神話」[21]と呼ばれる誤解であり、最近の精神医学、心理学等の研究において否定されているもので[22]、「経験則」とはとても呼べないものである[23]。それにも拘らず、日本の最高裁による小田急事件逆転無罪判決[24]や千葉事件逆転無罪判決[25]の多数意見の中にさえ、同様の「強姦神話」が蔓延している[26]。裁判員とともに裁判官も、以下に紹介するような性犯罪被害者の心理学的・生理学的メカニズムに対する科学的知見を深く学ぶ機会を制度的に創設すべきである。

例えば、精神科の宮地尚子医師は、「性暴力被害の実態と影響」として、事件の最中と直後の反応について興味深い指摘をしている[27]。従前のトラウマ研究において、事件後の影響に言及するものは多いが、事件の最中や直後に被害者に何が起こっているかという反応を知ることが、法律関係者や周囲の人間だけでなく、本人にとっても重要であるという。「あのときどうしてこういう行動をしなかったのだろう」「なぜそのまま動けなかったのだろう」などの後悔や自責感は、後々被害者を苦しめ悪影響を及ぼすからである。被害者以外の人間は、「異常な出来事に対する正常な反応」であるトラウマを日常感覚によって理解しようとするが、トラウマを引き起こすほどの恐怖とは、日常的レベルの「怖い思い」を超え、日常では考えられないような思いがけない反応が起きることがあるという。その際、大脳皮質の機能が抑えられ、生存に関わる脳の部分が急激に活性化してくるため、そのつもりはないのに相手の命令に自動的に従い、現実感がなくなる等の動物レベルの危機反応が優先することがあるという。また、「危機的状況において人は、生存のために逃げたり闘ったりするものだ」という誤解やできるべきだという価値観が共有されているが、実際には攻撃を受けた動物には不動反射（フリーズ反応）や強制不動という偽死反応が起きることもある。その他、事件直後の反応に関するよくある誤解として、「事件の翌日もいつも通り仕事に行ったのは不自然」などと裁判で被疑事実の否定の根拠とされることもあるが、性暴力の被害者にとっては決して珍しいことではなく、どうしてよいかわからず、誰にも知られたくないので予定通りの行動をこなし、衝撃のために思考能力が落ち、習慣的になった行動をとり続ける人もいる。事件直後の被害者が、いつもと変りなく「冷静」に見えることも多い理由は、自分を守るために、感情を麻痺させて自分を抑える自動機能が働き、意識や記憶の一時的消失もありうるという。こうした麻痺、離人感、現実感の喪失などを、急性解離症状、周トラウマ期解離症状といい、このような症状が出ることを急性ストレス反応（ＡＳＲ）という。通常は四八時間程度で収まるが、それが強い場合、急性ストレス障害（ＡＳＤ）となり、それが一カ月を超えるとＰＴＳＤ（心的外傷後ストレス障害）となるとのことである。

　ＰＴＳＤについては、近年刑法上の「傷害」と認める最高裁判例[28]も出て、医学だけではなく、法学、社会学の世界でも次第に認知されるようになってきている。再体験、回避、否定的認知・気分、過覚醒という一連の症状であらわされるＰＴＳＤの強姦後の発症率（男性六五％、女性四五・九％）は、戦闘によるもの（男性三八・八％）より高いという研究[29]さえある。

　宮地医師は、性暴力による傷つきが重症化・遷延化しやすい背景に、被害の深刻さと語りにくさ（沈黙）の悪循環があるといい、被害者の沈黙の理由として、⑴身体感覚への侵襲の深刻さ（PTSDの主要な因子である①外傷的出来事にさらされている時間、②近接度、③強度の三つともが性暴力では揃う。性暴力では加害者との距離がゼロかマイナスで、視覚、聴覚、嗅覚、味覚、触覚すべての身体感覚の侵襲がある程度の時間続く）、⑵自己の身体がフラッシュバックのトリガーであること（トラウマ記憶が自己の皮膚や内部に五感として刻印される）、⑶妊娠や性感染症をめぐる問題（事件後も、妊娠やHIV／AIDSを含む性感染症への強い不安や恐怖がつきまとう）、⑷動画・画像流出への恐怖と不安（被害時の様子を動画や画像で撮られ、口止めや呼び出しに使われ、商品として流通することもあり、性犯罪の潜在化、常習化、悪質化、長期化につながる）、⑸「汚れ」「恥」「わいせつ」などのスティグマ（性にまつわるこれらのスティグマが加害者ではなく被害者に及び、恐怖の中で恥辱感や屈辱感が深く心身に刻みこまれやすい。身近な人にこそ秘密にしたい心理も働く）、⑹加害者との「外傷的絆」（性暴力は密室で行われることが多いため、他の人が知らない事実を加害者と共有することを余儀なくされる）、⑺人間不信になりやすい（性暴力は故意の人為的暴力であり、「人間扱いではなくモノ扱いされた」という衝撃的体験が人間不信、男性不信を招く）、⑻二次被害（警察や検察など本来なら被害者を保護すべき人々から「被害者にも隙があったのではないか」「嘘をついているのではないか」というような二次被害〈セカンド・レイプ〉を受ける）、を挙げている。

また、二次被害をもたらす性や性暴力に対する誤解や偏見と関係する性暴力の特徴として、⑴性行為そのものは暴力的とは限らない（性行為は相手の境界線を越え、身体の五感に働きかける行為であり、かなり無防備な状態にお互いを置く行為であるため、意に沿わずに自分の身体の境界線を越えられることは、身体感覚、アイデンティティ、自己の尊厳などを著しく損傷する）、⑵ポルノとして消費されてしまう（性暴力について聞く側の想像力が流通するポルノ的光景のように加害者からの視線にとらわれやすい）、⑶身体的暴力が伴わないことも多い（加害者が被害者を物理的に圧倒したり、恐怖で凍りつかせたり、明示または暗黙の脅迫により「従わなければどうなるかわからない」と思わせれば、身体的暴力がなくても性暴力は可能）、⑷被害者が抵抗しないことも多い（日本の法運用ではいまだに「強姦」を認めるために被害者が強く抵抗し、その証拠が身体に残ることが求められるが、先述のように抵抗は恐怖時の反応として一般的ではない。「非合意が明らかな状況であれば、暴行はなくとも強姦である」というのがグローバルスタンダードである)、(5)知り合いから受ける被害が多い(性暴力は見知らぬ人間から受けることが想定されやすいが、実際は知り合いからの被害がかなり多く[30]、逆に知り合いからの被害の方が人間不信を招き、悪影響が大きい)、(6)恐怖と疑似恐怖を混同されやすい(安全だとどこかでわかっている疑似恐怖体験は真の恐怖とは全く違い、反応も異なる。物理的刺激による生物的反応が被害者の意思に反して起こることもある)、を挙げている。

そして、このように多くの誤解や問題を抱える性暴力被害の実態に即した検討課題として、性犯罪予防のための正しい性教育、被害直後から医療的、法的、心理的支援を一つの場所で受けられるワンストップセンターの開設、性暴力禁止法の制定、警察、検察、裁判所などの関連機関において性犯罪事犯を専門的に扱う部署の設置、法律領域、医学領域における教育や研修プログラムの充実、男性や性的マイノリティの被害者への配慮、子どもへの面接システムの確立等を指摘している。これらの指摘は大変重要で、性暴力に関わる全ての人間の共通認識とされるべきであろう。

大阪高検田中嘉寿子検事も、長年多くの性犯罪捜査に関わっている立場から、(1)性被害者には、回避・抵抗・逃走・援助要請・直後開示義務という五つの作為義務が負わされているが、(2)性被害者には、その作為可能性が低い心理学的・生理学的メカニズムが存在するとし[31]、性被害者の心理をA・デーケンの「悲嘆の一二段階」を引用しつつ紹介する[32]。すなわち、被害者は、性被害により「自分は安全だ」「自分は価値ある存在だ」という認識(魂の拠り所)を根底から破壊され、「魂を殺された」性被害者らは、愛する家族を喪ったときにおける悲嘆のプロセスとほぼ同様に、①精神的打撃と麻痺状態、②否認、③パニック、④怒りと不当感、⑤敵意と恨み、⑥罪悪感、⑦空想・幻想形成、⑧孤独感と抑鬱、⑨精神的混乱と無関心、⑩諦め等の一二段階のプロセスをたどるという。

捜査官が直面する被害者は、初期は①～⑥、次に⑦～⑨の段階にある。例えば、被害直後の被害者は、①の精神的麻痺状態にあり、被害届の申告など筋の通ったまとまった考え方はできず、感情が麻痺しているため、一見淡々と冷静に行動しているように見えるときもあるという。

このような精神医学・心理学の知見を関係者全員が持っていれば、「被害直後なのに会社（あるいは学校）も休まず行ったので、性被害など嘘ではないか」などという誤った認識を持たずに済む。[33]

(2) 二次被害（セカンド・レイプ）の防止及び被害者のプライバシー保護

一般の犯罪被害者でも、犯罪の一次被害を受けるだけでなく、社会の反応やその後の刑事司法過程における心ない言動等によって二次被害を受けることがある。特に、性犯罪は「魂の殺人」とも呼ばれる重大犯罪である上、上記(1)で記述したような複雑な被害者心理が周囲にも本人にも理解されず、本人が自責の念や羞恥心に苛まれている状況で、さらに追い打ちをかけるような言動や好奇の目に晒されると、被害者は回復不可能な状態に陥る。それが被害申告を躊躇させる理由ともなり、暗数が非常に多い犯罪[34]とされるゆえんである。

捜査段階において詳細な調書が作られるが、この調書作成方法についても、物語式ではなく必ず一問一答形式とする等、できる限り被害者の負担を軽減する方法を模索する必要がある。過去の異性との交際体験を追及され、何度も事件の辛い話を繰り返し聞かれることは、被害者にとっては耐えがたい。捜査において必要がある場合は致し方ないが、そのような被害者の状況を認識し配慮した上、被害者には必要性をよく伝えて、協力を求める必要がある。今後は、何度も同じ話をする必要のない供述録取方法を検討し、公判廷においては、不必要な質問をさせないアメリカのレイプシールド法のような制度の導入も検討すべきであろう。性犯罪が重大な犯罪だと認識されるようになったとはいえ、未だにいわゆる強姦神話が払拭されていない現状があり、関係者の教育や啓発を進める必要がある。[35]

性犯罪の被害者については、公判廷での被害者特定事項の非公開制度がある（刑訴法二九〇条の二）。しかし、これについて過失または故意に、被害者特定事項を開示してしまう危険があるという。また、そもそも、被疑者、被告人に被害者特定事項を知らせたくない場合もある。逮捕状や勾留状、とりわけ起訴状の匿名については、被疑者・被告人の防御権との関係や、起訴状については公訴事実の特定との関係において、現状では個別案件毎に検討されており制度的もしくは規定上の解決には至ってはいないが[36]、制度的・法的に解決すべきであると考える。

四　裁判員裁判移行後の性犯罪の量刑の推移

性犯罪の違法性について、近年の性犯罪規定改正案に至る議論を概観し、従来の性犯罪に対する理解がわが国ではかなり歪んでおり、法曹関係者の強姦神話やセカンド・レイプのない性犯罪処罰が必要であることを強調してきた。ここで、裁判員制度開始以降の性犯罪の量刑変化について概観する。これは、上記の性犯罪に関する違法性・保護法益の議論が一般の裁判員に普及する以前のデータではあるが、従来の職業裁判官による量刑と比較して、裁判員による性犯罪の量刑はどのように変化したのかをデータから確認する。以下は、強制わいせつ致死傷罪と強姦致死傷罪の量刑の推移を表とグラフに表したものである[37]。

これらを見ると、すでに指摘されているように、性犯罪の量刑は、特に強姦致傷罪では裁判員制度導入後、若干重い方へシフトしていることがわかる[38]。

その原因として、(1)性犯罪に対する正常な市民感覚が働き、従来の職業裁判官による量刑が加害者に甘すぎたと感じられ、重い量刑へと変化したというもの[39]が考えられる。逆に、(2)家父長制時代とあまり変わらない伝統的な倫理観に基づく処罰感情の現れである可能性も完全には否定できないであろう。

上記(1)は望ましい方向なので是正する必要はないが、(2)はそのような伝統的な家父長制度的倫理観に対する根拠が揺らいでいる現在、上記三で述べたように、より科学的知見に基づいた「経験則」や証拠評価方法を裁判員が身につ

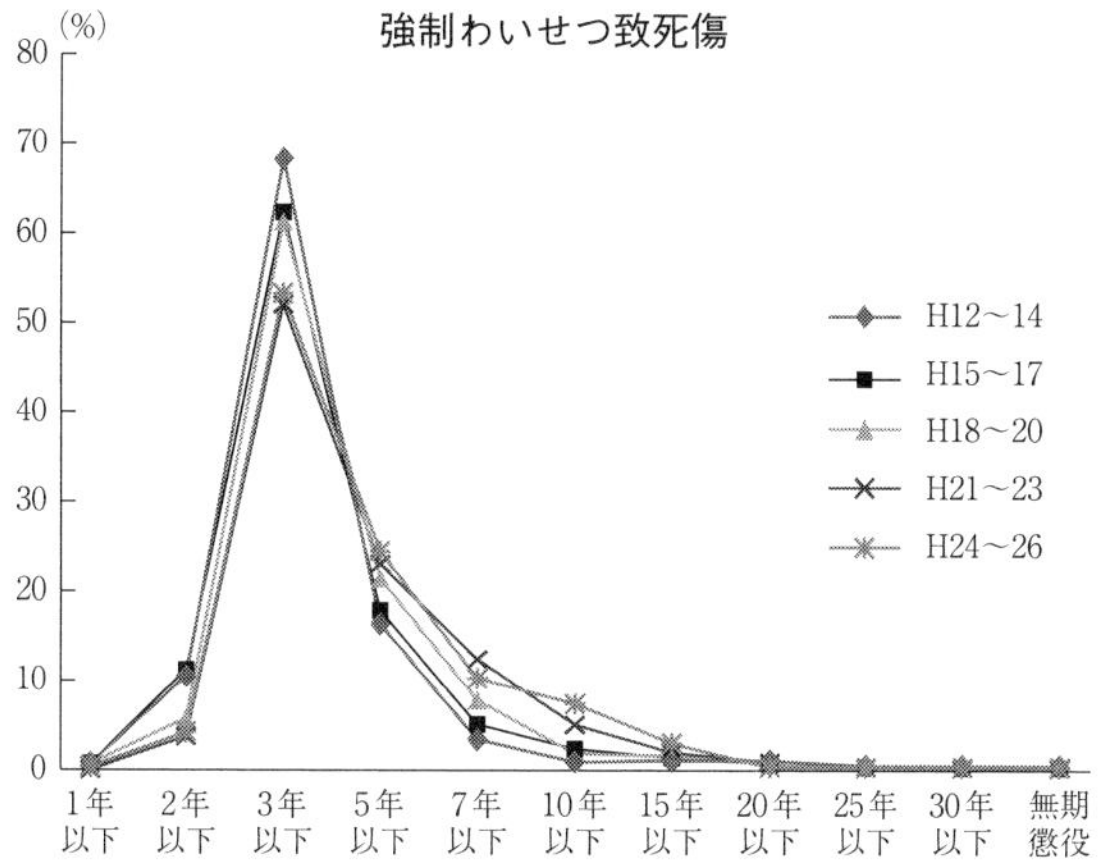

表1(人員，(　)内の数字は執行猶予を表す(内数))

	1年以下	2年以下	3年以下	5年以下	7年以下	10年以下	15年以下	20年以下	25年以下	30年以下	無期懲役	合計
H12		(3)15	(59)92	19	4							130
H13	(1)1	(3)14	(67)94	23	5	1	2					140
H14		(4)11	(57)73	20	3	2	1	1				111
H15		(7)20	(53)73	24	7	3	2					129
H16		(2)10	(65)84	27	11	3	1	1				137
H17		(2)14	(70)88	20	2	3	1	1				129
H18		(1)5	(43)73	24	12	1	3	2				120
H19		7	(61)83	28	8	5	2					133
H20		(1)8	(48)74	27	8	2	3		1			123
H21		(1)2	(37)49	10	4	8						73
H22		3	(23)26	22	9	5	3					68
H23		(1)4	(32)42	22	10	3	3					84
H24		3	(29)38	19	13	6		1				80
H25		(1)6	(35)51	28	7	3	3	1				99
H26		1	(35)49	13	12	4	2	1				82

表2(%)

	1年以下	2年以下	3年以下	5年以下	7年以下	10年以下	15年以下	20年以下	25年以下	30年以下	無期懲役
H12～H14	0.26	10.50	67.98	16.27	3.15	0.79	0.79	0.26			
H15～H17		11.14	62.03	17.97	5.06	2.28	1.01	0.51			
H18～H20		5.32	61.17	21.01	7.45	2.13	2.13	0.53	0.27		
H21～H23		4.00	52.00	24.00	10.22	7.11	2.67				
H24～H26		3.83	52.87	22.99	12.26	4.98	1.92	1.15			

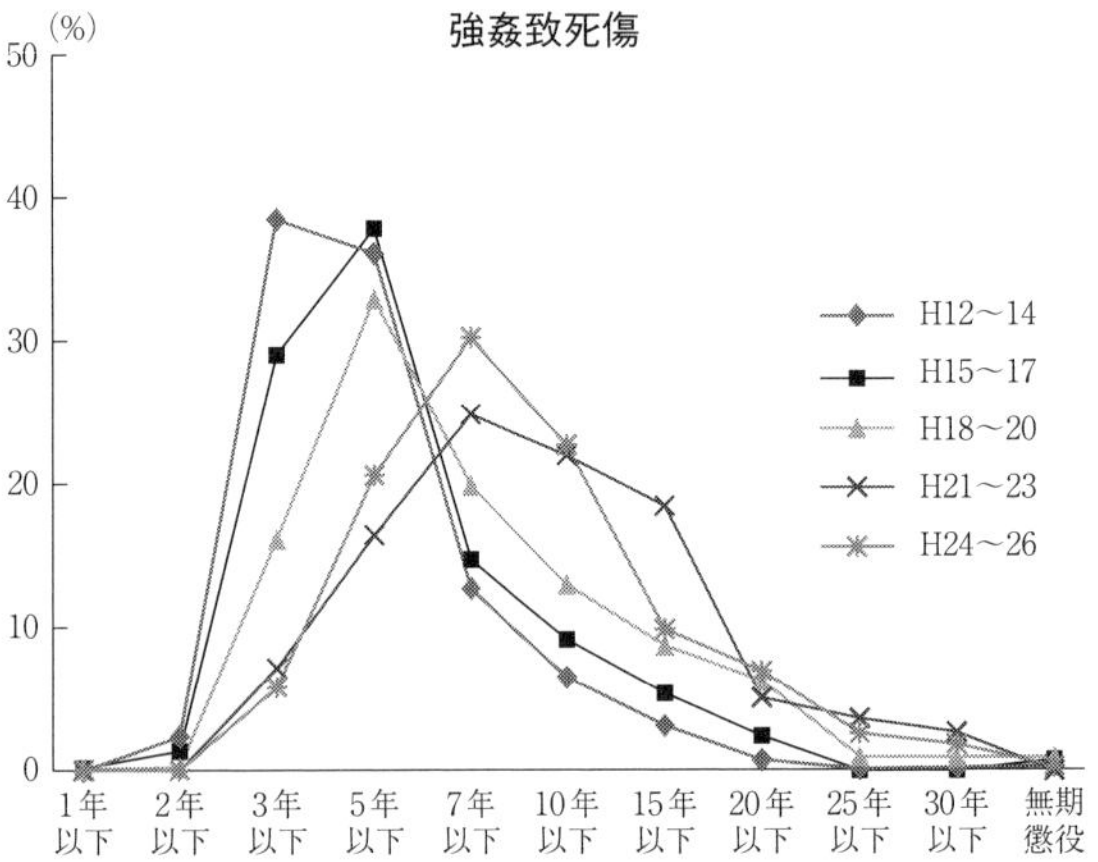

表1(人員，( )内の数字は執行猶予を表す(内数))

	1年以下	2年以下	3年以下	5年以下	7年以下	10年以下	15年以下	20年以下	25年以下	30年以下	無期懲役	合計
H12		7	(47)111	91	34	13	7	1				264
H13		(2)11	(56)105	104	39	20	9	4			1	293
H14			(43)87	91	28	18	9	1			1	235
H15		4	(36)93	124	32	21	6	6				286
H16	1	(1)4	(43)75	84	39	28	19	4			3	257
H17		1	(26)49	74	38	19	15	8			2	206
H18		1	(20)37	59	46	29	21	16	2	2	1	214
H19			(19)30	61	34	25	19	12	2	1	2	186
H20			(9)24	64	31	18	9	7	1	2	2	158
H21			(7)7	29	28	20	9	9	2	1		105
H22			(2)3	15	28	23	9	4	2	1		85
H23			(3)6	13	28	20	9	6	3	3		88
H24			(4)8	21	17	22	19	7	3	4		101
H25			(2)6	11	30	18	17	4	4	3		93
H26			(4)6	14	22	21	15	3	3			84

表2(%)

	1年以下	2年以下	3年以下	5年以下	7年以下	10年以下	15年以下	20年以下	25年以下	30年以下	無期懲役
H12～H14		2.27	38.26	36.11	12.75	6.44	3.16	0.76			0.25
H15～H17	0.13	1.20	28.97	37.65	14.55	9.08	5.34	2.40			0.67
H18～H20		0.18	16.31	32.97	19.89	12.90	8.78	6.27	0.90	0.90	0.90
H21～H23			5.76	20.50	30.22	22.66	9.71	6.83	2.52	1.80	
H24～H26			7.19	16.55	24.82	21.94	18.35	5.04	3.60	2.52	

ける必要性がある。

その上で、被害者に対する偏見やジェンダー・バイアスを取り除いた公平な目で事実を認定・評価し、性犯罪の違法性と加害者の責任を正しく確定した後、その重さに応じた量刑を行うことが望ましい。その結果として、性犯罪に対する量刑が以前より重くなるのであれば、それは、従来軽すぎた性犯罪の刑罰が適正なものに落ち着いただけであり、弊害というよりむしろ望ましい事態であろう。しかし、そのことと、厳罰化のみが性犯罪防止のために有効であるのかという問いは、また別問題である。

五　性犯罪防止と厳罰化について

性犯罪は、「魂の殺人」と言われるほど被害者に深刻なダメージをもたらす悪質な犯罪であり、違法性も高く、厳正に処罰すべき犯罪であることが明らかとなった。そのことが自覚され、犯罪の重さが反映された刑法典の改正作業が進められていることも前述したとおりである（一参照）。また、裁判員裁判導入以来十余年を経て、改正作業以前から性犯罪の量刑、特に強姦致傷罪の量刑が重い方へシフトしていることも確認した（四参照）。

しかし、性犯罪は、厳罰化することによってのみ、防止できる犯罪なのであろうか。最近の研究では、性犯罪加害者には「認知の歪み」[40]が見られ、その点を治療しなければ、単に厳しい刑罰を科すのみで変わることはなく、再犯の危険性はなくならないと考えられている。

例えば、藤岡淳子教授は、性を手段とした暴力としての「性暴力」の実態、性暴力被害の実態を記述し、関係性の病としての性暴力が感情・認知・行動の悪循環であり、精神医学や心理学的理解のみならず「社会」や「文化」という視点を加えた「治療教育」の必要性・重要性を説くが、筆者もその視点を共有する。世界的にも再犯率の劇的な改善には至っていないようだが、それは治療プログラムの無効性を示すものではなく、性犯罪予防の困難性を示しているように思われる。

メディア等で性犯罪の原因を性欲(本能)のみに求める言説が未だにまかり通り、その影響を受けたのではないかと疑われる法曹さえ存在する日本社会の考え方は時代遅れであり、欧米では、相当以前から「(加害者が自覚するか否かに拘らず)女性やマイノリティ・差別に端を発した支配欲」も原因であると捉えられるようになってきており[41]、それが正しいとすれば、それは正に社会に蔓延する男女不平等も根本原因の一つであるのだから、その解決は容易ではないのである。

六 性犯罪と裁判員裁判——おわりに代えて

以上、「性犯罪の量刑はどうあるべきか」という点については、量刑の本質構造により他の犯罪同様、性犯罪の違法性が正しく理解されることが重要という観点から、性犯罪の違法性・保護法益に関する最新の知見を紹介した。そこから導かれることは、日本の明治四〇年の刑法典における性犯罪規定は、当時の家父長制下の価値観を反映したものであり、保護法益は「家」の男系の血統を守るための「貞操」という社会的法益であった。そこでは、被害者である女性の人権である性的自己決定権(あるいは、心身の完全性[42]、身体的内密領域への侵害に対する防御権[43])は、一切問題となっていなかったといってよい。貞操を守るためには、被害者である女性も強く抵抗すべきであり、その抵抗が弱いために貞操を奪われたことについて、その女性自身も非難されるような扱いが裁判上なされてきたことは、世界共通の負の歴史である。欧米では、一九七〇年代以降、そのような女性の人権を踏みにじる「強姦法」に対する反省から、ジェンダーに配慮した性中立的な「性的暴行法」への改革を遂げたにも拘らず日本は取り残され、一〇〇年以上前の男性中心主義の価値観を引きずった現行刑法典の性犯罪規定を適用し続けてきた。二一世紀に入り一五年以上が経過し、欧米に遅れること三〇年以上を経てようやく改正の動きが出てきたが、法を適用する裁判官や裁判員がその意義・解釈について正しく理解し、適切な量刑を行うことが、今後の課題である。事実認定の際に重要となる、裁判官や裁判員の「経験則」も、従来のように裁判官の個人的経験や知識のみに基づいた単なる思い込みではなく、批判に耐えうる「客観的な科学的法則」でなければならない。そして、そのような厳密な作業から導きだされる量刑は、ある程度峻厳なものとなることは避けられないものの、単なる厳罰化のみでは、性犯罪防止のために不十分であろう。性犯罪で苦しむ被害者を減らしてゆくために、刑罰の中でより効果的な治療教育(プログラム)が行われることが望ましい。

最後に、「性犯罪は裁判員裁判になじむか」という点については、裁判員裁判で性犯罪を裁くことのメリットとデメリットを比較考量し、前者が後者を上回るのであれば、性犯罪は裁判員裁判に適しているとの結論が導けよう。裁判員裁判で性犯罪を裁くことのデメリットとしてよく挙げられる点は、⑴被害者のプライバシー侵害の危険と⑵感情に流された厳罰化の危険であるが、⑴については、上記三⑵で述べたような方策により、その危険性は軽減できよう。⑵についても、上記四で述べたように、感情に流されてというよりは、従来性犯罪を裁いてきた職業裁判官の方がむしろジェンダー・バイアスに基づく「強姦神話」に捕らわれ、性犯罪を軽い犯罪とみて軽い量刑を行ってきたきらいがあり、裁判官ではなく一般市民の方が性犯罪の悪質性について正しく把握でき、より重く適切な量刑を行える可能性が示されたと捉えることもできよう。

このように考えると、⑴被害者のプライバシー保護を徹底し、⑵本稿で強調してきたような性犯罪の違法性・保護法益(上記二参照)を裁判官と裁判員が正しく理解するとともに、事実を判断する際、時代遅れのジェンダー・バイアスや「強姦神話」に囚われることなく、最新の精神医学的・心理学的知見を取り入れた真の「経験則」(上記三参照)を用いることができれば、職業裁判官であろうと裁判員であろうと、性犯罪の量刑を正しく行うことが可能となろう。しかし、暗数が多く、少数の異常者による稀有な犯罪では決してなく、誰でも被害者あるいは加害者になりうる性犯罪を、より市民感覚に近い身近な裁判で適正に裁くことを目指すのであれば、裁判員こそ、まさに性犯罪を裁くのにふさわしいと結論することができよう。

従来「裁判員に性犯罪を裁かせることは危険なのではないか」という「職業裁判官」や「法学者」の危惧が少なからず存在したようだが、(44) 真の危険は、むしろ性犯罪の違法性、保護法益、被害の実態が正確に理解されず、「経験則」もジェンダー・バイアスや時代遅れの「強姦神話」に基づいており、罰せられるべき加害者が無罪や不当に軽い刑に処せられ、逆に被害者は二次被害(セカンド・レイプ)やＰＴＳＤに苦しんできた日本の刑事裁判そのものに潜んでいたのではないかと強調したい。

(1) 井田良「裁判員裁判と量刑」論究ジュリスト二〇一二年二号五九頁。裁判員裁判と量刑一般については、原田國男『裁判員裁判と量刑法』(成文堂・二〇一一)参照。
(2) 井田・前掲論文(注1)六一頁、同『講義刑法学・総論』(有斐閣・二〇〇八)二八頁以下参照。
(3) 井田・前掲論文(注1)六二頁。
(4) 例えば、第二東京弁護士会両性の平等に関する委員会司法におけるジェンダー問題諮問会議編『事例で学ぶ司法におけるジェンダー・バイアス(改訂版)』(明石書店・二〇〇九)や、大阪弁護士会人権擁護委員会性暴力被害検討プロジェクトチーム編『性暴力と刑事司法』(信山社・二〇一四)所収の刑事判例参照。島岡まな「男性化された犯罪」ジェンダーと法九号(二〇一二)一七頁以下等でも指摘している。
(5) 神山千之「事実認定における経験則とジェンダー・バイアス」日弁連両性の平等に関する委員会編『性暴力被害の実態と刑事裁判』(信山社・二〇一五)一〇五頁以下参照。

(6)　筆者も一〇年以上前から繰り返し主張してきた。例えば、島岡「ジェンダーと現行刑法典」現代刑事法五巻二号(二〇〇三)一三頁以下、同「ジェンダーとフランス刑事法」『慶応の法律学(刑事法)』(慶応大学出版会・二〇〇八)一四五頁以下、同「フランス刑法における性犯罪の類型と処罰について」刑法雑誌五四巻一号(二〇一四)四九頁以下、同「性犯罪の重罰化」法セミ六〇巻三号(二〇一五)三九頁以下等参照。

(7)　報告書は、法務省のHPからダウンロードできる(http://www.moj.go.jp/content/001154850.pdf)。

(8)　審議会議事録は、法務省のHP(http://www.moj.go.jp/shingi1/shingikai_seihan.html)からダウンロード可能である。

(9)　特に、性交類似行為を男性の陰茎の女性器、肛門、口腔への挿入に限ったことは、(家父長制度の下で男系の血統の維持を目的としていた)従前の強姦法の考え方を引きずったもので、処罰範囲を不当に狭めるものである。先進諸外国では、すでに一九八〇年代にそのような古い考えを脱却し、女性の心身の完全性を保護法益とする「性的暴行法」という視点から、陰茎のみならずそれ以外の異物の挿入等も性的暴行と評価するに至っている上、カナダ刑法では、その「挿入」要件さえ消滅しているという。最近の諸外国の性犯罪規定に関する有益な紹介として、「〈特集〉性犯罪規定の比較法的研究」刑事法ジャーナル四五号(二〇一五)四頁以下参照。

(10)　例えば、浅田和茂・井田良編『新基本法コンメンタール刑法』(日本評論社・二〇一二)三八四頁以下の筆者による性犯罪の解説や、前注6に掲げた拙稿等を参照。

(11)　改正案と検討会の議論に対する批判として、島岡「性犯罪の保護法益及び刑法改正骨子への批判的考察」井田良教授退職記念論文集(慶應法学三七号・二〇一七)一九頁以下参照。

(12)　例えば、昭和三六年の改正刑法準備草案三一七条、昭和四九年の改正刑法改正草案三〇一条においても、地位・関係性を利用した性犯罪を規定しようと試みられたが、改正が実現されることはなかった。

(13)　刑法上の構成要件によって守られるべき利益である保護法益は、生命、身体、自由、財産等個人に属する「個人的法益」と公共の安全、公共の信用等社会に属する「社会的法益」、及び公務、国の存立等国家に属する「国家的法益」に三分類されるが、「女子に対する姦淫」を処罰する強姦罪(一七七条)の保護法益が被害女性の個人的法益ではなく、当時の家父長制度における「家」の男系の血統を守るための「貞操」であり、当時のままの規定を二一世紀まで存続させれば、いくらその「解釈」を無理に変更したとしても、その価値観は社会の根底に存続すると言っても過言ではなかろう。

(14)　団藤重光『刑法各論〔第三版〕』(創文社・一九九〇)四八九頁、大塚仁『刑法概説〔各論〕〔第三版増補版〕』(有斐閣・二〇〇五）九七頁、大谷實『刑法講義各論〔新版第三版〕』（成文堂・二〇〇九）一〇九頁等参照。

(15) 大塚・前掲書（注14）九七頁、大谷・前掲書（注14）一一〇頁、西田典之『刑法各論〔第六版〕』（弘文堂・二〇一二）八八頁、山口厚『刑法各論〔第二版〕』（有斐閣・二〇一〇）一〇五頁、佐久間修『刑法各論〔第二版〕』（成文堂・二〇一二）一〇五頁、井田良『刑法各論〔第二版〕』（弘文堂・二〇一三）五三頁等参照。

(16) 筆者は、この点を前掲『新基本法コンメンタール刑法』（注10）の解説や島岡「フランス刑法における性犯罪の類型と処罰について」（注6）、同「ジェンダー刑法学入門」法セミ六一巻六号（二〇一六）二五頁以下等で何度も強調してきた。

(17) 平成一六年に下限が三年以上の有期懲役に引き上げられるまで、明治四〇年の制定から一〇〇年近く、強盗罪の下限（五年以上）の半分以下の二年以上であったことが、「女性の性的自由を財産より軽視している」と批判されてきた。

(18) 数少ない示唆に富む論考として、斉藤豊治「性暴力犯罪の保護法益」斉藤他編『セクシュアリティと法』（東北大学出版会・二〇〇六）二二一頁以下、成瀬幸典「「性的自由に対する罪」に関する基礎的考察」同『セクシュアリティと法』二五一頁以下等参照。最近のものとして、辰井聡子「「自由に対する罪」の保護法益――人格に対する罪としての再構成」岩瀬徹他編『刑事法・医事法の新たな展開・町野朔先生古稀記念』（信山社・二〇一四）所収参照。

(19) 島岡「フランスにおける性刑法の改革」前掲『性暴力と刑事司法』（注4）一七八頁以下など、参照。

(20) 井田良「性犯罪の保護法益をめぐって」研修八〇六号（二〇一五）一頁以下。

(21) 前掲『事例で学ぶ司法におけるジェンダー・バイアス〔改訂版〕』（注4）一四八頁、吉田容子「データから見る性暴力被害の実態――判決で描かれる性暴力被害と実態との乖離」前掲（注5）『性暴力被害の実態と刑事裁判』一四頁以下参照。

(22) 例えば、宮地尚子「精神科医から見た性暴力被害の実態」前掲（注5）『性暴力被害の実態と刑事裁判』四一頁以下参照。

(23) 吉田容子「日本における性犯罪の被害実情と処罰にかかわる問題」刑法雑誌五四巻一号（二〇一四）六頁以下、同「データから見る性暴力被害の実態――判決で描かれる性暴力被害と実態との乖離」前掲（注5）『性暴力被害の実態と刑事裁判』三頁以下参照。

(24) 最判平成二一・四・一四（刑集六三・四・三三一）。

(25) 最判平成二三・七・二五（集刑三〇四・一三九）。

(26) 吉田・前掲論文（注21）、神山・前掲論文（注5）参照。

(27) 以下の記述は、宮地尚子・前掲論文（注22）四五頁以下からの引用である。

(28)　最二小決平成二四・七・二四（刑集六六・八・七〇九）。
(29)　宮地・前掲論文（注22）「精神科医から見た性暴力被害の実態」五六頁引用のKesslerらの研究。
(30)　このことは、性暴力被害者支援センターへの相談事例等からも明らかであるとされる。田中嘉寿子『性犯罪・児童虐待ハンドブック』（立花書房・二〇一四）七頁。
(31)　田中嘉寿子「性犯罪被害者がなぜ抵抗困難であるかをどう聴くか――あるべき経験則と聴取法を求めて」ジェンダーと法一三号（二〇一六）家族法判例／性被害と刑事法九六頁以下参照。
(32)　田中嘉寿子・前掲書（注30）一五頁以下。
(33)　注26に挙げた吉田論文、神山論文も参照。
(34)　性犯罪の被害申告率は、一四・八％という調査報告がある（法務省法務総合研究所編『犯罪白書』二〇〇四）。
(35)　番敦子「被害者支援の立場からみた刑事法の問題点」ジェンダーと法一三号（注31）八四頁以下参照。
(36)　番・前掲論文（注35）参照。
(37)　法制審議会刑事法（性犯罪関係）部会第一回会議配布資料。
(38)　平山真理「裁判員裁判と性犯罪」立命館法学二〇〇九年五・六号六六八頁以下、小島透「裁判員裁判による量刑の変化――統計データから見た裁判員裁判の量刑傾向」中京法学四九巻三・四号（二〇一五）七三頁以下等参照。
(39)　田中嘉寿子・前掲書（注30）三頁以下。
(40)　藤岡淳子『性暴力の理解と治療教育』（誠信書房・二〇〇六）参照。
(41)　例えば杉田聡『レイプの政治学』（明石書店・二〇〇三）、牧野雅子『刑事司法とジェンダー』（インパクト出版会・二〇一三）等も参照。
(42)　島岡・前掲論文（注19）参照。
(43)　井田・前掲論文（注20）参照。
(44)　もちろん、刑事被告人・被疑者の権利が最大限尊重されるべきことは当然の話である。ただ、弁護人も性犯罪被害の実態を正確に把握し、無用に性犯罪被害者の人権を侵害するような防御方法に走るべきではない。宮村啓太「性犯罪事件の刑事弁護活動」前掲書（注5）一八一頁以下も参照。

9　裁判員裁判における評議の現状と課題
——裁判員と裁判官の実質的協働を実現するための提言——

國井恒志

はじめに

本稿は、現在の裁判員裁判における最も深刻な問題は評議であるという認識の下、裁判員裁判において求められる評議の在り方を確認し（一）、続いて、①評議一般（二）、②事実認定評議（三）及び③量刑評議（四）についての現状と課題、解決の方向性をそれぞれ検討し、最後に、裁判員と裁判官の実質的協働を実現するという観点から、裁判員制度の基本モデルを提示し、併せて、評議における裁判官の基本的な役割について提言する（五）ものである。

一　裁判員裁判における評議の在り方

1　裁判員制度の概要

裁判員制度は、司法に対する国民の理解の増進とその信頼の向上（「裁判員の参加する刑事裁判に関する法律」（以下「裁判員法」という）一条）を目指して導入されたものであり、国民の中から選ばれた裁判員が刑事裁判に参加し、裁判官と一緒に、被告人が有罪かどうか、有罪の場合、どのような刑にするのかを決める制度である。

裁判員制度の対象となる事件は、殺人、強盗致死傷、強姦致死傷、現住建造物等放火等の法定刑に死刑又は無期の懲役若しくは禁錮を含む事件や、傷害致死等の故意の犯罪行為で人を死亡させた事件である（裁判員法二条一項）。このような国民の関心の高い重大事件については、基本的に裁判官三人（「構成裁判官」というが、以下、単に「裁判官」という）と裁判員六人の合議体で審理され（裁判員法二条二項）、法令の解釈や訴訟手続に関する判断等は裁判官のみが行うが、裁判員は、裁判官とともに、①事実の認定、②法令の適用、③刑の量定を行う（裁判員法六条）。裁判員は、二〇歳以上の有権者の中から無作為に選ばれるが、広く国民の良識を裁判に反映させるという裁判員制度の趣旨から、法律専門職などは除かれている（裁判員法一五条）。

裁判員は、他の五人の裁判員や三人の裁判官と一緒に刑事裁判の審理に出席し、証人尋問や被告人質問といった証拠調べ手続や、検察官や弁護人の主張を聴く弁論手続に立ち会い、そのうえで、評議において裁判官と対等の立場で議論し、お互いに自分の意見を述べるとともに、お互いの意見をよく聞いて、議論を尽くし、被告人が有罪か否か、有罪の場合はどのような刑にするかを決めることになる。

裁判員裁判の評議では、①事実の認定、②法令の適用、③刑の量定（「量刑」ともいう）は、裁判官及び裁判員の合議により決定し、④法令の解釈に関する判断は、裁判官の合議により決定する（裁判員法六条）。裁判官及び裁判員は、評議に出席して意見を述べなければならず（裁判所法七六条、裁判員法六六条二項）、裁判官及び裁判員の合議による場合は、裁判官及び裁判員の双方の意見を含む合議体の員数の過半数により、裁判官の合議はその過半数の意見による。

裁判官は、評議の経過並びに各裁判官の意見及びその多少の数については、秘密を守らなければならず（裁判所法七五条二項）、裁判員も、裁判官及び裁判員が行う評議並びに裁判官のみが行う評議であって裁判員の傍聴が許されたものの経過並びにそれぞれの裁判官及び裁判員の意見並びにその多少の数については、これを漏らしてはならない（裁判員法七〇条一項)。これは、「評議の秘密」といわれるものであるが、裁判の公正やこれに対する信頼を確保するとともに、評議における自由な意見表明を保障するために定められている。

2 裁判員裁判における現在の課題

裁判員裁判は、平成二一(二〇〇九)年五月の施行から七年以上を経過し、これまで約七万人の国民が裁判員や補充裁判員(以下では、「裁判員」と「補充裁判員」を特に区別することなく、単に「裁判員」という)を経験しているが、国民の高い意識と誠実な姿勢に支えられながらおおむね順調に運営されており、アンケート調査でも、多くの裁判員経験者によって肯定的に評価されている。

しかし、その現状をみると、①公判準備の長期化、②選任手続への出席率の低下と辞退率の上昇傾向、③見て聞いてその場で分からないような公判審理と審理時間のいたずらな長期化傾向、④「沈黙」と「混沌」と「不平等」が支配する評議、⑤裁判員が読んでも理解できないような判決書などの問題が山積している。

これらの問題のうち、現在、最も深刻な状況にあるのが評議である。なぜなら、評議を除く他の問題については、実務家によって不十分ながらも問題意識が共有され、一応の検討がなされつつあるところであるが、評議の問題については、評議の秘密のためか、これまで実務家の間で広く問題意識が共有されたことがほとんどない上、裁判員によるアンケート、公開されている各庁の裁判員の意見交換会の内容、さらには、全国各地で行われている裁判員制度施行後の模擬評議の様子などを調査すると、評議における裁判員と裁判官の実質的協働は、裁判員制度施行前の準備段階よりも進歩していないどころか、むしろ退化しているのではないかとも思われるからである。

評議の問題は、大きく二つに分けることができる。一つは、評議の内容、つまり、評議の中身の問題であり、もう一つは、評議の方法、つまり、評議の進め方の問題である。前者の評議の内容の問題は、要するに、評議の時間の多くが公判審理の復習に費やされているというものである。本来、評議は法廷における証拠調べの結果に基づいて行われるものであるが、公判審理における証拠調べが分かりにくく、裁判員にとって理解できない場合には、裁判員は、結局、評議における裁判官の説明によって検察官や弁護人の主張や立証を理解することになる。この点は、裁判員によるアンケートの結果からは、あまり表面化しないが、事案の真相を公判で明らかにするという公判中心主義の観点からも問題である上、裁判官の説明が裁判官の主観的な解釈が入ったものとなる可能性は否定できず、裁判員と裁判官の実質的協働の確保という観点からも軽視できない問題である。しかし、評議の内容の問題の核心は、評議にあるというよりも、「見て聞いてその場で分からないような公判審理」にあり、公判準備の在り方にも関わる問題でもある。本稿では、もっぱら後者の評議の方法の問題を中心に検討することとする。

3　裁判員裁判における評議の在り方

(一)　裁判員裁判の中核的要素としての評議

裁判員裁判は、大きく、公判準備、裁判員の選任、公判審理、評議及び判決の五つのパートに分かれるが、公判準備と公判審理は、裁判員裁判の対象にはならない刑事事件にも共通する手続であり、判決は、評議の成果の反映である。そうすると、裁判員の選任と評議が、裁判員裁判の独自のパートということになるが、裁判員の選任は、広い意味の公判の準備の一部といえるから、結局、評議こそが、裁判員裁判の中核的要素であり、まさに、裁判員と裁判官の実質的協働が正面から問われる場面であるといえる。

(二)　裁判員裁判における評議に求められるもの

では、このような裁判員裁判の中核的要素である評議に求められるものは何か、裁判員法の規定とその立法の経緯、さらに、最高裁の裁判例から検討してみたい。

裁判員法六六条は、評議に関して次のとおり規定している。すなわち、①裁判員の参加する合議体における裁判員の関与する判断のための評議は、裁判官及び裁判員が行う。②裁判員は、前項の評議に出席し、意見を述べなければならない。③裁判長は、必要と認めるときは、①の評議において、裁判員に対し、裁判官の合議による法令の解釈に係る判断及び訴訟手続に関する判断を示さなければならない。④裁判員は、③の判断が示された場合には、これに従ってその職務を行わなければならない。⑤裁判長は、①の評議において、裁判員に対して必要な法令に関する説明を丁寧に行うとともに、評議を裁判員に分かりやすいものとなるように整理し、裁判員が発言する機会を十分に設けるなど、裁判員がその職責を十分に果たすことができるように配慮しなければならない。

裁判員法の立法の経緯をみると、司法制度改革審議会意見書では、裁判員が関与する意義は、裁判官と裁判員が責任を分担しつつ、法律専門家である裁判官と非法律家である裁判員が相互のコミュニケーションを通じてそれぞれの知識・経験を共有し、その成果を裁判内容に反映させるという点にあるとされ、さらに、司法制度改革推進本部(裁判員制度・刑事検討会)の井上正仁座長によれば、審議会意見は、「裁判官と裁判員との相互のコミュニケーション」、「知識・経験の共有」ということを強調しており、そこでは、裁判官と裁判員のどちらか一方が中心あるいは主役というのではなく、裁判官と裁判員のいずれもが主役であり、それぞれ異なるバックグランドを持ちながらも、対等な立場で、かつ相互にコミュニケーションを取ることにより、それぞれの異なった知識・経験を有効に組み合わせて共有しながら、協働して裁判を行うという制度が構想されている、と説明されている。

さらに、裁判員制度の合憲性について判断した最大判平成二三年一一月一六日刑集六五巻八号一二八五頁は、「裁判員制度は、司法の国民的基盤の強化を目的とするものであるが、それは、国民の視点や感覚と法曹の専門性とが常に交流することによって、相互の理解を深め、それぞれの長所が生かされるような刑事裁判の実現を目指すものということができる。その目的を十全に達成するには相当の期間を必要とすることはいうまでもないが、その過程もまた、国民に根ざした司法を実現する上で、大きな意義を有するものと思われる」と判示している。

(三)　裁判員裁判における評議の在り方

以上の裁判員法の規定とその立法の経緯、さらに、最高裁の裁判例によれば、裁判員裁判における評議は、次のような要請を満たすものでなければならないというべきであろう。

まず、裁判員裁判における評議は、「裁判員と裁判官の合議体」というチームで行われ、そのチームの中で、裁判官は、裁判員に対して必要な法令に関する説明を丁寧に行う義務、評議を裁判員に分かりやすいものとなるように整理し、裁判員が発言する機会を十分に設ける義務など、裁判員がその職責を十分に果たすことができるように配慮する義務を負っているということである。なお、裁判員法六六条五項の「裁判長」は、裁判官の最終的な責任者を示すもので、陪席裁判官も同じ義務を負っているものと解され、「裁判員の参加する刑事裁判に関する規則」(以下「裁判員規則」という)五〇条も、「裁判官は、評議において、裁判員から審理の内容を踏まえて各自の意見が述べられ、合議体の構成員の間で、充実した意見交換が行われるように配慮しなければならない」と規定している。

次に、裁判員制度は、国民の視点や感覚と法曹の専門性とが常に交流することによって、相互の理解を深め、それぞれの長所が生かされるような刑事裁判の実現を目指すものであるから、そのためには、裁判官と裁判員との相互の「双方向のコミュニケーション」と「知識・経験の共有」が実現できるものでなければならない。

最後に、裁判員と裁判官の関係は、裁判官と裁判員のどちらか一方が中心あるいは主役というのではなく、裁判官と裁判員のいずれもが主役であり、それぞれ異なるバックグランドを持ちながらも、対等な立場で、かつ相互にコミュニケーションを取ることにより、それぞれの異なった知識・経験を有効に組み合わせて共有しながら、協働して裁判を行うことが求められている。

二　評議一般に共通する現状と課題、解決の方向性

1　評議において裁判員と裁判官の実質的協働は実現できているか

(一)「評議のベクトル」と在るべき評議の姿

評議におけるコミュニケーションの質と量を分析する道具として、「評議のベクトル」という考え方がある。例えば、裁判長が裁判員に一回質問する場合は、「裁判長→裁判員」というベクトルになる。そして、裁判員が裁判長の質問に答えると、「裁判員→裁判長」というベクトルになる。この会話のベクトルを分析したものが評議のベクトルである。

そして、評議のベクトルを用いて、理想的な評議のコミュニケーション、すなわち、裁判官と裁判員が、対等な立場で、相互に双方向のコミュニケーションを取っている状態を示すと、個々の発言や会話の差はあるかもしれないが、おおむね次の**図1**のような無数のベクトルが記録されるはずである（なお、図1は、見やすいように、矢印部分は省略し、双方向のベクトルは一本の線で示している）。

しかし、実際の評議のベクトルは、後述の病理現象として説明するように、一方通行で不完全なコミュニケーションになっていることが多い。

(二)　裁判員に立ちはだかる三つの壁

裁判員裁判において、裁判員には、三つの壁が立ちはだかっている。それは、①法律の壁、②事件の壁、そして、

③会議の壁である。

評議は、国民の視点や感覚と、裁判官の専門性とを背景に、裁判員と裁判官の実質的な協働が求められる裁判員制度の核心をなす場面である。しかし、裁判員法が制定された当時から、評議における裁判員と裁判官の実質的協働には大きな課題があることが指摘されていた。すなわち、①裁判や法律の専門家でもなく、そもそも裁判所にほとんど来たことのない市民が、はたして法律専門家である裁判官と対等の立場で議論して意思決定ができるのか（法律の壁）、また、②裁判員は、公判審理を通じて、事件の内容を理解することができるのか（事件の壁）、③仮に見て聞いて分かる公判審理が実現できたとしても、評議の場で、裁判員が裁判官の意見に迎合してしまったり、裁判官の議事進行次第で裁判員たちの自由な意見交換が阻害されてしまったりすることが往々にして生ずるのではないか、多くの裁判官は、このような事態にならないように努めるであろうが、裁判官は、法律の専門家であって、コミュニケーションやファシリテーションの専門家ではなく、裁判官がこれまで蓄積してきた法律的な知見や経験だけでは対処できないのではないか（会議の壁）、などである。

実際、裁判員制度施行前の模擬評議ではこれらの課題が明らかになり、①「法律の壁」に対しては、先に述べた裁判員に対して必要な法令に関する説明を丁寧に行う裁判官の義務（裁判員法六六条五項）の重要性が説かれ、また、司法研究の一環として、『難解な法律概念と裁判員裁判』（二〇〇九・司法研修所編・法曹会）が発表され、②「事件の壁」に対しては、人証中心の立証活動等の実務家による努力が強調され、③「会議の壁」に対しては、

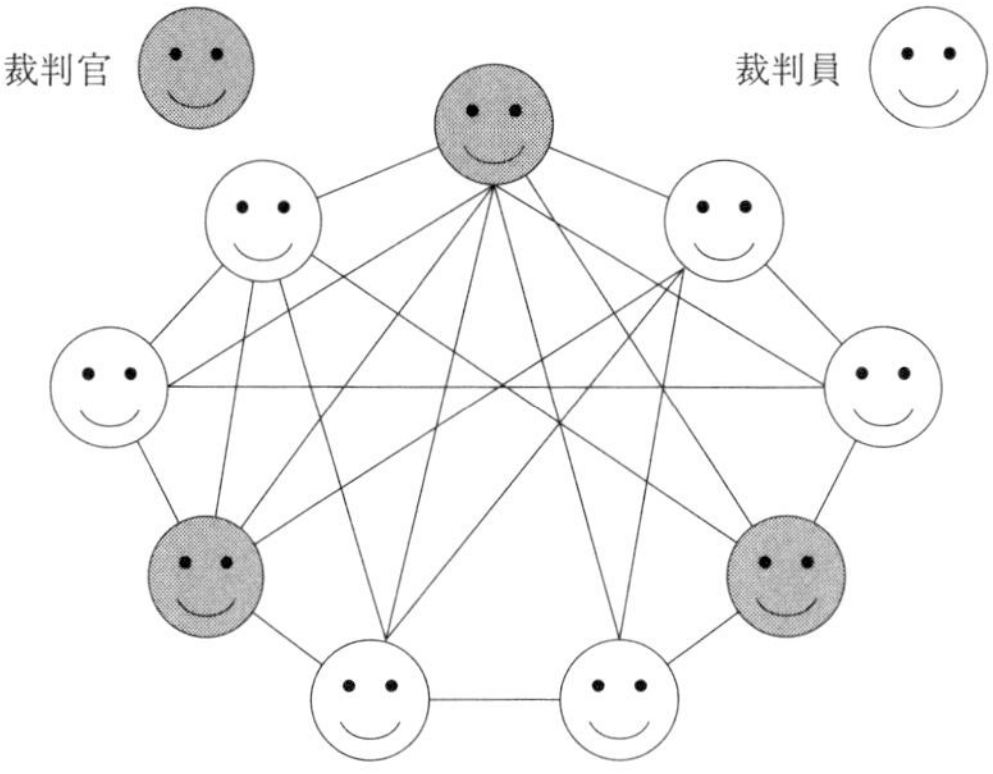

図1　理想的な評議のコミュニケーション

コミュニケーション研究によって得られた知見の活用等が提言された。しかし、その後の各種の調査結果等をみると、特に③の「会議の壁」については、毎年度の裁判員等経験者に対するアンケートの調査結果報告書でも「話しにくい雰囲気であった」という回答は二％弱にとどまり、評議における話しやすさは高いポイントを示しているが、具体的な裁判員の意見では、裁判官の「誘導」を示唆するものや裁判官によるレールや道筋を指摘するものも散見されている。加えて、次に述べる裁判員制度施行から数年を経過して全国で行われるようになった最近の模擬評議等もみると、裁判員制度施行前に指摘された課題は依然として残っていると言わざるを得ない。

(三) 模擬評議の光と影

裁判員制度施行から数年を経過して全国で行われるようになった最近の模擬評議には「光」の部分と「影」の部分がある。「光」の部分は、量刑評議の在り方に関する部分である。すなわち、裁判員裁判における量刑評議については、裁判員制度施行以前から各種の研究が行われていたが、二〇一二年一〇月に公刊された『裁判員裁判における量刑評議の在り方について』(法曹会)、最判平成二六年七月二四日刑集六八巻六号九二五頁、そして、二〇一五年六月に公刊された司法研修所の教材である『プラクティス刑事裁判』(法曹会)などによって、現在では、量刑の本質は行為責任にあり、量刑判断の具体的なプロセスとして裁判員量刑検索システムを利用した量刑の傾向を踏まえること(この意味で、量刑の傾向は「量刑のマグナカルタ」的な機能を営んでいる)が裁判官のコンセンサスとなっており、最近の模擬評議の目的の一つは、このような量刑評議の裁判官のコンセンサスを当事者に示すことによって、量刑事情に関する的確な主張立証を当事者に促すことにある。これが、模擬評議の「光」の部分である。

他方、模擬評議は、必然的に裁判員と裁判官のコミュニケーションの様子とそこに潜む評議の方法の問題点も明らかにすることになった。これが模擬裁判の「影」の部分である。

最近の模擬評議にみられた特徴をいくつか指摘すると、①裁判長と裁判員の一対一のやりとりが続く「教室型」のコミュニケーションになっている、②少数派の裁判員に対する裁判長の「説得」のコミュニケーションがみられる、という点が挙げられる。①は、評議が、意見を交わして議論をするというよりは、各裁判員と陪席裁判官から意見を聴取するというグループインタビューに近い構造となっているという現象である。②は、裁判長が、少数派の裁判員に対して、集中的に質問したり、対立する側の主張のみを取り上げて、それに対する意見を少数派の裁判員に求めるという現象であり、こうした司会役の裁判長のふるまいは、裁判員に意見を変えるよう無言の圧力となる可能性が高い。このような状況では、裁判官と裁判員の立場は対等とは言えず、「裁判官と裁判員のいずれもが主役」とは言い難い。

また、最近の模擬評議については、③裁判官の質問の意図とそれに対する裁判員の理解の間にずれが生じる、④各論点についての合意がなされたか・結論が出たのかどうかが曖昧なまま次の論点に移る、⑤合意した内容を議論の履歴として共有する工夫がない、⑥各自が量刑の判断をどのように行うのかの道筋が明示されない、といった点も指摘されている。③の例としては、裁判長が「行為の客観的な危険性」について質問しているにもかかわらず、裁判員が「被告人の当時の気持ち」について答えるというやりとりが挙げられるが、これは裁判長の質問が、量刑の評価にどう結びつくのかを裁判員が理解していないことに起因していると考えられる。また、④及び⑤については、ホワイトボードに板書するなどして、出された意見や合意内容を共有し常に参照できる環境になっていないこと、そのため、裁判員から反論が出にくく、全員の意見がどのようにそのまとめに反映されたのかが分からないといった問題が生じている。⑥は、量刑を決める上で、どのような点を考慮すべきか、量刑評議をどのように進めるかについて、裁判官だけが理解しており、裁判員との間でその知識や前提が共有されていないこと、そしてそれを共有する工夫を行っていないことに由来する問題である。このような混沌とした評議では、裁判官と裁判員との相互の「双方向のコミュニケーション」と「知識・経験の共有」の実現は困難であろう。

さらに、「従来の量刑傾向を踏まえる」ことについても、⑦裁判長が、裁判員の意見に対して、従来の量刑傾向の枠内に収まることを志向するような評価をしたり、⑧裁判長が、裁判員の意見に対して他の事例を挙げることで、バランスを取ろうとすることがある。⑦の例としては、裁判員が「懲役三年執行猶予三年。執行猶予を三年にしたのは五年だと長すぎるし三年が一番短いので」と述べたのに対し、裁判長が「後でデータを見たらいいですが、猶予期間三年は短めの猶予期間ではあります」と、猶予期間が短いという評価を行う場面が挙げられる。⑧の例としては、示談が成立していることを考慮に入れるべきだという裁判員の意見に対し、裁判長が「示談金と執行猶予を連動させるというご意見がありますが、示談の場合、多くは即金で払っています」と述べたりすることである。法の下の平等を守るためには、従来の量刑傾向から大きく逸脱した量刑となることは避けるべきであるが、問題はその方法である。⑦や⑧で述べた方法は、「裁判員と裁判官が、対等な立場で、かつ相互にコミュニケーションを取ることにより、それぞれの異なった知識・経験を有効に組み合わせて共有しながら、協働して裁判を行うという制度」の構想からは外れており、裁判員の量刑判断の自由度との兼ね合いとの間でどう折り合いをつけるべきか検討する必要があろう。

以上の最近の模擬評議の状況は、裁判員裁判における評議の在り方とは大きく異なっている。裁判員制度施行前の模擬評議においても、裁判官と裁判員の意見が異なった場合、裁判官が裁判員を説得して、自らが正しいと信じる事実認定や量刑に導くという場面があったが、これに対しては、裁判員制度の眼目は、裁判官と裁判員の「一つのチーム」としての協働にあり、裁判官が検討・判断の対象を提示し、自らの信じる結論に向かって裁判員を説得するというのであれば、裁判官と裁判員はいわば対置構造の関係に位置付けられることになり、「一つのチーム」としての協働という理念からは程遠いものと言わざるを得ないことや、当事者追行主義の観点からも問題があることが指摘されていた。最近の模擬評議の様子は、裁判員制度施行前のいくつかの模擬裁判において課題として指摘されてきた点が少なくなく、評議の手法がほとんど進歩していないことを示している。

最近の模擬評議がおおむね裁判員裁判の経験の豊富な裁判官によって行われていることを考慮すると、実際の評議において裁判員と裁判官の実質的協働は実現できていない可能性が高いと言わざるを得ないのではないだろうか。

2　評議の進め方の現状と課題

(一)　評議の進め方における病理現象

評議一般に共通する現状と課題のかなりの部分は、既に指摘した最近の模擬評議の状況等に現れているが、ここでは、より問題を明確にするために、評議の進め方における病理現象を整理して検討しておきたい。

ア　「教室型」評議

「教室型」評議とは、司会役の裁判長が「教師」、裁判員が「生徒」となり、裁判長が評議の主導権を握りながら進める評議である。

教室における教師と生徒のコミュニケーションを分析したメハン（Mehan）によると、授業活動の秩序は、ＩＲＥ連鎖とよばれるやりとりの連鎖によって生み出され、かつ、維持されているという。ＩＲＥとは、Initiation（開始）―Response（応答）―Evaluation（評価）の頭文字であり、要するに、教室の授業は、①教師の質問（開始）→②生徒の応答（応答）→③応答に対する教師の評価（評価）の三項目（ＩＲＥ）の連鎖によって成り立っているという分析である。例えば、①教師が「アメリカ大陸を発見したのは誰ですか?」と質問し、②生徒が「コロンブスです」と答え、③教師が「本当にそう思いますか?」と発言する、というやりとりである。最後の教師の発言には、生徒の回答に対する消極的な評価が示されている上、次の話題に移行するか否かは、教師が生徒の応答を了承するか否かによって決定されるため、教師と生徒の関係が対等ではないことが分かる。

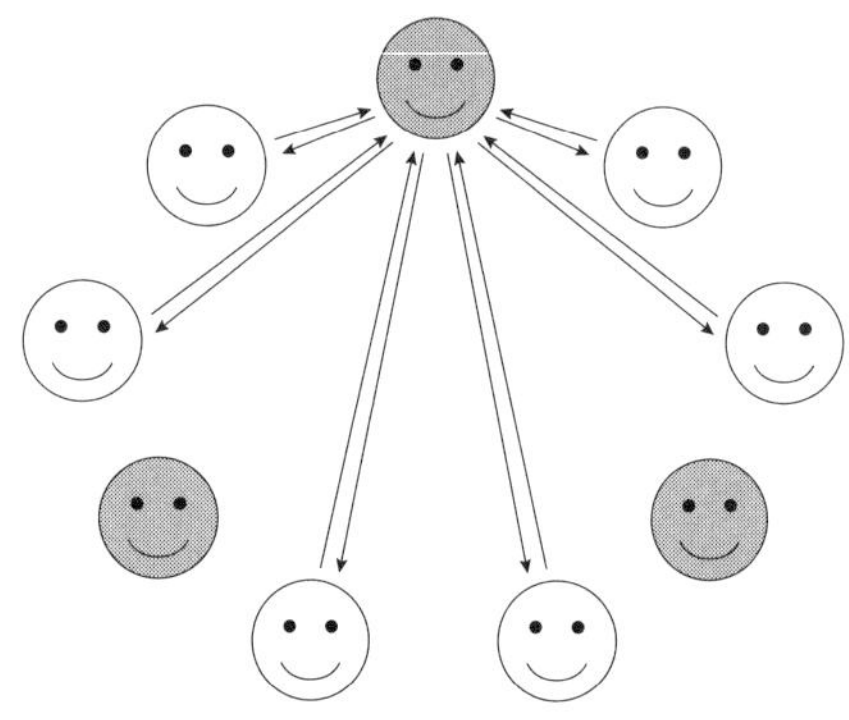

図2　教室型評議のコミュニケーション

「教師」を裁判長、「生徒」を裁判員に置き換えると、①裁判長が「被告人は、Aさんに対して殺意を持っていたと思いますか?」と質問し、②裁判員が「とっさのことですから、殺意を抱いたというのは言い過ぎだと思います」と答え、③裁判長が「本当にそう思いますか?」と発言する、というやりとりである。最後の裁判長の発言は、裁判員の回答に対する消極的な評価が示されているだけでなく、裁判長が、次の話題に移行するか否かという評議の主導権を握っており、裁判長と裁判員の関係が対等でないことが分かる。このような「教室型」評議を評議のベクトルで示すと、**図2**のようになる。

「教室型」のコミュニケーションが成立する背景には、学校の教室では、「教師」が「生徒」に対して圧倒的に優位な地位に立っていることがある。そして、裁判員裁判において、裁判官は、法律や裁判の専門家であるだけでなく、裁判員に対して必要な法令に関する説明を丁寧に行う義務(裁判員法六六条五項)を負っており、そこに、法廷で訴訟を指揮する「裁判長」の権威が加わると、司会役の裁判長は、教室の教師以上に、裁判員に対して圧倒的に優位な地位に立つことになる。

しかも、実際の評議では、裁判長と裁判員のやりとりに他の裁判官(陪席裁判官)が加わることによって、裁判に関する知識や経験において圧倒的に優位な地位に立つ「裁判官チーム」が顕在化し、裁判長の評議の主導権を一層強固にする状況が生じることがある。例えば、③の裁判長の発言の後に、④陪席裁判官が「刃物を使って、お腹を一〇センチ以上刺しているのだから、殺意はあるとみるべきではないですか?」などと発言する場合である。こうなると、裁判員と裁判官は、対等な立場どころか、裁判長を頂点とする**図3**のようなヒエラルキーが形成されてしまう。

このような「教室型」評議では、「裁判官と裁判員のいずれもが主役」とはならず、「双方向のコミュニケーション」と「知識・経験の共有」の実現は難しいと言わざるを得ない。

イ 「事情聴取型（インタビュー型）」評議

「事情聴取型（インタビュー型）」評議は、裁判長が評議の司会を務める場合によくみられるもので、司会役の裁判長が、裁判員の意見を聞く際に、順番に当てたり、時には指名して、裁判員から意見を事情聴取する評議である。

「事情聴取型」が成立する背景には、裁判員に意見を述べてもらわなければいけないという要請があり、司会役の裁判長としては、評議の沈黙を避けつつ、評議の内容面で議論を誘導したり、リードしたりしないように気を付けているつもりであるが、実際は、裁判員から意見を聞き出すだけの集団インタビューの状況になっており、そこに双方向のコミュニケーションはなく、評議のベクトルのパターンとしては、図2の教室型評議のコミュニケーションと同じである。

事情聴取型の問題点は、裁判長の指名又は事情聴取を受けているものだけが発言でき、その他のメンバーには発言権が与えられない点にある。のみならず、最近の模擬評議に現れているように、裁判長が少数派に対してインタビューを続けることにより、暗黙のうちに少数意見の撤回を迫るなど、少数派の説得のコミュニケーションとして用いられるという問題もある。最近では、検察官の求刑を超える量刑には説明責任が求められることが多いためか、求刑超えの意見を有する裁判員に対して、裁判長が執拗にインタビューを続けたりする例もある。

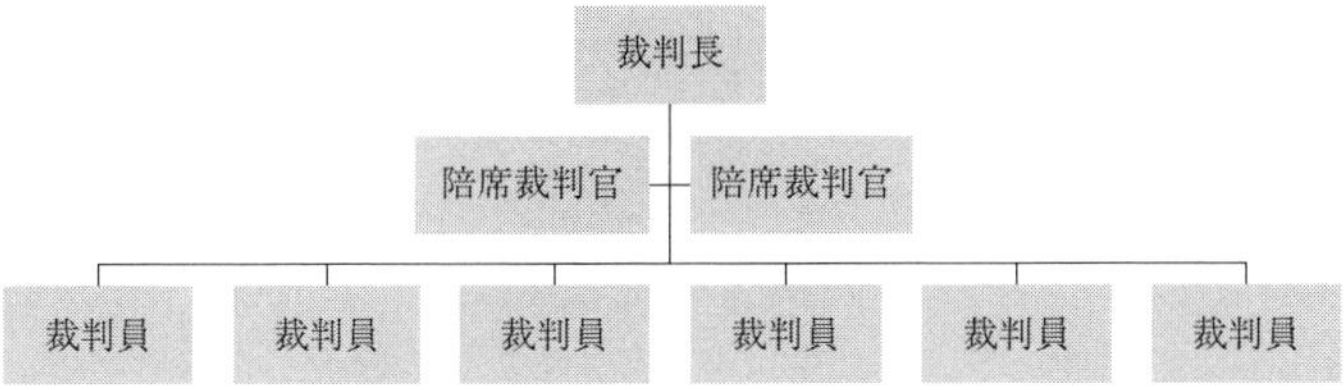

図3 「教室型」評議のヒエラルキー

ウ　「支配型（コントロール型）」評議

「支配型（コントロール型）評議」は、大きく二つに分けることができる。一つは、積極支配型であり、もう一つは、消極支配型である。

積極支配型は、裁判長が、評議を積極的に支配しようとするもので、裁判員制度施行前の模擬評議に時折みられたタイプである。例えば、司会役の裁判長が、自分の意見を通したいがために、法令の説明に名を借りて、私見をとうとうと論じるケース、「御異議ありませんか」又は「みんな大体同意見ですね」という発言を繰り返して反対意見が出しにくい進行を続けるケース、反対派を質問攻めにしたりするケースなどが典型である。また、裁判長の評決権は、本来、他の裁判官や裁判員と同じく一人一票のはずであるにもかかわらず、裁判長は議論に加わらず、意見が拮抗又は混乱した状況で、まるで会社の取締役会における議長決裁のように、裁判長が最後に自らの意見を鶴の一声のように表明して他の裁判官や裁判員もその意見に従うというケースもある。

さすがに積極的支配型は、評議の在るべき姿とかけ離れていることが誰の目から見ても明らかであるため、最近はこのタイプは減っていると思われる。最近の模擬評議でもみられるのは、消極支配型である。

裁判官は、評議の前提として、裁判員に対して必要な法令に関する説明を丁寧に行うことや、裁判員が審理の内容を踏まえて各自の意見が述べられるように配慮することが求められているが（裁判員法六六条五項、裁判員規則五〇条）、消極支配型は、このような説明や配慮を適切に行わないことによって評議を支配するというタイプである。

例えば、裁判員が証拠の内容を誤解しているのをそのまま放置するケース、責任能力の有無が争いになっている事件で、医療観察制度を説明せず、責任能力を否定すると被告人が無罪放免となって社会に戻るだけであるかのような誤解を与えてしまうなどの法制度の説明を適切に行わないケース、量刑評議において、裁判員量刑検索システムについて十分説明せず、裁判員に困惑を与えつつ、裁判官が自らの意見の根拠だけを説明するケース、などがある。

裁判員が、公判審理の内容のみならず、法律や裁判制度を理解しなければ、裁判官と裁判員が、対等な立場で、「双方向のコミュニケーション」と「知識・経験の共有」を実現することはできないはずである。消極支配型は、裁判官の説明義務違反や公判審理の分かりにくさに由来するものであり、裁判官が裁判員に対する法律や裁判制度の説明や見て聞いて分かる公判審理の重要性を十分認識しなければ、どの裁判官も無意識的に消極支配型に陥ってしまうおそれがある。

(二)「沈黙」と「混沌」と「不平等」が支配する評議

最近の模擬評議の様子や評議の進め方における病理現象などを通じて、評議が「混沌」と「不平等」に支配されてしまう現状を指摘したが、このような現状が生じる前提として、評議における「沈黙」について検討しておきたい。

評議は、沈黙からはじまるのが普通である。この沈黙を避けるため、裁判長は、教室の授業のように講義を始めたり、裁判員の意見を聞き出すためにインタビューを始めたりする。また、「話しやすい雰囲気だった」という評価を気にしているためか、「思ったことは何でも発言して下さい」と言って、自らその後の評議の「混沌」状態を作り出すケースもある。さらに、「裁判官は聞き役に徹するべきである」という意見は、一面では正しいが、「なぜ裁判長や裁判官は最初に意見を言わないでよいという「後出しジャンケン」のような「特権」を持っているのか」と、その不平等さに憤りや違和感を感じる裁判員もいる。評議における「沈黙」への対応が、評議の「混沌」と「不平等」が支配する評議を生み出しているといってもよい。

裁判員が沈黙する、つまり、意見を言うことができないのは、その前に分からないことがたくさんあるからである。法律が分からないこともあれば、裁判制度が分からないことも、審理の内容が理解できないこともある。司会役の裁判長の質問自体が理解できない、また、質問が理解できても、見ず知らずの人の前で発言する恥ずかしさや戸惑いもある。考える時間（シンキングタイム）もほしい。裁判員になったのも初めてで、評議も初めてという裁判員の立場からすれば、いつどこで何をどのようなタイミングで話したらよいのかも分からない。このような多岐にわたる沈黙の原因を具体的に認識し、その原因に応じた対策をとることが必要である。

3　解決の方向性＝「市民に学ぶ」

では、このような評議一般に共通する現状と課題は、どのようにして解決していけばよいのだろうか。

(一)　市民に学ぶ

一つの解決の方向性は、裁判官の「市民に学ぶ」姿勢である。

ここでいう「市民」とは裁判官以外、法律の専門家以外の人という意味である。評議の沈黙の原因は多岐にわたり、評議における沈黙に適切に対処し、混沌と不平等な病理現象を防ぐためには、裁判や法律の世界だけでは対処できないことは明らかであろう。

裁判員裁判が始まるようになると、裁判官の中には、「評議」が何か裁判官にとって特別なものであるかのように考える傾向がみられた。しかし、「評議」は、広い意味の「会議」の一種にほかならない。「会議」そのものは古くて新しい問題であり、「会議」の進め方に関しては、既に裁判の外の世界に豊富な知見が溢れている。先に述べた「沈黙」と「混沌」と「不平等」という問題は、会議一般の問題として昔から指摘されてきたことであり、コミュニケーション論を中心とした心理学や心理学的知見を応用した会議の研究分野に多くの処方箋がある。実は、裁判員の中には会議のプロのような人も少なくなく、裁判官による評議の進め方そのものも、他職のプロによる厳しい視線が注がれていることもある。このような法律学以外の分野の知見を活用しなければ、評議の理念を語ることはできても、これを実践することは困難であろう。

㈡　プレゼンテーション

評議に関して、裁判官は、裁判員に対して必要な法令に関する説明を丁寧に行うことが求められる（裁判員法六六条五項参照）。この説明は、裁判官の裁判員に対するプレゼンテーションそのものであり、プレゼンテーションに関する参考書は巷に溢れている。裁判官は、公判審理において、検察官や弁護人に対して、プレゼンテーション能力の向上を指摘することが少なくないが、裁判官自身も、評議におけるプレゼンテーション能力が求められていることを自覚すべきであろう。

㈢　ファシリテーション

裁判官は、評議を裁判員に分かりやすいものとなるように整理し、裁判員が発言する機会を十分に設けるなど、裁判員がその職責を十分に果たすことができるように配慮しなければならない（裁判員法六六条五項）とされている。このような配慮は、「ファシリテーション」にほかならない。「ファシリテーション」とは、グループが目標を達成できるように、ファシリテータが体系的にグループのプロセスの構築と管理をしながら会議を進行させることである。「ファシリテータ」とは、メンバーの参加を促しながら、グループを導き、グループの作業を容易にする人のことであり、まさに評議における裁判官の役割そのものといえる。ファシリテーションの基本的なスキルは、「質問をする」「耳を傾ける」「分かりやすくいいかえる」「明確に表現する」「要約する」などであり、その多くは、各種のコミュニケーションに役立つとともに、チームの活動のあらゆる場面で欠かせないものである。

評議の発展段階という観点から、ファシリテータの役割を説明すると、第一段階は、ファシリテータ（F）がメンバーの参加を促し（図４　ハブ＆スポークモデル）、続いて、第二段階は、ファシリテータが中心となってメンバーすべてが評議に参加するようになり（図５　中心コミュニケーションモデル）、やがて、第三段階として、ファシリテータを介さずともメンバー同士のコミュニケーションが活発となり、ファシリテータは議論が脱線しないようにガイド役に徹するようになる（図６　Ｐ２Ｐ（Peer to Peer：ピア・トゥ・ピア）モデル（安部二〇一五））。ピア（peer）、つまり、「同輩」、「同僚」、「仲間」が、対等な立場で相互に活発なコミュニケーションを取る図６のＰ２Ｐ型が評議の在るべき姿である。

裁判員裁判では、裁判官と裁判員のいずれもが主役であり、それぞれ異なるバックグランドを持ちながらも、対等な立場で、かつ相互にコミュニケーションを取ることにより、それぞれの異なった知識・経験を有効に組み合わせて共有しながら、協働して裁判を行うという制度が構想されている。意見や背景の異なる人々が議論する方が、同じ意見や背景の人々ばかりで話し合うよりも、多様な角度から問題を吟味するので、誤りに気づきやすいし、新しい発想も生まれやすい。しかし、そのためには、誰もが自由に発言できる状況を作る必要がある。「教師」や「議長」が発言の順番を統制したり、一定の思考枠を設けたりすると、少数派の意見が押しつぶされ、問題の細部や深部にまで検

第1段階

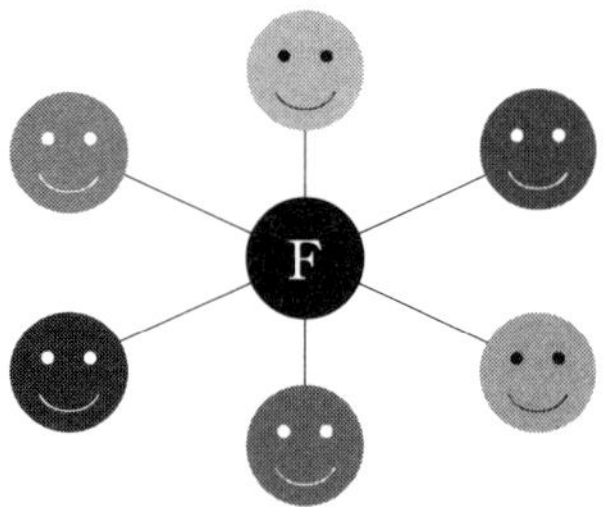

図４　ハブ＆スポークモデル

第2段階

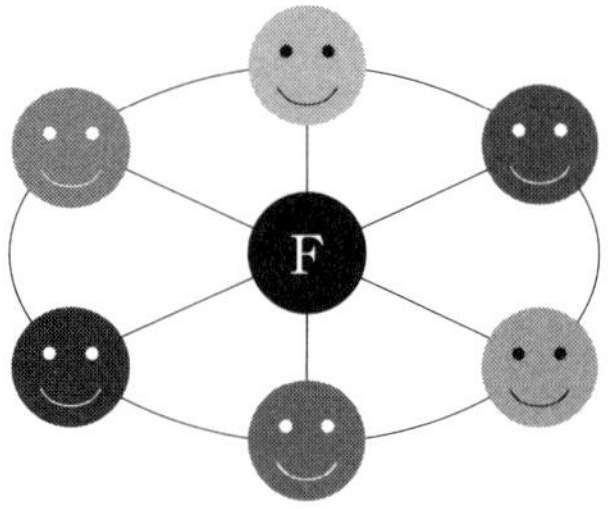

図５　中心コミュニケーションモデル

第3段階

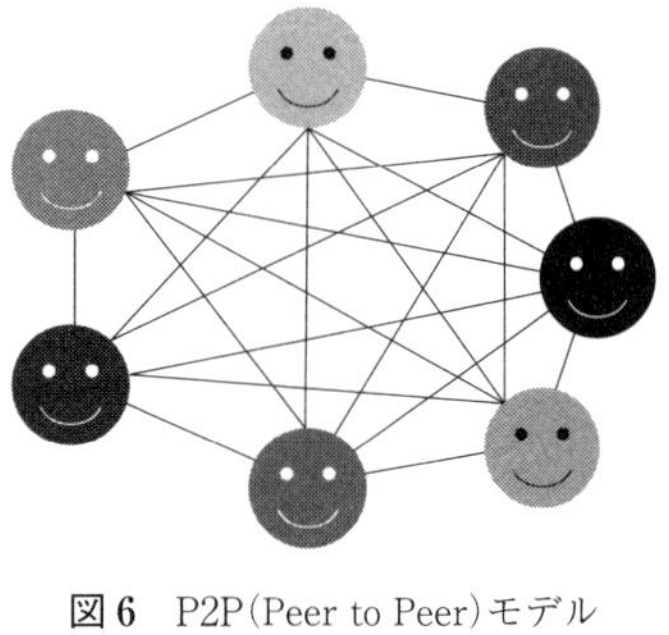

図６　P2P（Peer to Peer）モデル

討が及ばない。

(四)「四相の言葉」の使い分けと付箋紙法

ファシリテーションの知見を利用した評議の病理現象に対する特効薬としては、「四相の言葉」の使い分けと「付箋紙法」がある。

「四相の言葉」の使い分けとは、評議の進行役が、①宣言(すること、したことを宣言)、②整理(意見の促し、確認、進行)、③解説(法律の解説)、④陳述(自分の意見を述べる)の四つのカテゴリーの言葉を使い分けることであり、これによって、進行役が「教師」になることや議論の後戻りなどを防ぐというものである(西條美紀「外在化と共有のための評議デザイン」三島二〇一五：七八)。

付箋紙法は、裁判官と裁判員が、七五ミリメートル四方の付箋紙に意見等を無記名で書き、ホワイトボードに張っていくという、簡単でほとんどコストがかからない方法であるが、①裁判員と裁判官の意見表明の同時性・平等性・匿名性・客観性を確保し、②意見の分布がホワイトボードで明らかになり、裁判体全体の評価を一覧で共有でき、③能動的、積極的活動による評議・審理への主体的参加と協力を促し、④評議の質、量、効率性を確保し、⑤評議の記録機能と明確な議事進行が可能になり、⑥判決作成過程の「見える化」と効率化も実現できるなど、「四相の言葉」の使いわけとともに、裁判員と裁判官が対等な立場で相互にコミュニケーションを取る上で多くのメリットがある手法である(大塚裕子・本庄武・三島聡「付箋紙法」三島二〇一五：一〇八、村山二〇一一)。

(五) 評議の理念と実践

ここに示したのはほんの一例であるが、プレゼンテーションやファシリテーション等のコミュニケーションに関する知見は、評議の進め方に関する様々な問題を解決する知恵に溢れている。これまで、評議の理念や裁判官の役割については、法曹又は法律学の研究者の手によって多くの優れた論文が発表されている。しかし、法律学の知見だけでは、評議の理念を実践することは困難である。裁判官が市民に学ぶ姿勢は、裁判員と裁判官の実質的協働を実現するために必要不可欠といえる。

三　事実認定評議の現状と課題

1　裁判員裁判は、冤罪を防ぐことができるか

裁判員裁判における事実の認定は、裁判官と裁判員の合議による(裁判員法六条一項)。刑事裁判で取り扱う事実は、具体的な国家刑罰権の発動の前提となる犯罪事実と、量刑にとって重要な意味を有する事実である。刑事裁判においては検察官が原則として立証責任を負っているから、事実認定に関する評議は、弁護人の弁論を踏まえて検察官の論告を評価、検討し、検察官の主張する事実が合理的な疑いをいれない程度に認められるかどうかを中心に議論し、暫定的な心証(主観的な認識や確信)を基礎に構成員(メンバー)相互の心証を検討しながら評議を行い、最終的な判断に至ることになる。

最高裁は、覚せい剤密輸事件において、第一審の裁判員裁判の無罪判決を控訴審が破棄・自判して有罪とした事案について、「刑訴法は控訴審の性格を原則として事後審としており、控訴審は、第一審と同じ立場で事件そのものを審理するのではなく、当事者の訴訟活動を基礎として形成された第一審判決を対象とし、これに事後的な審査を加えるべきものである。第一審において、直接主義・口頭主義の原則が採られ、争点に関する証人を直接調べ、その際の証言態度等も踏まえて供述の信用性が判断され、それらを総合して事実認定が行われることが予定されていることに

鑑みると、控訴審における事実誤認の審査は、第一審判決が行った証拠の信用性評価や証拠の総合判断が論理則、経験則等に照らして不合理といえるかという観点から行うべきものであって、刑訴法三八二条の事実誤認とは、第一審判決の事実認定が論理則、経験則等に照らして不合理であることをいうものと解するのが相当である。したがって、控訴審が第一審判決に事実誤認があるというためには、第一審判決の事実認定が論理則、経験則等に照らして不合理であることを具体的に示すことが必要であるというべきである。このことは、裁判員制度の導入を契機として、第一審において直接主義・口頭主義が徹底された状況においては、より強く妥当する」と判示して、控訴審の有罪判決を破棄し（最判平成二四年二月一三日刑集六六巻四号四八二頁。以下「二四年判決」という）、これにより、第一審の裁判員裁判の無罪判決が確定した。二四年判決は、裁判員裁判における第一審尊重の趣旨を確認したものとされている。

しかし、二四年判決の後も、第一審の裁判員裁判の無罪判決が控訴審で有罪判決となって確定した事例や、逆に第一審の裁判員裁判の有罪判決が控訴審で無罪となって確定した事例が後を絶たない。量刑不当による場合も同様であるが、裁判員裁判が上訴審で破棄された場合、破棄された裁判員裁判に加わっていた裁判員からすれば、一種の無力感のようなものが残り、刑事司法に対する国民の理解の増進とその信頼の向上という裁判員制度の目的（裁判員法一条）にも沿わないことになるおそれがある。裁判の正しさは、判断とその是正の繰り返しによって追求されていくものだとしても、裁判員裁判における事実認定の適正化は、裁判員裁判の目的からみても重要な課題である。

本稿では、裁判員裁判と「裁判官」裁判のどちらが冤罪を防ぐことができるのかという観点からではなく、事実認定の評議の方法という観点から、その現状と課題、解決の方向性について検討することとする。

2　事実認定の注意則と評議の断絶

事実認定の評議においても、裁判員には、①法律の壁、②事件の壁、③会議の壁という三つの壁が立ちはだかっている。①の法律の壁は、刑罰法令の理解の問題であり、殺意、正当防衛、責任能力などの法概念を理解しなければ、正しい事実認定はできないであろう。また、②事件の壁として、公判審理の内容、特に証拠調べの結果が分からなければ、やはり正しい事実認定はできない。さらに、現在、見過ごされていると思われるのは、事実認定の評議における③の会議の壁である。

冤罪を防ぐための事実認定の適正化の方策については、裁判員制度以前から、実務家を中心に研究されており、その成果も多く発表されている（代表的なものとして、司法研修所編の『情況証拠の観点から見た事実認定』『犯人識別供述の信用性』『共犯者の供述の信用性』『自白の信用性』、木谷明著の『事実認定の適正化』『刑事事実認定の理想と現実』『刑事裁判の心』、石井一正著『刑事事実認定入門〔第三版〕』、植村立郎著『実践的刑事事実認定と情況証拠〔第三版〕』等）。

しかし、これらの研究成果による事実認定の注意則をどのように事実認定の評議に生かしていくべきかについては、十分な検討がなされているとは言い難い。先人による事実認定の注意則に関する研究成果と、事実認定の評議が断絶してしまっている点が、現在の事実認定評議の現状であり、かつ、課題でもある。

3　解決の方向性：「先人に学ぶ」

適正な事実認定は、刑事裁判の永遠の課題の一つであり、裁判員制度施行後は、裁判員を交えた評議においても実現されなければならない。したがって、これまでの事実認定の適正化のための方策をどのようにして裁判員裁判の中に生かして行くべきかは、裁判員裁判の事実認定における重要な検討課題である。

先に裁判員裁判が上訴審で破棄される場合について言及したが、上訴審も、これまでの先人が築き上げてきた事実認定の注意則に関する研究に基づいていると思われる。裁判員裁判において求められているのは、これらの事実認定の注意則を生かし、更に発展させていくことである。では、どのようにして、このような事実認定の注意則に関する研究を、事実認定の評議に生かし、かつ、発展させていくことができるのだろうか。

一つの方向性は、冤罪を防ぐための事実認定の注意則を裁判員と「共有」することであるが、問題は、その共有の方法である。

裁判員裁判において、裁判官は、法律の専門家であることは求められているが、事実認定の専門家であることまでは求められていない。裁判官が自分が学んだ事実認定の注意則を裁判員に講義するようでは、裁判官と裁判員が、対等な立場で、「双方向のコミュニケーション」と「知識・経験の共有」を実現することは困難である。「刑事裁判における事実認定は、社会生活を営むことによって形成される経験則に基づいて行われるものであるから、裁判官の専権に属するものではなく、広く一般国民も十分なし得るものである。裁判員裁判は、多様な経験を有する国民の健全な良識を刑事裁判に反映させようとするものであるから、裁判官がこれまで形成した事実認定の手法を裁判員がそのまま受け入れるよう求めることは、避けなければならない」という堀籠判事の反対意見（最判平成二二年四月二七日刑集六四巻三号二三三頁）は正当な指摘を含んでいる。裁判員裁判の評議においては、「法令」と「経験則」を厳密に区別すべきことはもちろんであるが、裁判官の事実認定に関する知識や経験と、裁判員の事実認定に関する知識や経験を、相互に共有する方法が検討されなければならない。

一例として、強制わいせつ致傷や強姦致傷の事件で、被害者とされる女性の同意があったか否かが争点となる事例で、裁判官が、被告人との関係、客観的証拠との整合性、証言内容の合理性などの注意則を最初から説明するのではなく、ブレーンストーミングや付箋紙法などの方法を利用して、裁判官と裁判員が対等な立場で、証人の証言の信用性の判断基準を共有して、審理や評議に臨むという方法がある。

もう一つの方向性は、既に確立した事実認定の注意則を、「評議の準則」として評議の進め方に取り込む方法である。例えば、被告人が犯人か否か、殺人事件において被告人に殺意が認められるか、共犯事件において被告人と共犯者との間に共謀が認められるかなどの争点については、通常、間接事実による事実認定が問題となる。

間接事実による事実認定の基本構造は、間接証拠から間接事実を認定し、認定された間接事実から要証事実を推認するというものであり、まず、①間接証拠や他の間接事実から第一次的間接事実を認定し、次に、②認定された第一次的間接事実から要証事実を推認するという二段階構造になっている。したがって、間接事実による事実認定を巡って問題となるのは、①個々の間接事実を認定する過程、すなわち、主要事実を推認させる間接事実（特に第一次的間接事実）の立証の程度（以下「間接事実の認定」という）と、②認定された間接事実から要証事実（犯人性等）を推認する過程、すなわち、間接事実を総合して行う「合理的な疑い」を超える証明の有無（以下「要証事実の推認」という）の二点である。そして、個々の間接事実の認定の問題については、合理的な疑いを超えてなされる必要があるというのが、判例（最判昭和四五年七月三一日刑集二四巻八号五九七頁。いわゆる仁保事件上告審判決）及び多数説である。他方、要証事実の推認の問題は、間接事実による事実認定特有の問題であり、経験則・論理則に基づく推認が問題となる。

このような間接事実による事実認定の評議では、まず、①間接証拠や他の間接事実から個々の第一次的間接事実を認定できるか否かを評決し、次に、②認定された第一次的間接事実から要証事実を推認できるか否かを評決するという、二段階構造に沿った評議の進め方を「評議の準則」として確立することが考えられる。

四　量刑評議の現状と課題

1　刑事裁判は、敵討ちか見せしめか

裁判員裁判における量刑は、裁判官と裁判員の合議による（裁判員法六条一項）。裁判員制度の基本設計を議論した司法制度改革審議会では、量刑にこそ、一般国民の健全な社会常識を働かせて専門家と協働決定すべきであるとされ、

また、量刑に一般国民の刑事司法作用に対する最も大きな関心があり、刑事司法に対する理解の増進と信頼の向上という裁判員制度の目的からすれば、量刑判断への裁判員の直接の関与は当然とされた。

最高裁は、親による幼児に対する傷害致死事件において、「我が国の刑法は、一つの構成要件の中に種々の犯罪類型が含まれることを前提に幅広い法定刑を定めている。その上で、裁判においては、行為責任の原則を基礎としつつ、当該犯罪行為にふさわしいと考えられる刑が言い渡されることとなるが、裁判例が集積されることによって、犯罪類型ごとに一定の量刑傾向が示されることとなる。そうした先例の集積それ自体は直ちに法規範性を帯びるものではないが、量刑を決定するに当たって、その目安とされるという意義をもっている。量刑が裁判の判断として是認されるためには、量刑要素が客観的に適切に評価され、結果が公平性を損なわないものであることが求められるが、これまでの量刑傾向を視野に入れて判断がされることは、当該量刑判断のプロセスが適切なものであったことを担保する重要な要素になると考えられるからである。この点は、裁判員裁判においても等しく妥当するところである。裁判員制度は、刑事裁判に国民の視点を入れるために導入された。したがって、量刑に関しても、裁判員裁判導入前の先例の集積結果に相応の変容を与えることがあり得ることは当然に想定されていたということができる。その意味では、裁判員裁判において、それが導入される前の量刑傾向を厳密に調査・分析することは求められていないし、ましてや、これに従うことまで求められているわけではない。しかし、裁判員裁判といえども、他の裁判の結果との公平性が保持された適正なものでなければならないことはいうまでもなく、評議に当たっては、これまでのおおまかな量刑の傾向を裁判体の共通認識とした上で、これを出発点として当該事案にふさわしい評議を深めていくことが求められているというべきである」と判示して、これまでの量刑の傾向から踏み出して公益の代表者である検察官の懲役一〇年の求刑を大幅に超える懲役一五年に処した第一審判決及びこれを是認した控訴審判決を、具体的、説得的な根拠を示しているとは言い難いとして、量刑不当により破棄した（最判平成二六年七月二四日刑集六八巻六号九二五頁）。

最高裁判例によれば、刑事裁判は「敵討ち」や「見せしめ」ではなく、量刑は、行為責任主義といった量刑の本質を基本とした量刑判断の枠組みを裁判員が理解した上で、評議を行うことが前提となる。すなわち、①量刑評議においては、動機・行為態様・結果等の主要な犯情事実に着目して、被告人の犯罪行為をある程度類型化してとらえ、その類型における大まかな量刑の傾向を、裁判員量刑検索システムを利用して把握した上で、②重要な犯情事実（犯罪の客観的な重さ、犯罪行為の意思決定への非難の程度）を第一次的に考慮して、被告人の犯罪行為が上記類型の中でどこに位置するかを検討し、上記量刑傾向を視野に入れ、その犯罪行為にふさわしい刑の幅（例えば、懲役四年から七年）をイメージした上で、③刑の調整要素としての一般情状（特別予防、一般予防）等を第二次的に考慮して、最終的にピンポイントで具体的な刑（例えば、懲役五年）を決めることになる。

裁判員量刑検索システムは、成立した罪名を前提に、動機（怨恨、営利等）、行為態様（路上強盗、タクシー強盗などの犯罪類型による分類のほか、凶器の有無等を含む）、結果（被害者の数、傷害の程度、被害額等）などの検索条件を入力すると、棒グラフのかたちで量刑分布表が表示され、犯罪類型に応じて同種事例の大まかな量刑の傾向を視覚的に把握することができるシステムである。

2　量刑評議における裁判員量刑検索システムの活用の現状

量刑の評議においても、裁判員には、①法律の壁、②事件の壁、③会議の壁という三つの壁が立ちはだかっている。①の法律の壁は、量刑の公平性に対する理解の問題である。裁判員も、裁判官とともに司法権を行使する以上、憲法一四条の法の下の平等に従うのは当然である。量刑の公平性は、行為責任の原則の帰結として説明されることがあるが、憲法一四条の法適用の平等の一場面にほかならず、裁判員も、裁判官と責任を分担しつつ統治主体として国家権力の行使の主体となる以上は、法の支配の原理の下にある。裁判員制度は、法の支配の維持確保にかかわる制度でもある。

②の事件の壁は、裁判員が量刑理論に基づいて公判審理を理解できているかという問題である。被害者に対する同情や被告人の反省の程度などの一般情状にとらわれず、被告人が何をしたのかという行為責任の観点を中心に、公判審理を理解することが量刑評議のために必要不可欠であるが、裁判員量刑検索システムは、量刑理論を具体的に理解するうえでも有益なツールである。例えば、強盗致傷事件の裁判員裁判の場合に、裁判員量刑検索システムを利用して、殺人未遂罪の量刑の検索条件をいろいろと試して量刑分布の違いを実感してもらうことは、量刑理論の理解という観点からは有益な試みである。

③の会議の壁は、量刑評議における裁判員と裁判官の実質的協働の困難性という問題である。裁判員と協働して刑の量刑を行うことは、法曹、特に裁判官に対して量刑判断過程を裁判員に対して説明する義務を課しているが、量刑評議の実際において、本来、裁判官の意見が裁判員と対等な意味しかもたないにもかかわらず、まるで専権的事項に属する「法令の解釈」のように裁判員に受け取られてしまったり、そうでなくても、強い影響力を発揮して、裁判員の自由な意見表明を阻害するおそれは指摘されてきた。

最近の模擬評議でも、裁判員が一通り意見を言った後に、条件を絞り込んだ裁判員量刑検索システムのデータを提示し、裁判官が自分の意見を述べている場面があり、これは、裁判員量刑検索システムや裁判官の意見が裁判員の意見に影響を与えることを避け、裁判員の量刑判断の自由度を担保するためであると推察されるが、残念ながら、裁判員の反応からは、それらが正解であるかのように理解されている可能性が強く示唆されている。ここでは、正解を答える「裁判官」とそうではなかった「裁判員」という構図が出来上がってしまい、裁判官と裁判員が対等な立場にあるとは言い難い。

さらに、裁判員量刑検索システムでは、量刑分布グラフの基礎となる事例一覧表をみることもできるが、この事例一覧表の利用方法にも問題がある。

まず、裁判員が事例一覧表を全くみることができずにグラフだけで判断を迫られる場合、裁判員は、例えば、動機、被害結果等の犯情が量刑にどのように影響するのか分からないため、量刑理論だけを説明されても個別的な量刑について的確な意見を出すことが難しい。その結果、検察官の求刑を基準に判断することになり、裁判員が非法律家の刑事裁判に参加する意義を重視して、プロである検察官の求刑を超える量刑意見を述べることもある。これに対して、中立であるはずの裁判官が、「求刑は、被害者や国民の声を代表する国家機関の意見です」などと求刑の意義を説明すると、弁護人の量刑意見よりも検察官の求刑意見が正当であることを強調することになりかねず、当事者間の平等にゆがみが生じてしまう。

また、最近の模擬評議では、裁判官が自分の意見を支持する方向の事例しか紹介しないなど、事例一覧表の事例の選定次第で裁判員の印象が大きく左右される事態が明らかになり、事例一覧表によって裁判員を裁判官の考えに誘導するおそれが懸念されている(LIBRA二〇一五年一二月号三八頁)。

3　解決の方向性:「憲法に学ぶ」

量刑評議における裁判員と裁判官の実質的協働を確保するためには、憲法的価値観に基づく評議、具体的には、憲法一四条の法の下の平等に基づく評議を実現することが重要である。

量刑評議のキーワードは「平等」であり、根拠条文は、憲法一四条と刑訴法一条である。被告人間の平等(時間的、場所的平等)を図るために、裁判員量刑検索システムを活用することはもちろんであるが、検察官の求刑意見と弁護人の量刑意見を平等に評価するためにも、裁判員と裁判官の情報の平等のためにも、事例一覧表の適切な使用を含めて、裁判員量刑検索システムを十分に活用することが重要である。

五　裁判員と裁判官の実質的協働を求めて

1　裁判員制度の基本モデル

裁判員と裁判官の実質的協働を実現するという観点から、裁判員制度の基本モデルについて考えてみたい。

(一)　「裁判員対裁判官」という二項対立モデルからの脱却

司法制度改革審議会の議論に代表されるように、これまで裁判員制度は、図7や図8のように「裁判員対裁判官」という「二項対立モデル」のイメージでとらえられることが多かった。

しかし、このような「裁判員対裁判官」という二項対立モデルは、裁判員制度の姿を正しくとらえたものではない。

裁判員裁判は、原則として、三人の裁判官と六人の裁判員によって構成されているが、裁判員は一つのグループではなく、六人それぞれが個性ある存在として、六人の裁判員それぞれの様々な視点が審理に反映され、より多角的で深みのある裁判となることが期待されている。

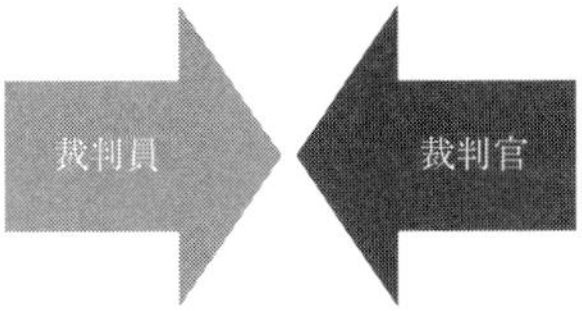

図7　二項対立モデル(対決型)

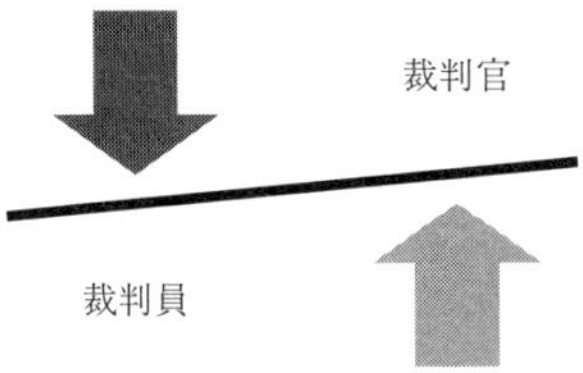

図8　二項対立モデル(圧力型)

他方、三人の裁判官は、通常、地方裁判所における裁判官のみの合議体と同じ構成であるため、一つのグループとしてとらえられがちである。しかし、裁判官の合議体は、裁判長と二人の陪席裁判官の三名で構成され、一般的に、裁判長は三名の中で最も経験の長い裁判官が担当し、右陪席裁判官は単独で審理判決ができる資格を持つ裁判官、左陪席裁判官は原則としておおむね五年未満の経験を持つ裁判官とな

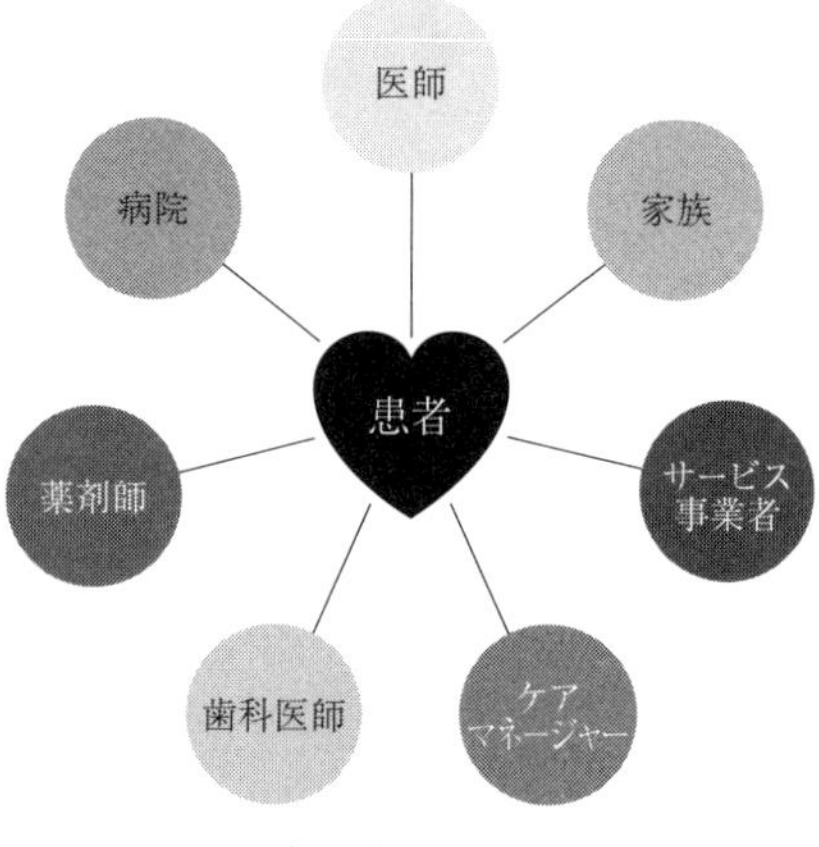

図9　多職種連携（在宅介護）

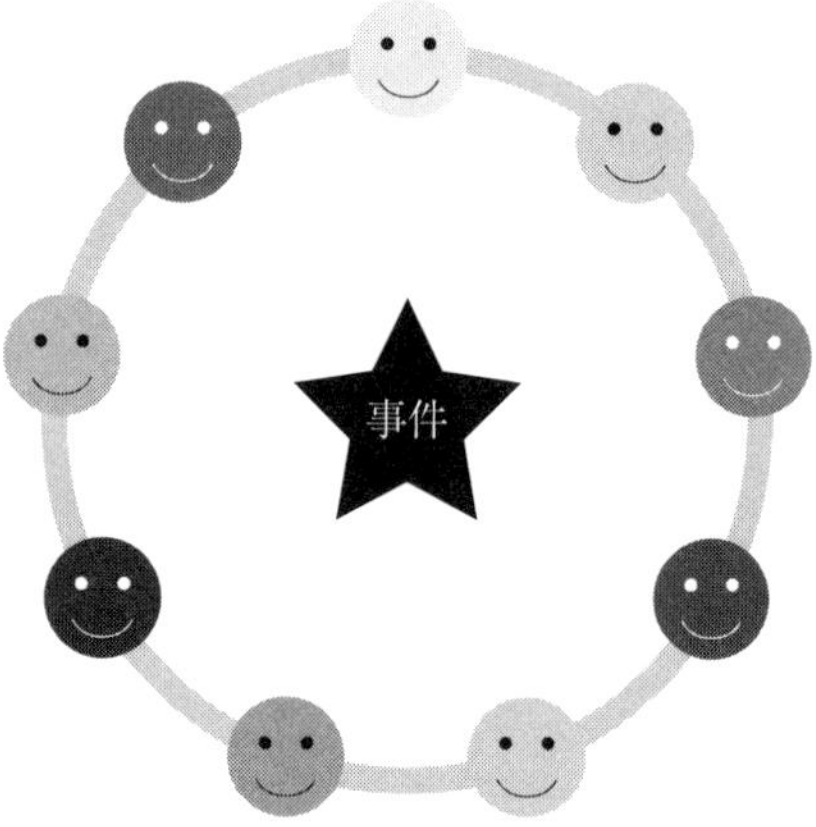

図10　多職種協働チーム

っている。そして、裁判員制度施行以前から、裁判官の合議体では、異なった経歴を持つ裁判官が、一人一票を前提に、自由な雰囲気でのびのびと発言できることや、反対意見を述べることが歓迎されており、裁判官三名それぞれが独立した個人であるべきことが期待されている。

こうしてみると、裁判員制度の基本モデルは、裁判官と裁判員の「誰もが」主役であり、それぞれ異なるバックグランドを持ちながらも、対等な立場で、かつ相互にコミュニケーションを取ることにより、それぞれの異なった知識・経験を有効に組み合わせて共有しながら、協働して裁判を行うという制度、つまり、「多職種協働モデル」にあるというべきであろう。

(二)　**「多職種協働モデル」による「チーム医療」**

実は、多職種が連携協働するモデルは、医療観察制度によって刑事司法にも身近となった医療の世界によくみられるモデルである（**図9**　多職種連携（在宅介護））。

裁判員制度では、裁判官三人と裁判員六人が、多職種協働チームとして、それぞれ異なるバックグランドを持ちながらも、対等な立場で、かつ相互にコミュニケーションを取ることにより、それぞれの異なった知識・経験を有効に組み合わせて共有しながら、一つの刑事事件について協働して裁判を行うことになる（図10　多職種協働チーム）。

(三) 多職種協働チームにおける評議の在るべき姿（裁判員裁判におけるジャッジメント・バイ・ワンズ・ピァズ）

では、多職種協働チームである裁判員裁判における評議の在るべき姿とはどのようなものであろうか。

評議の在るべき姿として、ピァ・トゥ・ピァモデル（P2Pモデル）を説明したが、「ピァ（peer）」という単語は、「同輩、同僚、仲間」という意味のほかに、「対等同格の市民」「公民として同等の地位にある人」という意味を持っている。「ジャッジメント・バイ・ワンズ・ピァズ（judgment by one's peers）」とは、自己の同輩による陪審のことであるが、もともとは、マグナカルタにおいて、訴追された貴族又は家臣がその同輩によって構成される封建的裁判所の裁判に服することを意味したが、その後、陪審裁判の意味に拡張して解釈されるようになった。まさに、裁判員裁判の原型は対等同格の市民による裁判にある。「対等同格」は、本来、被告人との対等同格を意味するが、裁判員と裁判官の実質的協働を実現するためには、多職種協働チームとしての裁判員制度の評議は、裁判員と裁判官が、対等同格の市民として、相互に活発なコミュニケーションを取りながら、事件の治療にあたるものでなければならない（図11　多職種協働チーム（P2Pモデル））。

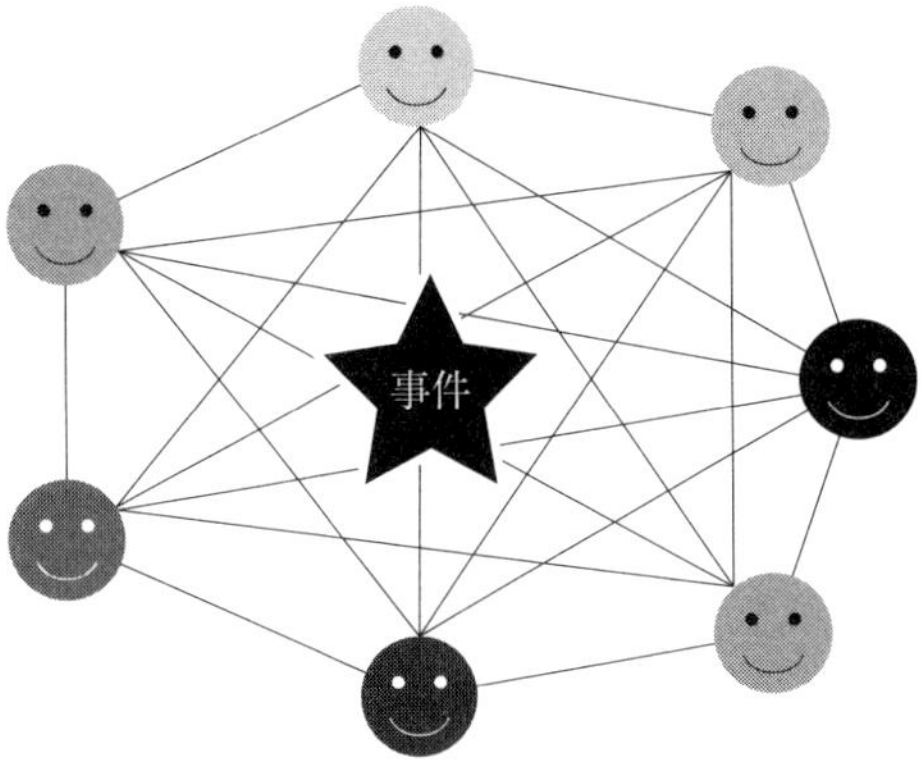

図11　多職種協働チーム（P2P モデル）

2　評議における裁判官の基本的な役割

最後に、評議における裁判員と裁判官の実質的協働という観点から、裁判員裁判における裁判官の基本的な役割について言及したい。

裁判員裁判において、裁判官は、これまで以上に緊密な法曹三者のコミュニケーションだけでなく、評議における裁判官と裁判員相互のコミュニケーションという新たな局面でのコミュニケーションが要求されるようになった。裁判員法は、裁判官に、①「必要な法令に関する説明を丁寧に行う」ことや②「評議を裁判員に分かりやすいものとなるように整理し、裁判員が発言する機会を十分に設ける」ことを求めている（裁判員法六六条五項）のはその一例であり、裁判官には、①プレゼンテーションや②ファシリテーションのスキルを身につけることが期待されているといえる。

さらに、裁判官には、③チームビルディングのスキルも期待されていることに留意しなければならない。「裁判員制度は、裁判員と裁判官が一つのチームとなって、協力し合い、充実した議論をして良い結論を出す、協働作業だと思っています」というのは、裁判員制度広報用映画「評議」のポスターの標語である。

従来、裁判員裁判は「裁判員対裁判官」という二項対立モデルによって捉えられることが多かった。しかし、現在は、このような二項対立モデルから脱却すべき時期に来ており、「裁判員の参加する合議体」（裁判員法二条一項）は、「裁判官及び裁判員」だけでなく、多様な個人から構成される「多職種協働チーム」であって、裁判員裁判は、重大犯罪という社会の病理現象に対処するための「チーム医療」の一環と捉えるべきであろう。裁判官は、評議における裁判員と裁判官の実質的協働を実現するために、このようなチームビルディングの役割も担うことを意識して、裁判員裁判を運用しなければならない。

参考文献

安部敏樹(二〇一五)『いつかリーダーになる君たちへ』日経BP社
五十嵐二葉(二〇一六)『こう直さなければ裁判員裁判は空洞になる』現代人文社
池田修・合田悦三・安東章(二〇一六)『解説裁判員法[第三版]』弘文堂
石松竹雄・伊佐千尋(二〇〇九)『裁判員必携——批判と対応の視点から』筑摩書房
井田良(二〇一四)「裁判員裁判の量刑評議における裁判官と裁判員の役割分担と協働」『川端博先生古稀記念論文集[下巻]』成文堂
伊藤雅人・前田巌(二〇一〇)「裁判員との量刑評議の在り方」『原田國男判事退官記念論文集』判例タイムズ社
今崎幸彦(二〇〇六)「裁判員裁判における複雑困難事件の審理——司法研修所における裁判官共同研究の概要」判例タイムズ一二二一号
大谷吉史(二〇一五)「評議と評決の在り方」『裁判員裁判時代の刑事裁判』成文堂
岡本浩一・鎌田晶子(二〇〇六)『属人思考の心理学』新曜社
岡本浩一(二〇一六)『会議を制する心理学』中央公論新社
川上拓一(二〇〇六)「裁判員の参加する刑事裁判における評議に関する覚書」『小林充先生・佐藤文哉先生古稀祝賀刑事裁判論集 下巻』判例タイムズ社
河本雅也ほか(二〇〇九)「「模擬裁判の成果と課題」について」判例タイムズ一二八七号
釘山健一(二〇〇八)『「会議ファシリテーション」の基本がイチから身につく本』すばる舎
久保田康司(二〇一二)『ビジネスリーダーのためのファシリテーション入門』同文舘出版
グロービス(二〇一四)『ファシリテーションの教科書』東洋経済新報社
小坂井敏晶(二〇一一)『人が人を裁くということ』岩波新書
裁判員裁判とコミュニケーション研究会(二〇〇八)「小特集・裁判員制度における評議デザイン論の展開①〜③」法律時報八一巻八号〜一〇号
裁判員裁判とコミュニケーション研究会(二〇〇九)「裁判員裁判における評議の進め方(上)(中)(下)」判例時報二〇五〇号、二〇五二号、二〇五三号
酒巻匡(二〇一二)「裁判員制度における量刑の意義」『三井誠先生古稀祝賀論文集』有斐閣

佐藤幸治(二〇一二)「裁判員制度が拓いた新たな地平」論究ジュリスト二号
司法研修所編(二〇〇九)『裁判員裁判における第一審の判決書及び控訴審の在り方』法曹会
司法研修所編(二〇一二)『裁判員裁判における量刑評議の在り方について』法曹会
司法研修所刑事裁判教官室編(二〇一五)『プラクティス刑事裁判』法曹会
高原正良(二〇一一)「裁判員裁判における評議に関する一考察——法曹以外の関係諸科学の論考等を踏まえて」『植村立郎判事退官記念論文集第三巻』立花書房
田口真義編著(二〇一三)『裁判員のあたまの中』現代人文社
田口守一・川上拓一(二〇一〇)「裁判員裁判の半年を振り返って」Law & Practice 四号
名古屋地方裁判所刑事プラクティス検討委員会「量刑評議の標準的進行イメージ」判例タイムズ一四二三号五頁
原田國男(二〇一四)「裁判員裁判の量刑の在り方」刑事法ジャーナル四二号四三頁
原田國男(二〇一七)『裁判の非情と人情』岩波新書
半田靖史(二〇一〇)「裁判員裁判における評決の対象」『原田國男判事退官記念論文集』判例タイムズ社
堀公俊(二〇〇四)『ファシリテーション入門』日経文庫
堀公俊・加藤彰・加留部貴行(二〇〇七)『チーム・ビルディング』日本経済新聞出版社
三島聡ほか(二〇一六)「裁判員裁判の量刑評議のあり方を考える」法と心理一六巻一号
三島聡編(二〇一五)『裁判員裁判の評議デザイン』日本評論社
三井誠(二〇一二)「コミュニケイティブ司法」論究ジュリスト二号
村山浩昭(二〇一一)「裁判員裁判の評議について」『植村立郎判事退官記念論文集三巻』立花書房
守屋克彦(二〇〇六)「裁判員裁判と評議」『宮本康昭先生古稀記念論文集市民の司法をめざして』日本評論社
安井久治(二〇〇六)「裁判員裁判における評議について」『小林充先生・佐藤文哉先生古稀祝賀刑事裁判論集 下巻』判例タイムズ社
横河敏雄(一九八四)『刑事訴訟』成文堂
リース、フラン著・黒田由貴子+P・Y・インターナショナル訳(二〇〇二)『ファシリテーター型リーダーの時代』プレジデント社

Ⅲ あるべき上訴・再審制度はどのようなものか

10　裁判員制度の下における上訴審のあり方

岩瀬　徹

一　問題の所在――はじめに

上訴とは、上級の裁判所に対する不服申立てであり、判決に対しては、控訴と上告とがある。第一審の判決に対して何らかの不服申立てを認めるのは、各国におおむね共通するが、しかし、そのつくりには違いがある。我が国では、第二次大戦前の旧刑事訴訟法のもとで、第一審判決には控訴が認められ、その申立てがあれば、控訴裁判所は全面的に審理をやり直していた（これを覆審という）。この控訴審の判決に不服があれば、上告することができ、上告審である大審院では原則として法令違反の有無だけを審査した。このように三つの審級の裁判を認めるのが三審制度であるが、我が国では司法制度としてそれが当然のものであるかのように考えられている。しかし、欧米諸国では、市民の司法参加ということとも関連して、必ずしも当然のことではない。

日本国憲法のもとでは、裁判所は憲法違反の有無を審査する権限を持つようになったため、上告審の最高裁判所の構成も一五人の裁判官となった（大審院には四、五十人の裁判官がいた）。そうなると、法令違反の審査も一定の重要なものに限らざるを得ず、法令違反の審査は、主として控訴審が担うことになる。他方、新たに制定された刑事訴訟法のもとでは、伝聞法則（反対尋問を経ていない供述証拠を原則として証拠とすることができないとするもの）が採用され、証人尋問を軸にした審理になることが予定された。控訴審が旧法のように改めて審理をやり直すことは無理であり、また、必要もないとされ、控訴審は、法令違反と事実認定の両者について、第一審判決の当否を事後に審査する事後審査審として構想された(1)。

その後の運用が、この構想どおりに変革を遂げたか、それをどう評価するかについては問題がある。法改正が行われたこともあり、控訴審において事実の取調べが相当程度実施されるようになり、事後審の構想から後退する運用になっていたことも間違いないものの、実務の運用は相当程度安定した状況になってきていたともいえた(2)。

このような状況において、裁判員制度の導入に当たり、上訴審、とりわけ控訴審をどうすべきかが議論された。そもそも裁判員が加わった第一審の判決を職業裁判官だけで構成される控訴審が覆すことに正当性を認めることができるか、仮にそれを許すとしても、控訴審の審理のやり方や事実誤認等の控訴理由をそのまま維持しておいてよいかなど種々の観点から検討が加えられた。そして、結論は、上訴の規定は何らの変更をしないということになった。その理由は、現行法において控訴審は第一審の判決の当否を審査する事後審と位置付けられているから、職業裁判官のみで構成される控訴審が裁判員の加わった第一審の判決を破棄することも正当化されるというものである。この点は、立法に向けての作業の終盤、とりまとめに当たった検討会座長によって、「あくまで裁判員の加わってなされた第一審の裁判を尊重するという意味から、事後審であるという控訴審本来の趣旨を運用上より徹底させることが望ましいと考え」ると説明され、制度の概要として、控訴審は現行法どおりと記した箇所の括弧の中で、「控訴審は、事後審として原判決の瑕疵の有無を審査するものとする」旨がこの趣旨を確認したものとされたのである(井上二〇〇二：一四八)。

これにより裁判員制度のもとで改めて上訴に関する諸規定の解釈運用いかんが問われ、控訴審の審理や判断について、事後審に徹底するという方向で、変容していくことが求められた。裁判員制度実施後七年余が経過した現在、その解釈運用がどのように変化してきているかがここでの問題であり、以下、控訴審の審理のあり方、事実誤認や量刑の審査のあり方について順次みていくこととするが、裁判員制度の円滑な運用に上告審として最高裁判所の果たしている役割の大きさにかんがみ、この間に出された最高裁判所の判例(以下の判例の中には裁判員裁判施行前の事件のものがあるが、裁判員裁判を見据えた内容になっている)を検討の中心に据え、この問題について考えていきたい(3)。

二 控訴審の審理のあり方

1 調査の対象範囲

控訴審は、事後審として原判決の瑕疵を審査するが、その瑕疵は、控訴理由として法定されている。控訴理由は大別して、訴訟手続の法令違反、法令適用の誤り、事実誤認、量刑不当の四つであり、後二者が控訴理由とされていることから、控訴審は、事実審としての役割を担うといわれる。控訴申立人は、控訴趣意書にその理由を記載しなければならない。控訴裁判所は、控訴趣意書に包含された事項は調査しなければならないが(義務的調査)、控訴趣意書に包含されていない事項であっても、上記の控訴理由の有無を職権で調査をすることができる(刑訴法三九二条一項、二項)。「できる」といってもあらゆる場合にできるのか、この職権による裁量的調査に限界があるかを巡って議論があるところであったが(松尾一九九三:二二四は「無限定ではありえない」として、調査が許される事項を四つ挙げている。なお、最高裁判所の創出した限界例の一つとして、いわゆる攻防対象論がある(4))、最高裁判所は、この問題に関してそこに限界があることを明確にする二つの注目すべき判断を示した。

一つは、裁判員裁判の施行が間近に迫った時期に起訴された、ペルー国籍の被告人による七歳の女児殺害の事件においてである。控訴裁判所は、被告人の検察官調書の取調べ請求を却下した第一審について、職権でその判断の適否を取り上げ、同調書は争点の一つであった犯行場所の確定に必要であったから、その任意性に関する主張立証を十分にさせなかった点で第一審の訴訟手続には審理不尽の違法があるとした。これに対し、最二判平成二一年一〇月一六日刑集六三巻八号九三七頁は、「原判決は、第一次的に第一審裁判所の合理的裁量にゆだねられた証拠の採否について、当事者からの主張もないのに、前記審理不尽の違法を認めた点において」法令の解釈適用を誤った違法があると判示した。

二つ目は、秋田で起きた弁護士殺害事件においてである。公判前整理手続を終了するに当たり確認された争点に明示的に掲げられなかった、刃物刺突による殺害行為に先立って拳銃の引き金を引いたという行為を認定した第一審判決につき、控訴裁判所は、職権でこの点を取り上げ、訴因の変更をするか、訴因類似の重要事実として争点顕在化措置をとる必要があったとして、これをせずにこの事実を認定した第一審判決には、訴訟手続の法令違反があるとした。最三判平成二六年四月二二日刑集六八巻四号七三〇頁は、本件で未発射事実は犯行の経過として認定されたものであり、主張立証のいずれの面からも実質的な攻撃防御を経ており、争点とされなかったと解すべき理由がないとして、原判決の誤りを判示したが、さらに「原審の訴訟手続を見ても、検察官はもとより被告人も、訴訟手続の法令違反を理由には控訴を申し立てておらず、控訴理由中においても本件判示部分を問題視するような主張をしていないところである」と付言したのである。最高裁判所の両判決には、当事者が主張していない事項について、控訴審が職権で取り上げることについて消極的な姿勢をみることができる。控訴審は、これまで真実解明に向けてややもすると職権主義的な判断をすることがあったが、第一審及び控訴審を通じて当事者主義的な運用を志向すべきことを示したものと理解され、首肯できるものといえよう。

2　新しい証拠の取調べ

1では控訴審における調査の対象範囲についてみたが、適法に調査対象とすることができる場合に、その調査をするために、控訴審は第一審で取り調べられていない新しい証拠を取り調べることができるかという点が、「控訴裁判所は、前条の調査をするについて必要があるときは、検察官、被告人若しくは弁護人の請求により又は職権で事実の取調をすることができる」と定める法三九三条一項本文の解釈の問題として議論された（第一審で取調べ請求できなかった「やむを得ない事由」があるときは、新たな証拠を取り調べなければならない。法三八二条の二、三九三条一項ただし書）。そこに制限があると考えるか、裁判所の裁量に委ねられるもとで制限はないと考えるかについては、控訴審の事後審性についての理解の仕方の違いを反映して、法制定当時から見解の対立があったが、最高裁判所は、「第一審判決以前に存在した事実に関する限り、第一審で取調ないし取調請求されていない新たな証拠につき、右「やむを得ない事由」の疎明がないなど同項但書の要件を欠く場合であっても、控訴裁判所が第一審判決の当否を判断するにつき必要と認めるときは裁量によってその取調をすることができる旨定めていると解すべきである」と判示し、裁量による事実の取調べを許容した。[5]これによりこの問題は、実務的には決着がつけられ、これを機に議論はおおむね収束した。

裁判員裁判制度の導入に当たり、控訴審における事後審性の徹底を主張する立場からは、この判例はどのように理解され、位置付けられることになるか、必ずしも明らかではない。制限説（制限説も一様でないが、最も厳格な立場は、前記の「やむを得ない事由」がある例外を除き、原裁判所で取り調べた証拠に限って取り調べることができるというものである）が、事後審性の徹底という観点から主張されていたことを考えれば、事実の取調べに関するこの判例の示した判断枠組みそれ自体を取り上げ、その当否を改めて論じる余地もなかったわけではない。しかし、正面からこれが論じられることはなく、事後審性の徹底をいう論者の多くも、この判例の判断枠組み自体を変えるべきだとまでは言わなかったといえよう。

3　事実の取調べの運用とそのあり方

新証拠についての判断枠組みはともかく、一般的に事実の取調べをどの範囲で行っていくかという実際の運用はどのようなものか、あるいはどのようにあるべきものかも大きな問題の一つである。従来の実務は、かなり緩やかに事実の取調べを行う傾向にあった。これを目して、実務は続審化ないし覆審化しているという評価もないわけではなかった。おそらくこれは是正されるべきものであった。この点は、裁判員裁判制度の導入に伴って改めて確認されたことであり、実際、その施行に伴い、その運用に変化が認められていることは、統計等が示している。しかし、これで十分に変容したといえるほどまでに至ったかについては、疑問がある。その運用には、引き続いて注目し、逆行することがないようにすべきであろう。

三　控訴審における事実誤認の審査

1　最高裁平成二四年二月一三日判決(成田チョコレート缶事件判決)

事実誤認の審査の対象となるのは、第一審が認定した事実であり、誤認があるというのは、判決書に掲げられた証拠によって、さらには第一審で取り調べられた証拠を考慮しても、この事実を認定することができないことをいう。その上で、控訴審においてどのような見方・立場でこれを判断していくか、事実誤認とはどのような場合をいうかについては、従来からの議論として、いわゆる心証優先(心証比較)説と論理則・経験則違反説の対立があるといわれた。その説明の仕方は一様でないが、前者は、控訴審が自ら心証を取り、これと第一審の認定とを比較する、そして両者に不一致があれば控訴審の心証が優先すると考える立場であり、後者は、控訴審は、第一審の事実認定に論理則・経験則等違反があるかどうか、その判断過程に不合理な点はないかを審査する立場だといわれる。最一判平成二四年二月一三日刑集六六巻四号四八二頁は、覚せい剤密輸入事件で、被告人に覚せい剤を輸入する認識があったかが争われ、第一審がその認識が認められないとして無罪としたのに対し、控訴審が第一審判決には事実誤認があるとして破棄した事案(いわゆる成田チョコレート缶事件)において、「刑訴法三八二条の事実誤認とは、第一審判決の事実認定が論理則、経験則等に照らして不合理であることをいうものと解するのが相当である」と判示し、事後審性の徹底を図る立場から、論理則・経験則違反説によるべきことを宣言した。

この判決は、右の判示に引き続き、「控訴審が第一審判決に事実誤認があるというためには、第一審判決の事実認定が論理則、経験則等に照らして不合理であることを具体的に示すことが必要であるというべきである」と判示した。その上で、この事件の控訴審判決は、第一審が論理則・経験則等に照らして不合理であることを十分に示したものとはいえないから、刑訴法三八二条の解釈適用を誤った違法があり、同法四一一条一号により破棄を免れないとしたのである。

2　成田チョコレート缶事件判決後の最高裁判例

その後、最高裁判所は、第一審の無罪判決には事実誤認があるとしてこれを破棄した控訴審判決三件について、上記平成二四年の判例(以下「二四年判例」という)の判断枠組みに従いつつ、各控訴審判決には刑訴法三八二条の解釈適用の誤りはないとした(最三決平成二五年四月一六日刑集六七巻四号五四九頁、最一決平成二五年一〇月二一日刑集六七巻七号七五五頁、最一決平成二六年三月一〇日刑集六八巻三号八七頁。三事案はいずれも覚せい剤取締法違反事件で、覚せい剤輸入の認識や共謀の有無が争われた。ちなみに、一つ目の控訴審判決は、二四年判例が出される前のもの、後二者の控訴審判決は、その後のものである)。

二四年判例は、第一審の無罪判決に対する控訴審における事実誤認の審査についての判断であるところ、控訴審判決が、第一審の有罪判決を破棄する場合についてはどのような考え方をするのかも議論があった。二四年判例は、法三八二条にいう事実誤認の意義について判示するに当たり何らの留保もしていなかったので、判断枠組みそのものに違いがないと予想されたが、無罪の控訴審判決に最高裁判所が職権判断をするのはどのような場合なのか、注目された。そして、この点について最初の判断を示したのが、最一判平成二六年三月二〇日刑集六八巻三号四九九頁である。この事件の第一審判決は、保護責任者遺棄致死事件について、被害者の衰弱状態等を述べた医師らの証言は信用できるとして被告人を有罪としたが、控訴審判決は、第一審判決が医師らの証言の信用性評価を誤って事実誤認をしたとしてこれを破棄した。しかし、最高裁判所は、控訴審判決は、第一審判決を破棄するに当たり、それが論理則・経験則等に照らして不合理であることを十分に示したとはいえず、刑訴法三八二条の解釈適用を誤った違法があるとして、同法四一一条一号により破棄を免れないとしたのである。

3　事実誤認審査のあり方

これら判例を踏まえて、控訴審における事実誤認の審査のあり方について考えてみたい(6)。

事実誤認とは「論理則、経験則等に照らして不合理である」ことをいうとした二四年判例の判旨は、裁判員裁判制度の導入の前、控訴審のあり方を検討した段階で、事後審性の徹底ということが言われる中で指摘されたことであり(7)、現在では、その判旨自体に反対する立場はほとんどないといってよい。ただし、その意味、内容について、その理解は必ずしも一様でないようにも思われる。心証優先(心証比較)説に対比して主張された論理則・経験則違反説の実質は、第一審の判断過程を審査する立場から事実と証拠の関係に不合理なところはないかを審査するものであったはずである。また、論理則・経験則等違反といっても、その意味、内容はそれほど明確ではない。その判断は、結局、裁判官の合理的な判断に委ねられざるを得ない事柄のように思われる。このような立場からは、事実誤認をいうためには、その審査において、控訴審からみてその認定(過程)が維持しがたいほどに不合理であるといえれば足りるように考えられる。したがって、この立場では、事実審査に当たり、論理則・経験則等違反の有無を過度に強調することには消極的にならざるを得ないと考える。このことは、控訴理由として、量刑不当と並んで事実誤認が挙げられていることの意味にも関係する。第一審とは異なる関わり方であるとはいえ、事実誤認が控訴理由であるということは、控訴審が変形したものとはいえ、なお事実審であるということである。仮に事実誤認が「論理則・経験則違反」に限りなく近いものとして扱われるのであれば、それは控訴審はもはや事実審としての役割を担わないということである。それは現行法の控訴審の姿ではないと考える。

二四年判例が、前述のとおり、控訴審の判示方法について判断を示していることも重要である。控訴審は、第一審判決に事実誤認があるというためには、第一審判決の事実認定が「論理則・経験則等に照らして不合理であること」を具体的に示さなければならない。判決書において、不合理性を具体的に指摘しなければならないし、その結論部分で、第一審判決には論理則・経験則等に照らして不合理である旨を判示することになると思われる。そのような判示方法は、意図的か否かはともかく、これまでも行われていなかったわけでもなかろうが、今後はこのような手法を意識的に採ることになろう。ただし、前述したことに関連するが、そのことが、論理則・経験則等違反を具体的に見つけ出すことに控訴審としての事実誤認の審査・判断の実質があることを意味するものではないと思われる。

それでは、二四年判例によって、事実誤認についての控訴審の判断は、具体的、実際的にはどのように変わっていくか、端的にいうと、事実誤認とされる範囲が狭まるのか、狭まるとしてどの程度かということがある。この点は、これから先の運用をみていくほかないが、事実誤認とされる範囲はある程度狭まると考えざるを得ないであろう。控訴申立ては、検察官からのものもあるが、被告人側からのものが圧倒的に多く、それが容れられる(原判決が破棄される）のも、数の上では被告人側からのものがはるかに多い。被告人の側からみて、救済の範囲は狭くなるのではないかという懸念が示されることにもつながる。しかし、控訴審についてのこれまでの議論は、第一審にあっては、公判前整理手続を経るなどして、争点・証拠が整理され、充実した審理が行われていることを前提とする。現に充実した審理は相当程度実現している。その意味で、この懸念は必ずしも的を射てはいないといえよう（なお、「疑わしいときは被告人の利益に」という原則に照らして、二四年判例の判旨は、第一審判決が有罪で、控訴審においてこれを破棄する場合には当てはまらないのでないかという議論もあったが、このように判旨を限定的に理解すべきでないことは、前記平成二六年三月二〇日判決が、個別の事件の判断を通じて明らかにした）。

最高裁判所は、前述のとおり、二四年判例後、それと同様の覚せい剤取締法違反の事件で、第一審の無罪判決を破棄した控訴審判決について、その判断を維持した。これによって、論理則・経験則等に照らして不合理であるといえる場合の実例は示されてきたことになる。紙数の関係で事案の中味を省略するが、結論をいえば、この三例は、共謀等の有無につきこれを否定するには無理があったのであり、控訴審がこれに介入する、すなわち破棄したのも相当であるといえるように思われる。

証拠は事件ごとに違うことから、事実誤認の判断も事件ごとということにならざるを得ないところではあり、類型化等にも限界があるが、今後は、これら判例の判断枠組みのもとで、控訴審の健全な判断の積み重ねが期待されるということになる。

四　控訴審における量刑不当の審査

1　量刑不当の審査のあり方

裁判員は、陪審員とは異なり、有罪無罪の判断だけでなく、刑の量定（量刑）にも関わる。制度的には、量刑にも市民の視点、感覚、健全な社会常識などを反映させる趣旨であると説明される。そして、そのような趣旨を貫くというのであれば、裁判員が加わってされた量刑判断は、最大限尊重されるべきであるということになる。量刑不当が控訴理由の一つになっている現行法のもとでも、その運用において、控訴審は、量刑不当の審査に当たり基本的には、前述の事実誤認の審査と同じように、第一審の量刑判断を尊重すべきであり、不当として破棄するのは、よほど不合理な場合に限られるということになるはずとされる。

もっとも、そもそも量刑はどういう考え方で行われるべきものなのかという、いわば前提となる基本について、あまり掘り下げた議論はされてこなかったように思われる。この点について、学説・実務の間に共有されているといえるほどの見解の一致がみられていたわけではない。また、実務的にも量刑相場といわれることがあるように、あまり理論的なものではなく、精度の高い考え方や基準が支配する領域とはなっていなかった。裁判員裁判制度の実施に当たり、改めて理論面、また、裁判員に対する説明の仕方というような実際面の両面について、検討がされた。その結果、学説・実務のおおむねの一致点として、量刑は、行為に対する責任刑を目指すものとされ、その責任の中核は、行為責任であり、それは犯情についての判断であるとされた。行為責任以外の一般情状は考慮されるが、それは行為責任によって定まる一定の刑の幅の中で行われる。量刑判断の実際の場面では、このような考えに基づいて言い渡された裁判の集積を通じて犯罪類型ごとの基準（幅のあるもの）が形成され、当該事件とそれとの比較対照を通じて当該事件の判断が示されるとされた。

この量刑判断の枠組み自体は、裁判官裁判と裁判員裁判との間で、違いがあるわけではない。ただし、量刑にも市民の視点、感覚、健全な社会常識などを反映させようという趣旨からみてこの幅は広がるであろうことが想定された。そして、その間の整合性がどう図られるかについては、その先にある問題と位置付けられた。

裁判員裁判が始まってみると、理論面はともかく、現象面では、性犯罪など一定の事件で「実刑のうち最も多い人数の刑期が、重い方向にシフトしている」ことなどが指摘された（最高裁判所事務総局二〇一二：二三）。さらに、裁判員裁判では、求刑を上回る判決が従前よりも目につくところとなった。前者（性犯罪等の重刑化）のような大局的傾向については、裁判員裁判のもたらした積極面ともいえ、控訴審も受容していくことになるのは当然であるが、後者（求刑を上回る量刑）については、具体的事件の個別の処理に関わるものであるところから、控訴審がこれにどう対応するかが注目された。

この点が実際に問題とされたのは、アスペルガー症候群と診断された被告人が実姉を刺殺したという事案に関する大阪の事件である。大阪地判平成二四年七月三〇日判例秘書L〇六七五〇四一三は、社会内ではアスペルガー症候群に対応する受け皿が用意されていないという現状のもとでは、再犯のおそれが高い被告人には、「許される限り長期間刑務所に収容することで内省を深めさせる必要があり、そうすることが、社会秩序の維持にも資する」として、懲役一六年の求刑に対し、懲役二〇年の刑に処した。この判断には、裁判員裁判とはいえ行き過ぎではないか、アスペルガー症候群という病気についての理解不足ではないかという指摘を含めメディア等で批判が強まったが、理論的には、一般情状を過度に重く扱うことの当否という問題を含んでいた（もっとも、一般情状を重視することが問題なのではなく、この判決は、間違った方向でこれを重視したことが問題であるという考えもあり得るところである）。控訴審である大阪高判平成二五年二月二六日判タ一三九〇号三七五頁は、「量刑判断は、被告人の犯罪行為にふさわしい刑事責任（行為責任)を明らかにすることにあるから、刑量を決める基本は、犯罪行為そのものの重さでなければならず、犯罪行為それ自体にかかわる事情(犯情)が刑量を決めるに当たって一次的に考慮されることになる」として、一般予防・特別予防の視点、一般情状なども、犯情によって決められた量刑の大枠の中で考慮されるべきであると判示し、第一審判決を破棄した。この判旨の一般論は、前記の量刑をめぐる議論の共通理解とも合致したもので、その結論とともに、控訴審の姿勢は支持されたといえる。

この事件は、最高裁判所の判断を受けることなく終結したが、量刑に関する下級裁判所の前記のような状況のもとで、どういうケースで(事案内容のほか、事実誤認に関する成田チョコレート缶事件の場合のように、控訴審判決が第一審判決を破棄したものかなど)、どのタイミングで、この問題を最高裁判所が取り上げるかが、次の関心となった。この点について最高裁判所の初めての判断が示されたのは、最一判平成二六年七月二四日刑集六八巻六号九二五頁においてであった。事案は、一歳八カ月の娘に対する両親による傷害致死事件で、懲役一〇年の求刑を超えて懲役一五年に処した第一審判決及びこれを是認した控訴審判決について、最高裁判所は、「量刑が裁判の判断として是認されるためには、量刑要素が客観的に適切に評価され、結果が公平性を損なわないものであることが求められるが、これまでの量刑傾向を視野に入れて判断がされることは、当該量刑判断のプロセスが適切なものであったことを担保する重要な要素になる」とした上で、「これまでの傾向を変容させる意図を持って量刑を行うことも、裁判員裁判の役割として直ちに否定されるものではない。しかし、そうした量刑判断が公平性の観点からも是認できるものであるためには、従来の量刑の傾向を前提とすべきではない事情の存在について、裁判体の判断が具体的、説得的に判示されるべき」であると判示した。その上で第一審の不当な量刑を是認した控訴審判決を破棄したのである。この判例は、控訴審が第一審判決を維持した事例におけるものであるため、成田チョコレート缶事件と異なり、控訴審の量刑審査・判断のあり方自体を直接的に判示しているものではない。しかし、控訴審の審査・判断のあり方についての判示をも含んでいると解されるのであり、控訴審としても、第一審判決が従来の量刑傾向(それが何を指すかが問題であるが、ここでは省略する)に従っていない場合にあっては、公平性の観点から是認できるか否か、その傾向を前提とすべきでない事情について、具体的、説得的に判示しているかを審査すべきであるということになるかと思われる。そして、そこに合理性が認められないという場合には、裁判員が加わった裁判であっても、量刑不当に当たると判断すべきということになろう。さらに付言すれば、裁判にとって公平性は極めて重要な視点である。裁判員裁判を含む第一審にとっても大切にすべき点である。しかし、他に裁判経験のない裁判員にあまりに多くを望むのは酷であろう。だからこそそこに控訴審の役割があると思われる(岩瀬二〇一五：一九三)。

2　死刑求刑事件の審査

量刑の中でも死刑が問題となる事件(死刑求刑事件)については、別途の考慮が必要とされ、したがって、控訴審の審査のあり方についても、量刑審査一般に加えて更なる検討がされてきた。従前から、死刑が問題となる場合には、その量刑に幅があるという議論は当てはまらず、死刑か無期懲役か択一的な判断が求められるのであり、いわば「点」の審査が必要であるという議論があり、多くの支持を得ていたように思われる(原田二〇一一：七三)。このような考え方に立つと、死刑が問題となる事件について、第一審判決は当然に裁判員裁判ということになるが、この場合には、そこに市民の視点、感覚、健全な社会常識などが反映されているとしても、それらを考慮するにもそこには自ずから限界があるということになるであろう。

裁判員制度施行後、第一審の死刑判決を維持した控訴審判決に対する上告事件で、上告棄却の判決を言い渡したものがかなりあるが、死刑を確定させたこれら上告棄却判決では、その第一審が裁判員裁判であることを意識させるような判示を含むものではなかった。他方、東京高等裁判所のある部が、第一審の死刑判決を破棄して無期懲役とした事件が三件あり、そのうちの二件が検察官により上告されたため（他の無期懲役となった一件は、弁護人が上告したが、棄却されている）、その帰趨に強い関心が寄せられた。最高裁判所は、死刑を選択する上での考慮要素等につき詳細な判示をした上、一般論として、「死刑の科刑が是認されるためには、死刑の選択をやむを得ないと認めた裁判体の判断の具体的、説得的な根拠が示される必要があり、控訴審は、第一審のこのような判断が合理的なものといえるか否かを審査すべきである」とし、「死刑を言い渡した第一審判決は、死刑の選択をやむを得ないと認めた判断の具体的、説得的な根拠を示したものとは言い難い。第一審判決を破棄して無期懲役に処した原判決は、第一審判決の前記判断が合理的ではなく、本件では、被告人を死刑に処すべき具体的、説得的な根拠を見いだし難いと判断したものと解されるのであって、その結論は当審も是認できる。したがって、原判決の刑の量定が甚だしく不当であり、これを破棄しなければ著しく正義に反するということはできない」と判示した（最二決平成二七年二月三日刑集六九巻一号一頁。最二決平成二七年二月三日刑集六九巻一号九九頁も同旨）。

死刑選択は量刑の一場合であり、したがって、量刑不当の審査についての平成二六年判決の判旨が基本的には妥当する。ただし、死刑か無期懲役かの選択の場面と、刑期の長短を念頭において通常の量刑判断の場面とでは、前記のとおり違いがある。それが、この平成二七年決定にも反映されている。前者においては、罪種は限られ、死刑の選択基準を示した永山判決（最二判昭和五八年七月八日刑集三七巻六号六〇九頁）を含む過去の裁判例の集積からその判断に当たっての考慮要素を見出すことは可能である。ここでは平成二六年判決のいうような「量刑傾向」といったものは、議論の出発点の共通認識としては、ほとんど意味を持たない。それに代えて、二つの決定では、「死刑の選択上考慮されるべき要素及び各要素に与えられた重みの程度・根拠」（及びそれを踏まえての総合的評価）を議論の出発点であるとしている。また、平成二六年判決では、量刑傾向に従う限り、特段説明は要さず、「具体的、説得的な根拠」を示す必要があるのは、その傾向から踏み出した判断をする場合であるとされる。しかし、死刑選択では、その選択をするに当たっては、常に「死刑に処すべき具体的、説得的根拠」を示さなければならない（小池二〇一六：一八〇）。それは死刑判決の持つ重みからのものと思われる。いずれにせよ、そこでは、慎重さと併せて、特に公平性の確保の観点が重要であるところ、ここにおいて、事後的に審査をする立場にある控訴審の役割はますます重大ということになるかと思われる。

五 上告審における審査

1 上告審として最高裁判例が果たしてきた役割

最高裁判所は、最上級審・最終審の立場で、裁判員裁判に関する重要な司法判断を示してきた。裁判員制度の合憲性についての大法廷判決（最大判平成二三年一一月一六日刑集六五巻八号一二八五頁）をはじめ、法律で示された制度枠組みを具体化し、円滑な運用に資すべく、極めて積極的に、職権判断を通じてその解釈を明らかにし、その方向性を打ち出すような内容の判例を数多く出してきた。これまでの叙述の中で紹介した判例もその一端である。最高裁判所が、裁判員裁判制度の定着に向けて、腐心してきた姿がそこにある。良くも悪くも細部にわたって介入してきたといってもよい。制度の定着の過程では、それも不可避であったと思われる。近時の一連の最高裁判例それ自体が、上告審の審査のあり方を示しているということができる。

2 上告審の審査のあり方

改めて上告審のあり方というとき、個々の判断内容についてはともかく、上告審の審査について、直接言及した議論はあまりないように思われる。まだ裁判員制度が定着したとまでいえず、最高裁判所の積極的な関わりが必要な局面があると思われる現段階では、やや時期尚早の感があるが、気のついた点をいくつか指摘しておきたい。

裁判員裁判のもとでの事実認定及び量刑の問題について、前述のとおり、最高裁判所は、重要な判断を示した。本来それは事実審としての判断に属すべき分野であるとはいえ、最高裁判所に職権判断の権限が付与されているもとで、新たな制度の定着に向けて、その権限をフルに活用したことも評価すべきであろう。その判断内容も、現時点の判断として、細部にわたる点はともかく、全体的にみてその判断に異議があるというわけでもない。ただし、職権による司法判断は、個々の具体的な事件についての判断であるべきことを基本とするから、そのような判断を示すかどうかを含め、本来事件処理について必要な範囲でされるべきである。最高裁判所としての熱意の現れとはいえ、補足意見の付き方などを含めて、少し立ち入りすぎの感がないともいえず、これからの安定期に向けて過剰な介入を避けるという意味で多少の方向転換も必要かと思われる。

繰り返しになるが、事実認定の問題も、量刑の問題も、本来事実審の領域に属する。現行法の建て付けでは、控訴審が責任を持つべき分野である。事実誤認や量刑不当があればこれを控訴理由とし、それが認められれば、控訴審が破棄する制度を採用している。そうであれば、事実誤認について論理則・経験則違反といったものに厳しく限定すると言い切る必要もないように思われる。他方、控訴審が事実誤認としたが、第一審判決が論理則・経験則等に照らして不合理であることを十分示したといえない場合には、刑訴法三八二条の解釈適用に違法があることになって、最高裁判所は、「法令の違反がある」として、控訴審判決を破棄することが可能となっている(植村二〇一四：二三六)。この点は注意を要するところで、最高裁判所としては、法令違反ということによって、事実認定の問題に介入しやすくなったことは否定できない。しかし、本来は事実認定に属するものである以上、相当慎重に考えるべきであり、特に控訴審が無罪判決の場合にそのことが当てはまると考える。

このこととも関連して、最高裁判所の判例の有する下級裁判所への影響という問題がある。例えば、量刑に関する前記の平成二六年判決について、評議の具体的なやり方、順序(量刑傾向を示す時期など)までをも示したものと受け取る傾きがあるというが、それは行き過ぎであろう。さらに一般化すれば、最高裁判所がある判断(判断枠組み)を示すと、それを尊重すべきは当然のこととはいえ、それを要件のように受け止め、これに当てはまればいわば無条件的にこれに従う傾向もないわけではないように思われる。事実審の判断によるべき分野でも、最高裁判所の判例の持つ意味が大きくなりすぎ、事案に即した柔軟な処理ができていないという現象もないわけではない。前記の死刑事件についていえば、事実審における選択の幅は相当狭くなってきているといえる(もっとも、この問題については、死刑廃止論とどう向き合うかに関連し、死刑選択を狭くする趣旨を含んでいると考えれば理解できるところであるが)。

最後に、最近の判例においては、「具体的、説得的な根拠」がキーワードとなって、判旨が形成されている。その趣旨は、「核心」に迫った判断をいうものであり、「詳密化」をいうものではないことは明らかである。しかし、具体的に、説得的に議論をしようとすれば、議論は自ずから細かくなることは避けられず、克服されるべき「精密司法」と紙一重ということにもなる。また、ないものねだりということにもなりかねない。事実問題等について、最高裁判所が詳細な判示をすることにも関連して、今後の判示の仕方にも注目すべきものがあるかと考える。

六　まとめ――今後の課題

与えられた紙数も尽きたので、二点のみ指摘しておきたい。

一つは、前記五の**2**で懸念として示した「詳密化」のおそれなどについてである。これらが杞憂でないのであれば、そこで示した点が、今後の課題そのものである。

いま一つは、ダブルスタンダードといわれている問題である。現行法の上訴制度は、裁判員裁判にも、裁判員裁判以外の裁判にも、基本的には等しく当てはまるものと構想されている。そうとすると、「裁判員制度の下における上訴審のあり方」といっても、それは両者の第一審裁判を視野においた議論でなければならない。本稿はそのことに直接言及していないが、それを念頭においているつもりである。しかし、実情がそのようなものになっているか、なお疑問がないわけではない。この点の検討も今後の課題である。

（1）ここまでの本文の叙述につき、平野一九六八：第九章二〇三以下。
（2）上訴審が果たしてきた役割等につき、出田二〇一三：一九四、池田二〇一三：一九六。
（3）上訴につき、龍岡二〇一二：七七、酒巻二〇一三：二一〇、特に控訴審につき、『刑法雑誌』（二〇一四）所収の酒巻、後藤、大島三氏の論稿参照。
（4）最大決昭和四六年三月二四日刑集二五巻二号二九三頁は、第一審判決が一罪の一部につき無罪とした場合、被告人が有罪部分に控訴し、検察官が控訴しなかったとき、無罪部分については攻防の対象から外されたものとして、控訴審は職権により調査をすることはできないとした。
（5）最一決昭和五九年九月二〇日刑集三八巻九号二八一〇頁。
（6）詳しくは、岩瀬二〇一四：五五九以下参照。
（7）大澤ほか二〇〇九：一〇三以下参照。

参考文献

井田良・大島隆明・園原敏彦・辛島明（二〇一二）『司法研究報告書第六三輯第三号・裁判員裁判における量刑評議の在り方について』法曹会

池田修（二〇一三）「上告審の権限と機能」井上正仁・酒巻匡編『刑事訴訟法の争点　ジュリスト増刊新法律学の争点シリーズ6』一九六頁

出田孝一（二〇一三）「控訴審の権限と機能」井上正仁・酒巻匡編『刑事訴訟法の争点　ジュリスト増刊新法律学の争点シリーズ6』一九四頁

井上正仁（二〇〇三）「「考えられる裁判員制度の概要について」の説明」『ジュリスト』一二五七号一四八頁
岩瀬徹（二〇一四）「刑事控訴審における審理と判断」岩瀬徹・中森喜彦・西田典之編集代表『刑事法・医事法の新たな展開（下）町野朔先生古稀記念』信山社
岩瀬徹（二〇一五）「裁判員裁判における量刑と控訴審におけるその審査」『ジュリスト臨時増刊平成二六年度重要判例解説』一九三頁
植村立郎（二〇一四）「最近の薬物事犯を中心とした最高裁判例に見る刑事控訴事件における事実誤認について」『刑事法ジャーナル』四〇号三一頁
大澤裕・田中康郎・中川博之・高橋康明（二〇〇九）『司法研究報告書第六一輯第二号・裁判員裁判における第一審の判決書及び控訴審の在り方』法曹会
小池信太郎（二〇一六）「死刑の選択が問題となる事案の量刑評議・判断の在り方」『ジュリスト臨時増刊平成二七年度重要判例解説』一八〇頁
最高裁判所事務総局（二〇一二）『裁判員裁判実施状況の検証報告書』
酒巻匡（二〇一三）「裁判員制度と上訴審のあり方」井上正仁・酒巻匡編『刑事訴訟法の争点　ジュリスト増刊新法律学の争点シリーズ6』二一〇頁
龍岡資晃（二〇一二）「上訴審の在り方」『論究ジュリスト　特集裁判員制度三年の軌跡と展望』二号七七頁
原田國男（二〇一一）『裁判員裁判と量刑法』成文堂
平野龍一（一九六八）『刑事訴訟法概説』東京大学出版会
松尾浩也（一九九三）『刑事訴訟法下新版』弘文堂
「（特集）裁判員裁判と控訴審の在り方」『刑法雑誌』五四巻三号三五三頁（酒巻匡、後藤昭、大島隆明の論文所収）

11　無罪判決に対する検察官上訴は許されるべきか

高野　隆

一　何が問題か

毎年全国の地方裁判所に公判請求される五万人の被告人のうち、一割の五〇〇〇人が自分は無罪だと否認の答弁をする。(1)このうち無罪判決を獲得できるのは七〇人、一・四％に過ぎない。(2)これほど無罪率の小さい国は、私の知る限り中国くらいである。(3)日本で無罪を獲得した幸運な被告人たちは、しかし、そこで安心はできない。日本の現在の実務では、政府(検察官)は無罪判決に対して上訴をすることができる。検察官が第一審の無罪判決に対して控訴したことに関する正確な統計はない。最高裁判所の統計によると、検察官は毎年八〇件くらい控訴し、そのうち、六二件で破棄判決を獲得している。勝訴率は実に七五％を超える。(4)七〇人の無罪判決のうちどのくらいが控訴審で破棄されているのかについての統計はない。しかし、無罪判決を獲得した被告人の喜びは、少なくない割合で、「ぬか喜び」に終わる可能性がある。

要するに、この国の刑事裁判で無罪を主張する人は、少なからざる割合で身柄を拘束され続けながら、多大な出費をして優秀な弁護人を雇い反証を準備し、数カ月あるいは数年にわたる公判裁判を耐え抜いて、勝利を得ても、安心できない。さらに第二回戦、あるいは三回戦を戦い抜いて、勝ち続けなければ無罪放免されないということである。

「甲山事件」や「弘前事件」「東電ＯＬ殺し事件」のように、一審で無罪判決を得ながら検事控訴によって逆転有罪判決を受け、最終的に無罪が確定するまで一五年から三〇年もかかった事例がある。一審で無罪判決を受けながら、検事控訴によってこれが破棄され、死刑判決を受けて、冤罪を訴えながら起訴の五〇年後に被告人が獄死した「名張毒ぶどう酒事件」の例もある。

無罪判決に対する検察官上訴が認められることが公判裁判官に対して無罪判決を言い渡すことに対する牽制として作用しているのではないかという指摘がある。(5) 有罪率九九％という数字は無罪判決に対する検察官上訴という制度の存在に依存しているのである。

六人の市民と三人の職業裁判官の評議によって有罪無罪を決定する裁判員裁判でも、検事控訴は認められている。実際に、数少ない無罪判決に対して、検察側が有罪を求めて控訴し、高裁が裁判員裁判による無罪判決を破棄するというケースが繰り返し発生している。(6) 国民の代表が法廷で証人の証言を直接聞き、双方の弁論を見聞して、評議を行った結果を三人の職業裁判官が訴訟記録を読んで覆すということが実際に行われている。

日本国憲法三九条は「何人も……既に無罪とされた行為については、刑事上の責任を問はれない」と定めている。この規定は合衆国憲法第五修正の「二重の危険条項」(double jeopardy clause)を輸入したものである。アメリカではこの規定に基づいて、連邦でも州でも、無罪評決の「絶対的終局性」(absolute finality)が認められ、陪審の無罪評決に対しては、たとえそれが誤りであったとしても、検察官が上訴することは憲法上許されない。これに対して、日本の最高裁判所は、憲法施行の三年後一九五〇年の大法廷判決で、第一審から上告審までが「継続せる一つの危険」であるから、無罪判決に対して検察官が上訴することは「二重の危険」にあたらず、憲法に違反しないとした。(7) この判例は今日まで変更されることなく、日本の実務を支配してきた。

しかし、無罪判決に対する検察官上訴に対しては、これまでさまざまな角度から批判がなされてきた。無罪判決に対する検察官上訴は憲法三九条に違反するという見解(8)や、控訴はさておき検事の上告は違憲だという見解(9)、違憲ではないとしても、上訴制度の目的は「無辜を罰してはいけない」という消極的実体的真実主義によるものであるから、検察官上訴の場合には事実取調べを行う場合を限定すべきであるという見解(10)、さらには、立法論として無罪判決に対する検察官上訴は禁止すべきであるという見解など(11)があった。裁判員制度が施行されたことによって、無罪判決に対する検事上訴の不合理性はより一層強く認識されるようになった。青年法律家協会は二〇一一年に無罪判決に対する検察官控訴の禁止を提言した(12)。そして、日本弁護士連合会は、「刑事訴訟法を改正し、刑事裁判の第一審判決に対して検察官が事実誤認を理由として控訴することを禁止すべきである。とりわけ、裁判員裁判による判決に対しては、そのような法改正が速やかになされるべきである」と提言するに至った(13)。

私はかつて、日本国憲法三九条の制定過程と合衆国憲法第五修正の関係を踏まえて、検事上訴——とりわけ裁判員裁判による無罪判決に対する検事上訴——の違憲性を論じたことがある(14)。本稿は、二重の危険条項の淵源と主要な合衆国最高裁判例をいま一度振り返ることを通じて、刑事司法への市民参加(裁判員裁判)が実現した現代の地点から七〇年前の大法廷判決を再検討しようとするものである。

二　二重の危険条項(合衆国憲法第五修正)の起源

日本国憲法三九条は、後に述べるように、合衆国憲法第五修正の二重の危険条項をわが国に輸入したものである。そこで、まず第五修正の二重の危険条項の起源を——無罪評決に対する検察官上訴との関係を意識しながら——概観してみる(15)。

二重の危険を禁止する法理は古代ギリシャ・ローマにまで遡ると言われている[16]。確かに、デモステネスの弁論（紀元前三五五年）には、「法律では同一の人間が、同一事件に関して、それは私訴であれ、執務審査（エウテューナ）であれ、適任者選定（ディアディカシアー）であれ、その他この種の何であれ、二度、審理されることを禁じています」という記載がある[17]。キケローの時代のローマ（紀元前一世紀頃）では、一度無罪評決があったら、その後に同じ犯罪による訴追が許されないのはもちろん、同一人に対して訴追が許されるのは最初の裁判より後の出来事でなければならないとされていたらしい[18]。ユスティニアヌス法典（六世紀）は「統治する者は、ある犯罪について無罪とされた者を再び訴追することを許してはならない」として、無罪とされた者を再訴追することを禁じた[19]。

イギリスのコモンローでは古くから無罪の評決は事件に対する最終判断であり、同一の犯罪について再訴追されたときは、前の裁判で無罪とされたことのみならず、有罪とされたことも抗弁となるとされた。建国期のアメリカの法律家、就中、合衆国憲法の起草に関わった「建国の父」たちに絶大な影響を与えた、ブラックストンの『英国法注解』（一七六九年）は、刑事訴追を妨げる抗弁として、「先行する無罪」（the plea of *autrefois acquit*）と「先行する有罪」（the plea of *autrefois convict*）を挙げる。これらはいずれも、「いかなる人も同一の犯罪によって二度にわたって生命の危機に直面させられてはならない」という原理に基づくものである[20]。先行する無罪の抗弁は「何人も、同一の犯罪のために、一度ならずその生命の危険に直面させられてはならないという、イングランドのコモンローにあまねく根付いた法諺に基礎を置くものである。その結果として、いかなる正式起訴その他の訴追によるものであれ、ひとたび公正に無罪の評決を受けたときは、彼は、その無罪の抗弁によって、同一の犯罪についてその後なされたいかなる訴追（accusation）をも阻止できるのである」[21]。

アメリカの各植民地の憲法（権利章典）の幾つかには二重の危険条項がおかれた。最初にこれを定めたニューハンプシャー憲法（一七八四年）一六条は、「何人も、無罪評決の後に、同一の犯罪または違法行為について、再び公判審理を受けることはない」とした[22]。

憲法修正条項を審議する第一回議会にジェームズ・マディスンが提出した草案は、「何人も、弾劾の場合を除いて、同一の犯罪について複数の処罰あるいは複数の公判の対象とされてはならない」というものであった[23]。何人かの議員から反対意見が出された。無罪とされた人が二度目の公判に付されないのは当然として、この文言では、有罪評決を受けた被告人が上訴に成功して有罪判決を破棄させた後に再公判を受けられなくなる、と。だから「あるいは複数の公判」という文言を削除するという提案がなされた。しかし、その提案は否決され、下院はマディスンの案を採用した。その後上院で文言に修正が加えられたが、その詳細な経緯は不明とされる[24]。

こうして現在の第五修正――「何人も……同一の犯罪について二度にわたって生命又は身体の危険にさらされてはならない[25]」が出来上がった。

この第五修正制定に至る歴史から明らかに言えることは、「危険」(jeopardy)とは処罰(punishment)のみならず、裁判(trial)を受けることも含む概念だということである。無罪評決を受けた人に対して、二度目の公判審理を許さないと言うのは、コモンロー以来の要請であったのである。

三　連邦最高裁の判例

二重の危険条項を合衆国最高裁判所はどのように解釈してきたのか。われわれの関心事である、第一審無罪後の公判審理の可否という観点から概観してみる。

ラング事件（一八七三年）*Ex Parte Lange, 85 U.S. 163(1873).*

連邦犯罪である郵便窃盗で起訴され、陪審による有罪評決の後に、裁判官は、法定刑が「一年以下の拘禁刑又は一〇ドル以上二〇〇ドル以下の罰金」であるのに、一年の拘禁及び罰金二〇〇ドルの刑を宣告した。被告人は直ちに罰金を支払った後に連邦地裁に人身保護令状の申し立てをした。刑が宣告された五日後に、判決を言い渡した裁判官が自らこれを取り消し、あらためて一年の拘禁刑を言い渡した。人身保護令状の申立ては棄却され、被告人の拘禁は維持された。最初の宣告刑を取り消し改めて別の刑を言い渡した裁判官の行為は二重の危険条項に違反するとして、被告人が上告受理を申し立てた。連邦最高裁は、被告人が罰金を払い、拘禁刑の執行を受けはじめた後に、刑の言渡しを取り消し新たな刑の言渡しをすることは、同一の犯罪を二度処罰したことになるから、二重の危険条項に違反するとした。ミラー裁判官による法廷意見は、第五修正の二重の危険条項の趣旨を次のように説明した。

> コモンローは、同一の犯罪による二度目の処罰(second punishment)を禁じるだけではなく、さらに進んで、同一の犯罪による二度目の公判審理(second trial)をも禁止するのである。それは、被告人が既に刑罰の執行を受けているかどうかに関係しないし、従前の公判において彼が無罪とされたのか有罪とされたのかにも関係しない(26)。
>
> ……
>
> しかし、この原理に反することなく、二度目の公判審理が可能な場合がある。それは、陪審が合意できずに評決が出せない場合、被告人自身によって評決破棄の申立てがなされた場合、彼によって誤審令状の申立てがなされた場合、あるいは、起訴状自体が法的に犯罪を明記していない場合である(27)。

クリフォード裁判官の反対意見は、公判裁判官による宣告刑の取り消しは有効であり、これによって一度目の危険は取り除かれたので、二重の危険条項に違反しないとした。しかし、二重の危険条項が同一の犯罪について「二度目の処罰」を禁じるだけではなく、「二度目の公判審理」をも禁じるものであるとする点については法廷意見と同じである。[28]

合衆国対サンジェス（一八九二年）*United States v Sanges, 144 U.S. 310（1892）*.

被告人は、脱税事件の政府側証人に対して暴行及び殺人ないしその共謀をしたとして起訴された。被告人は起訴状自体に欠陥があるとして公訴棄却の申立て（demur）をした。裁判所は、この申立てを認めて公訴棄却判決をした。この判決に対して、連邦政府は、一八九一年裁判所法（The Judiciary Act of 1891）に基づいて、連邦最高裁に誤審（上訴）の申立てをした。一八九一年裁判所法は、「死刑犯罪またはその他の破廉恥罪の有罪判決」並びに「合衆国憲法の解釈または適用が問題となる事件」について、連邦最高裁への上訴を認めていた。この連邦法によって、被告側のみならず政府側にも上訴権が認められたのかどうかが問題となった。連邦最高裁は、全員一致で、少なくとも明文による許可がないかぎり、被告人に有利な判決に対して政府が上訴することはできない、一八九一年裁判所法はそうした許可を政府に与えてはいないとして、政府側の上訴を却下した。グレイ裁判官の法廷意見はこの結論をとる理由として、コモンロー以来の「二重の危険」禁止の意味を詳細に論じた。「この制定法をはじめ全ての議会制定法や憲法そのものも、われわれの法理の源泉であるコモンローに照らして解読されなければならない[29]」として、コモンローにおける二重の危険禁止の意味を論じた。そして、「ヘイル卿の時代からチャドウィック事件の時代にいたるまで、教科書は、ほとんど例外なしに、刑事事件においては、再公判（new trial）や誤審申立てができる当事者は被告人（あるいはその代理人）のみであり、被告人に有利な判決は最終かつ決定的（final and conclusive）であることを前提にしているかあるいはそう主張している」と結論した。[30]

次に法廷意見は州レベルの判例を考察する。無罪評決や公訴棄却判決に対する政府側の上訴を否定した多数の州最高裁判例[31]を引用する。[32] たとえば、一八一七年のテネシー州最高裁の判例[33]の一節を引用する。

誤審申立ては州政府のためにあるのではない。何人も同一の犯罪について二度の危険に遭わせられないというのはコモンローのルールである。この法的ルールがなければ、政府にとって不都合な人物は、繰り返し訴追を受けることで、嫌がらせを受け、攻撃され続けることになるだろう。このルールによって、刑事事件において被告人が無罪とされたときには、再公判(new trial)は許されないのである。誤審の申立ては被告人のための制度であり、被告人に対するものではない。これは市民の安全にとって極めて重要なルールである。[34]

また、一八四九年のジョージア州最高裁の判例[35]を引用する。

このコモンローの原理、そしてわが憲法の規定も、法の人間性に基づくものであり、政府との不釣り合いな抗争(unequal contest with the State)に引き立てられた市民の権利に対する用心深い配慮に基づくのである。連邦憲法に結実した、コモンローのこの恵み深いルールの精神において――慈悲の心をもった自由と正義の精神において――わが連合の複数の州において、刑事事件では政府側の誤審申立ては否定されたのである。[36]

合衆国対ボール(一八九六年)*United States v Ball, 163 U.S. 662(1896)*.

三人の被告人が共謀して被害者をけん銃で撃って殺害したとして起訴された。陪審は三人のうち二人、J・C・ボールとR・E・ブートゥウェルを有罪とし、残る一人M・F・ボールを無罪とした。裁判官はJ・C・ボールとブートゥウェルの二人に死刑を宣告し、M・F・ボールを放免した。J・C・ボールとブートゥウェルは連邦最高裁に誤審の申立てをし、本件の起訴状には欠陥があるから公訴棄却されるべきだと主張した。連邦最高裁は、本件起訴状には被害者ボックスがいつどこで亡くなったのか記載がなく訴因が特定されていないとして、有罪判決を破棄し、事件を公判裁判所に差し戻した。差し戻し後の公判裁判所は公訴棄却の判決をした。この公訴棄却を受けて、大陪審は三人を再び殺人罪で――今度はボックスの死亡の日時場所を特定して――起訴した。陪審は、今度は三人全員を有罪とし、裁判官は全員に死刑を宣告した。M・F・ボールは最初の無罪評決を根拠に、J・C・ボールとブートゥウェルは、最初の有罪評決を根拠に、いずれも、再度の公判は二重の危険条項に違反するとして連邦最高裁に誤審令状の申立てをした。連邦最高裁は、全員一致で、M・F・ボールに対する二度目の訴追は二重の危険禁止条項に違反するとした。グレイ裁判官の法廷意見はこう述べる。

管轄権のない裁判所による無罪判決は、もちろん、その事件における全ての手続がそうであるように、完全に無効であり、したがって、その犯罪を審理する管轄権のある裁判所でその後の訴追と公判審理を行うことを妨げるものではない。しかしながら、起訴状に致命的な欠陥があるとしても、その訴因と当事者に対して管轄権のある裁判所が下した判決は無効ではなく、誤審令状によって取り消されうるに過ぎない。そして、取り消されないかぎりその判決を間接的に弾劾することはできない。もしもその判決が有罪評決に基づくのであれば、それが破棄されなければ、それは有効であり、それにしたがって被告人は処罰されなければならず、人身保護令状による釈放もあり得ない。もしもその判決が無罪評決に基づくものであれば、当然のことながら、被告人はその破棄を求めないであろう。そして、政府側はその破棄を求めることはできないのである。(37) 事件について管轄権ある裁判所の判決は実質的に最終のものとなるのであり、別件によってその有効性と終局性を非難される理由はないのである。(38)

……

無罪の評決は最終的なものであり、誤審申立てであれ何であれ、彼を二度の危険に遭わせることなしに、すなわち憲法に違反することなしに、再審理することは不可能である。イングランドの法がどうであるかにかかわらず、この国において無罪の評決は、それに基づく判決が言い渡される前であっても、同じ犯罪についてその後に訴追することを禁じるのである(39)。

これに対して、J・C・ボールとブートゥウェルの「前の有罪」の抗弁は認められないとした。「もしも、彼らが前の事件の手続を破棄することを求めなければ、その評決と量刑は、新しい起訴状による審理を妨げるであろう。しかし、ある起訴に基づき彼の不利になされた判決の取り消しを求める被告人は、一度有罪とされたおなじ起訴状あるいは同一の犯罪に関する別の起訴状に基づいて審理されうるということは、明白なことである(40)」。

ケプナー対合衆国（一九〇四年）*Kepner v United States, 105 U.S. 100 (1904).*

米西戦争後のアメリカ統治下のフィリピン諸島の事件である。マニラ市内で開業する弁護士トーマス・E・ケプナーが依頼人から預かった現金を横領したとして起訴された。ケプナーはマニラで裁判官による公判審理を受け、無罪となった。検察側（アメリカ合衆国政府）は検察側の上訴を認める軍司令に基づいてフィリピン最高裁に上訴した。同最高裁は無罪判決を破棄して、ケプナーに拘禁刑を言い渡し、弁護士資格を停止した。ケプナーは、無罪判決に対する検察官上訴は、連邦議会が制定した「フィリピン諸島民政府に関する臨時法(41)」と合衆国憲法第五修正の二重の危険条項に違反するとして、合衆国最高裁に誤審救済の申立てをした。これに対して、政府側は次のような主張を展開した。連邦議会はアメリカ軍占領以前のフィリピン諸島で行われていた刑事手続、すなわちスペイン法による手続を温存することを目指していたのであり、スペインの手続では再終審裁判所が最終判断をするまでの手続が「一つの危険」と理解されている、と。連邦最高裁は政府側のこの主張を退けて、フィリピン諸島内においても、無罪判決に対する検察官上訴は上記の臨時法にも合衆国憲法にも違反するとした。デイ裁判官による法廷意見は次のように述べる。

〔臨時法第五節における〕これらの文言は、アメリカの法律家や憲法史の研究者には目新しいものではない。それらは、表現を少し変えてはいるものの実質を変えずに、合衆国憲法の最初の九つの修正条項にある、あの馴染み深い権利章典の言葉を表したものである。除かれているのは、陪審裁判の権利と人民の武器を持つ権利を保障する条項である。そして、第一三修正の奴隷、並びに、犯罪による刑罰の場合を除き、意に反する苦役を禁止する条項、第一編九節の私権剥奪法及び事後法の制定を禁止する条項も付け加えられている。こうした原理はスペイン法からとられたものではない。それらは、われわれの憲法から慎重に集められたものであり、生命と自由を保護するために、かの文書の保護装置をほとんど逐語的に表現したものである。

……

基本的な諸権利に関するこれらの文言は、わが国において頻繁に裁判所の審理の項目となり、その保持がわが政府の必須の課題であり続けるものであって、一体どうして議会は、これまでと異なる意味のものとしてこれらの文言を利用することができるであろうか[42]。

法廷意見は、ラング(一八七三年)、サンジェス(一八九二年)、ボール(一八九六年)等の先例を引用して、こう言う――「したがって、先行する危険には、評決に基づく判決がなされなくとも、正当に宣告された評決であれば含まれるのであり、たとえ欠陥のある起訴に基づくものであっても良いのである。本条項による保護は、原審が言うような、二度目の処罰(punishment)という危険に対するものではなく、同一の犯罪によって再び裁判を受けること(be tried)に対するものである」[43]。「被告人の有罪無罪を決定する権限のある第一審裁判所がケプナーを無罪と判断した以上、実体について彼を再審理することは、たとえ上訴審においてであれ、同一の犯罪について彼を二度の危険に遭わせることに他ならない」[44]。

これに対して、ホームズ裁判官は次のような反対意見を述べた――「何度裁判を受けるかに関係なく、同一の事件で一回以上の危険に晒されるということは論理的に不可能であると、私には思える。事件の開始から終結まで危険は一つの継続する危険である。」[45]そう考える理由について、ホームズ裁判官は、陪審の評決不一致のときには、再度の公判が行われることや、被告人自身が上訴した場合には二度目の公判が行われることを挙げる[46]。「原審の法的な誤りが彼にとって有利なものであれば、再度の公判は二度目の危険と言えるが、原審の誤りが彼にとって不利なときには、そう言えないということはないであろう。二度目の公判が被告人の要請によるものであるかどうかは関係ないのである」[47]。

パルコ対コネチカット（一九三七年）*Palko v Connecticut, 302 U.S. 319 (1937)*.

被告人パルコはコネチカット州の裁判所に第一級殺人罪で起訴された。陪審は彼を第二級殺人で有罪とし、裁判長は終身刑を宣告した。州政府は裁判長の許可を受けて同州最高誤審裁判所（the Supreme Court of Errors）に上訴した。コネチカット州法は、裁判所の許可があれば政府側も上訴できるとしていた。最高誤審裁判所は、第一審の手続にはパルコの自白を排除した点などに手続違反があったとして[48]、政府の上訴を容れて原判決を破棄し、再公判を命じた。再度の公判が開かれ陪審はパルコを第一級殺人罪で有罪とし、裁判官は死刑を宣告した。被告人はコネチカット州最高誤審裁判所に上訴したが、同裁判所は上訴を棄却した。そこで、彼は合衆国最高裁判所に上訴した。被告人は、二重の危険条項を含む合衆国憲法第五修正は、第一四修正のデュー・プロセス条項[49]を通じて、州政府にも適用がある、したがって、州の刑事事件でも第一審判決に対する検察官上訴は違憲である、と主張した。連邦最高裁判所はこの主張を退け、パルコの上訴を棄却した。

カードーゾ裁判官の法廷意見は、過去の最高裁判例を分析して、第一四修正を通じて州に適用される権利は「それぞれの修正条項の個別の誓約のうち、秩序だった自由という概念(the concept of ordered liberty)を含意するものの力が、連邦政府に対して有効に作用するように、第一四修正を通じて州政府に対しても有効に作用するのである」と言う。[50]

そして、二重の危険条項はこの基準を満たしていないという。

それは、制定法が彼にあまりに厳しい苦難を与えるものであり、われわれの政体にとって耐えられないほどショッキングな内容の二重の危険なのか？　それは「われわれの市民的・政治的制度全ての基礎に横たわる自由と正義の基本原理」を侵害するものなのか？　答えは確実に「ノー」である。政府が、原審の誤りとは無関係に、何度でも被告人を審理できるとか、繰り返し別件を提起できるとしたら答えはどうなるか。われわれはその問を考える必要はない。われわれはいま目の前にある制定法を検討するのであって、それだけである。州政府は、多数の公判を繰り返して被告人を疲弊させようとしているわけではない。州政府が求めているのは、重大な法律違反による腐食を免れた公判が行われるまで、被告人に対する事件は続けられるべきだということであり、それに尽きる。これは残虐では全くないし、いかなるものであれ濫訴と言えるものでもない。[51]

バトラー裁判官はただ一人反対を表明したが、意見は執筆しなかった。[52]

グリーン対合衆国(一九五七年)*Green v United States, 355 U.S. 184(1957).*

被告人グリーンは放火とその放火によって女性を殺害したという第一級殺人の二つの訴因で連邦裁判所に起訴された。裁判長は、陪審に向けて、第一級殺人罪の訴因には第二級殺人の訴因も含まれるので、その訴因について第二級殺人罪で有罪とすることも可能であると説示した。陪審はグリーンを放火と第二級殺人罪で有罪と評決したが、第一級殺人の訴因については何も言わなかった。裁判官はこの評決に基づいて、放火につき一年から三年の拘禁刑、第二級殺人について五年から二〇年の拘禁刑を言い渡した。被告人が上訴し、控訴裁判所は原判決を破棄して再公判を命じた。再公判はオリジナルの起訴状に基づいて審理された。グリーンはこの再公判は二重の危険条項に違反するとして異議を申し立てたが、異議は退けられた。陪審は被告人を放火と第一級殺人によって有罪と評決し、裁判官は死刑を宣告した。グリーンは控訴したが、控訴裁判所がそれを棄却したので、連邦最高裁に上訴した。最高裁は、第二級殺人で有罪とした陪審の評決は、第一級殺人について黙示的に無罪評決をしたものであるといえる、したがって、第一級殺人による再公判は二重の危険条項に違反するとした(53)。法廷意見を執筆したブラック裁判官は、二重の危険条項の歴史と哲学をこう説明した。

憲法による「二重の危険」の禁止は、犯罪の訴追により裁判を受け有罪判決を受ける可能性に直面するという危難を一度ならず被ることから個人を保護することを意図するものである。憲法を採択した世代に多大な影響を及ぼした『イギリス法注解』においてブラックストンはこう述べている。

「……無罪先行の抗弁（plea of *autrefois acquit*）は、何人も同一の犯罪のために繰り返し彼の生命が危険に晒されることはないという、イングランドのコモンローにおいて広く知られた法諺に基礎を置くものである」。

当裁判所もラング事件において実質的に同じ見解に与した。

「コモンローは、同一の犯罪のために二度処罰されることを禁じただけではなく、さらに進んで、同一の犯罪のために二度裁判を受けることを禁じたのであり、それは、被告人が実際に処罰されたかどうか、あるいは、前の裁判において彼が無罪とされたか有罪とされたかには関係がない」と。

その基礎にある理念、少なくとも英米の法思想の体系に深く刻み込まれた理念は、次のようなものである。すなわち、政府は、その有する全ての資源と権力とを用いて個人を断罪する試みを繰り返すことによって、彼をして困惑させ、出費をさせ、試練にさらし、持続する憂慮と不安のうちに生きることをやむなくさせ、そして、無罪であっても有罪とされる危険を高めるようなことをしてはならないということである。(54)

そして、ホームズ裁判官の「継続する危険」の概念を明確に否定した。

この哲学にしたがって、第五修正のもとでは、陪審による無罪評決は最終判断であり、被告人の危険を終わらせるものであって、たとえ「引き続く裁判官の決定がなされる前であっても、同一の犯罪についてその後に訴追がなされることを阻止する」ものであるということが、長きにわたって当然とされてきた。こうして、たとえ無罪評決が明らかに誤りであっても、政府が上訴によって再公判を求めることを許さないということが、われわれの刑事法における初歩的な原理の一つとされてきたのである。(55)

ベントン対メリーランド（一九六九年）*Benton v Maryland, 395 U.S. 784 (1969).*

被告人ベントンは、メリーランド州の裁判所で窃盗と侵入盗の訴因で起訴された。陪審は、窃盗について無罪、侵入盗について有罪の評決をし、ベントンは一〇年の拘禁刑を言い渡された。被告人はメリーランド州控訴裁判所に上訴を申し立てたが、その直後に同裁判所は、陪審員に神の存在を信じる旨を宣誓させる州憲法の規定を無効とする決定をしたために[56]、ベントンの公判はやり直されることになった。彼は再び窃盗と侵入盗の両訴因で起訴された。被告人は窃盗での再公判は二重の危険条項に違反するとして異議を述べたが、異議は棄却された。陪審はベントンを窃盗と侵入盗の両方で有罪と評決し、裁判官は一五年の拘禁刑を言い渡した。メリーランド州控訴裁判所は彼の上訴を棄却し、ベントンは連邦最高裁に上告受理の申立てをした。連邦最高裁は、パルコ判決(一九三七年)を破棄し、第五修正の二重の危険条項は、第一四修正を通じて州にも適用されるとした。マーシャル裁判官による法廷意見は、第五修正の黙秘権、第六修正の弁護権や陪審裁判を受ける権利が州に適用されると判断した一九六〇年代の判例を引いて、「パルコの根底は何年も前に覆された。本日、われわれは避けられない事態を認めたに過ぎない」と述べた[57][58]。

二重の危険に対する保証のもつ根源的な性質は、ほとんど疑いようがない。その起源は古代ギリシャやローマに遡ることができる。そして、それはこの国が独立するはるか以前にイギリスのコモンローの中に確立されたのである。その他多くのコモンローの要素とともに、それは、その原理を『イギリス法注解』の中に成文化したブラックストンを通じて、わが国の法学の中に持ち込まれた。「無罪先行の抗弁(plea of *autrefois acquit*)は」、彼は書いた、「何人も同一の犯罪のために繰り返し彼の生命が危険に晒されることはないという、イングランドのコモンローにおいて広く知られた法諺に基礎をおくものである」と。

今日においては、全ての州が何らかの形で、憲法やコモンローの中にこの禁止を盛り込んでいる。グリーン対合衆国(一九五七年)において当裁判所が述べたように、「その基礎にある理念、少なくとも英米の法思想の体系に深く刻み込まれた理念は、次のようなものである。すなわち、政府は、その有する全ての資源と権力とを用いて個人を断罪する試みを繰り返すことによって、彼をして困惑させ、出費をさせ、試練にさらし、持続する憂慮と不安のうちに生きることをやむなくさせ、そして、無罪であっても有罪とされる危険を高めるようなことをしてはならないということである」。この基礎的な認識は、そもそもの初めから、われわれの憲法的伝統の一部だったのである。陪審裁判への権利と同様に、それは明らかに「アメリカの正義の仕組みにとって基本的なもの」なのである。[59]

バークス対合衆国(一九七八年)*Burks v United States, 437 U.S. 1(1978)*.

バークスは危険な武器を使用して銀行強盗を行った罪で起訴された。弁護側は心神喪失の主張をし、三人の弁護側精神科医がその主張に沿った証言をした。検察側は二人の専門家と一人の素人証人を提出した。陪審は有罪の評決をした。弁護側は証拠不十分であるとして、原審で再公判の申立てをしたが、原審裁判官はこれを棄却した。被告人が控訴を申し立てた。控訴裁判所は、弁護側の専門家証人によって心神喪失の主張が確からしい(*prima facie*)という立証はできており、これに対する検察側証人の証言は反証として不十分であるとして、原判決を破棄した。そして、控訴裁判所は、無罪の指示評決(directed verdict)をするか再公判(new trial)をするかを判断させるために事件を第一審に差し戻した。被告人は、控訴裁判所による証拠不十分の判断は、第一審の無罪評決と同じであるから、再度の公判審理を行うことは二重の危険にあたるとして、連邦最高裁に上告受理を申し立てた。最高裁は全員一致で「ひとたび上訴審が証拠不十分と判断したときには、二重の危険条項によって二度目の公判は禁じられる」と判断した。バーガー首席裁判官による法廷意見はこう言う。

もしも地方裁判所が、上訴審が言うように、〔有罪の証拠は不十分だった〕と最初に判断したのであれば、無罪判決が言い渡されたはずであり、それによって、もちろん、上告人は同じ犯罪について再度公判審理を受けることはなかったのである。……証拠が十分であったかどうかの判断が上訴審によるのか、公判裁判所によるのかによって、何らの違いもない。……二重の危険条項は、第一審で検察が収集することができなかった証拠を提出する機会をもう一度与えるために二度目の公判を行うことを禁じるのである。これこそが、繰り返される公判を禁止するという目的の中核である。[60]

連邦最高裁は、証拠不十分による破棄と公判裁判所の手続違反による破棄とは峻別されるべきだという。

有罪判決に至る手続に破棄事由にあたる欠陥があるからと言って、全ての被告人に処罰を免れさせるというのは、社会にとって高すぎる代償である。……それは被告人が有罪か無罪かに関して何も示してはいない。そうではなく、それは、例えば、証拠の許容性判断を誤ったとか、説示の誤りとか、検察側の過誤というような、基本的な欠陥のある司法手続を通じて被告人が有罪とされたという決定である。こうした事態が起こったときに、被告人側に、過誤のない公正な手続でもう一度有罪無罪の判断をしてもらう強い利益があるのと同じように、社会の側にも、犯罪者の処罰を確保することに関する正当な利益があるのである。公判での証拠が足りないために被告人の有罪判決が覆された場合は、これと異なる。検察はどのようなものであれ自ら収集した証拠を提出する機会を一度与えられたのであるから、そうした利益を主張することはできないのである。[61]

合衆国対ディフランチェスコ(一九八〇年)*United States v DiFrancesco, 449 U.S. 117(1980).*

一九七〇年連邦組織犯罪対策法三五七五節は、量刑審理を行う裁判所に対して「特別危険犯罪者」(dangerous special offender)に該当する被告人に対して通常の刑よりも重い刑を科すこと、さらに、公判裁判所の量刑について政府側が連邦控訴裁判所に上訴することを認めていた。放火、脅迫、連邦財産の破壊など多数の前科がある被告人ディフランチェスコは、ニュー・ヨークの連邦地裁に脅迫、放火の罪で起訴された。政府は三五七五節に基づいて、裁判官に

「特別危険犯罪者」の認定と量刑を求めた。裁判官はディフランチェスコを「特別危険犯罪者」と認定したが、実質的に通常の刑を一年増加するだけの刑を宣告した。連邦政府はこの量刑を不服として、三五七五節に基づき、連邦控訴裁判所に上訴した。控訴裁判所は、政府による上訴は二重の危険条項に違反するとして、上訴を棄却した。合衆国政府が連邦最高裁に上告受理の申立てをした。連邦最高裁は、連邦組織犯罪対策法三五七五節に基づく政府の量刑に関する上訴は二重の危険条項に違反しないとした。ブラックマン裁判官による法廷意見は、二重の危険条項は、有罪評決後の量刑に関して政府側が上訴することを禁じていないという。

無罪評決(acquittal)には特別の重みが与えられてきた。二重の危険に対する憲法上の保護が、無罪評決に続く再度の公判を禁じることは疑いがない。なぜなら刑事判決の終局性への公共の利益が非常に強いので、たとえ「無罪評決が甚だしく誤った理由によるものであったとしても」無罪評決を受けた被告人の再審理は許されないのである。終局判決によって被告人の無罪が認められたならば、第二の公判は不公正なものとみなされるというのが憲法の結論である。

その無罪評決がいかに誤りかもしれないとしても、政府がその優越的な資源を利用して被告人を疲弊させて、「無罪であっても有罪とされる危険を高めるようなこと」をするという受け入れがたいリスクがそこに存在するので、この結論は正当化されるのである。陪審による無罪の評決に対しては絶対的な終局性(absolute finality)が与えられなければならないのである。

しかしながら、公判の結果が無罪でないならば、結論は全く異なる。当裁判所は、「明白な必要性」に基づく手続打ち切り(mistrial)が行われた場合に政府は再度の訴追ができることを長年にわたって認めてきた。さらに、被告側の申立てによって手続打ち切りがなされた場合も、政府が意図的に手続打ち切りの申立てをさせたのでないかぎり、再訴追の妨げにならないとした。

同様に、有罪無罪とは関係ない理由に基づく被告人の申立てによって陪審の評決前に公判が終了した場合も、政府はその決定に対する上訴審の審査を求めることができ、その結果その決定が破棄されて再度の公判が必要となっても良いのである。事実認定者によって有罪の評決がなされた後であるならば、なおさらのこと、二重の危険条項は、被告人に有利な判断に対して政府が上訴する妨げとはならないはずである。

最後に、最初の公判が有罪評決に終わり、被告人の申立てによってその評決が取り消されたときは、二重の危険条項は、その被告人を再審理する権限に対して何らの制約にもならないのである。有罪評決に至った手続に破棄の原因となる欠陥があるからと言って、全ての被告人が処罰を免れるというのは社会にとって高すぎる代償である。刑事被告人が制定法上の上訴権を行使して最初の有罪評決を覆すことに成功したあとに、もう一度裁判を受けることを求めることは、二重の危険条項が防御することを意図した政府による抑圧行為とは異なるものである。しかし、この原則には例外がある。有罪評決が証拠不十分のために破棄されたときは、再度の公判は二重の危険条項によって禁じられるのである。[62]

法廷意見は、コモンロー以来の歴史において、有罪評決に基づく裁判官の量刑判断には、無罪評決に対するのと同様の「重み」が与えられてこなかったことを指摘し、「無罪評決後に訴追を継続することを禁じるという二重の危険への考慮は、量刑判断の再審査を禁じはしない」と結論した。[63]

ブリングトン対ミズーリ（一九八一年）*Bullington v Missouri, 451 U.S. 430 (1981).*

ミズーリ州法では、死刑相当殺人（capital murder）で有罪となった者の量刑は、死刑か五〇年間仮釈放を認めない終身刑のどちらかであった。量刑審理は有罪評決をしたのと同じ陪審の前で行わなければならない。検察官が合理的な疑いを容れない程度に、法が定める刑加重状況(aggravating circumstances)を立証しないかぎり、死刑を科すことはできない。死刑を科すには陪審員の全員一致の評決が必要である。ロバート・ブリングトンは死刑相当殺人罪で起訴され、陪審によって有罪の評決をされた。同じ陪審の前で量刑審理が行われ、陪審は、五〇年間仮釈放なしの終身刑が相当であるとの評決をした。被告人は裁判所に対して無罪判決または再公判の申立てをした。その後に、女性の陪審員候補者は自動的に職務免除の申し出ができるというミズーリ州法は違憲であるという連邦最高裁判決[64]が出されたため、裁判所はブリングトンに再公判を認めた。州政府は再度の公判でも死刑を求めるという通知を出した。被告人は再度の死刑審理の要求は二重の危険条項に違反するとして異議を申し立てた。公判裁判所はこの異議を認め、州側に死刑を求めることを禁じる命令を出した。州政府の申立てにより、ミズーリ州最高裁は、公判裁判所に対して職務禁止令状(writ of prohibition)を出した。ブリングトンは連邦最高裁に上告受理申立てを行った。連邦最高裁は、二度目の公判で州政府が死刑審理を求めるのは、二重の危険条項に違反するとした。

法廷意見を執筆したのはディフランチェスコ判決を書いたブラックマン裁判官である。彼は、ミズーリ州法による死刑か終身刑かの量刑審理は、ディフランチェスコ判決で述べたような量刑審理とは異なり、有罪無罪の公判審理に匹敵するという。

この事件における陪審は、制定法によって許された広い選択肢から相当な刑罰を選ぶという、緩やかな裁量は与えられなかった。そうではなく、独立の公判審理が要求され、実際にそれが行われ、陪審には二つの選択肢のみが与えられ、選択のための基準まで予め用意された。検察官は、相当と考える刑罰を推薦するのではなかった。検察官は、二つの評決のうちより厳しいものを獲得することを目指して、合理的な疑問を超える程度に特定の事実を立証する責任を負っていた。この量刑審理は、関連するあらゆる点から見て、直前に行われた有罪無罪に関する公判審理と似たものであった[65]。

「有罪か無罪かという論点についての無罪評決は、もちろん、絶対的に最終的なもの（absolutely final）である」と法廷意見は言う。そして、「ブラック裁判官が〔グリーン判決で〕当裁判所のために述べた、この原理の下に横たわる価値は、被告人は死に値するとの州政府の主張を陪審が拒否したときにも、等しく当てはまるのである」と[66]。

以上の先例を通じて連邦最高裁が二重の危険条項の要請と認めたルールを要約すると次のとおりである。

1　陪審の無罪評決や裁判所の無罪判決には絶対的な終局性がある。それが如何に誤ったものであっても、検察側は上訴できない。

2　有罪評決（判決）に対して被告側が上訴し、上訴審が原審の手続違反を理由に原判決を破棄した場合には、被告人が再度の公判審理を受けることは二重の危険にあたらない。

3　上訴審が証拠不十分を理由に有罪評決（判決）を破棄したときは、その破棄判決には陪審の無罪評決と同等の終局性が認められ、被告人に再度の公判審理を受けさせることはできない。

4　公判裁判所の量刑判断に対して検察官はより重い量刑を求めて上訴できる。

5　死刑か終身刑かを判断する陪審の量刑審理のように、量刑基準が定められ、検察側に合理的な疑問を超える立証を要求するなど、有罪無罪の公判審理と類似した審理を経たあとの判断は終局性を有し、検察官は上訴できない。

四　憲法三九条の制定過程

日本国憲法三九条はこう定めている——「何人も、実行の時に適法であつた行為又は既に無罪とされた行為については、刑事上の責任を問はれない。又、同一の犯罪について、重ねて刑事上の責任を問はれない」。この条文の第一文（前段）の前半は刑事事後法（*ex post facto* law）の禁止を定めたものである。その後半と第二文（後段）は、合衆国憲法第五修正の二重の危険条項をわが国に輸入したものである。このことは、日本国憲法の公定英訳文と第六修正の条文を対比してみれば一目瞭然である。[69] そのことはまた憲法三九条の起草過程からも裏付けられる。[70]

ＧＨＱ草案では刑事事後法の禁止（三九条）と二重の危険の禁止（三七条二項）は全く別の条文に定められていた。ＧＨＱとの折衝を担当した内閣法制局の入江俊郎や佐藤達夫らは当初「二重の危険」（double jeopardy）の意味を知らなかった。[71] 彼らは、ＧＨＱ草案三七条二項は被告人に有利な再審を制約する可能性があると考えて、これを削ったうえ「何人も、実行の時に適法であつた行為について刑事上の責任を問はれない」という事後法禁止規定（三九条）のなかに「又は既に無罪とされた行為については」を挿入する案を一旦作成し、「憲法改正草案要綱」（三月六日要綱）として公表してしまった。しかし、ＧＨＱ側は二重の危険条項の削除には決して同意しなかった。そこで、日本政府は急遽草案要綱の条文の末尾にこれを付け足すことにしたのである。[72] この経緯に照らすならば、三九条の前段後半と後段はともに二重の危険条項を定めたものというべきである。[73]

三九条前段も後段もともに「刑事上の責任を問われない」としていることから、同条は二重処罰を禁じたものに過ぎないという見解[74]は、憲法の制定過程や公定英文の存在を無視して、日本語の字面を恣意的になぞっただけである。また、同条が二重の危険を定めたものだとすれば、合衆国憲法第五修正のように単一の文章で表現されるはずであるのに、一つのことを前段後半と後段に分けて記載しているのは、これが二重の危険条項ではないことを示すという見解[75]は、前述した内閣法制局とGHQとの交渉の経緯を無視するものである。いまから七〇年前に村瀬直養弁護士は——恐らく憲法制定過程に関する情報を何も知らないまま——三九条前段後半は「前の無罪」(*autrefois acquit*)の抗弁を、後段は「前の有罪」(*autrefois convict*)の抗弁を規定したものであって、「実に米国憲法の規定を一層明瞭に規定せるものに外ならないのであります」と論じた。[76]この指摘は極めて正しい。

五　昭和二五年大法廷判決の再検討

最高裁判所大法廷昭和二五年九月二七日判決は、次のように説示して、下級審判決に対して検事が上訴することは憲法三九条に違反しないと述べた。

一審の手続も控訴審の手続もまた、上告審のそれも同じ事件においては、継続せる一つの危険の各部分たるにすぎないのである。従つて同じ事件においては、いかなる段階においても唯一の危険があるのみであつて、そこには二重危険(ダブル、ジエパーデイ)ないし二度危険(トワイス、ジエパーデイ)というものは存在しない。それ故に、下級審における無罪又は有罪判決に対し、検察官が上訴をなし有罪又はより重き刑の判決を求めることは、被告人を二重の危険に曝すものでもなく、従ってまた憲法三九条に違反して重ねて刑事上の責任を問うものでもない。[77]

この大法廷判決は、無罪判決に対する検察官上訴は憲法三九条に違反しないとした先例であると理解され、今日まで七〇年間にわたって微動だにせず、[78]わが国の実務はその理解のもとに運営されてきたと言って良い。しかし、この大法廷判決にそれほど大きな先例的価値があるのか、はなはだ疑問である。

確かに判決文は「無罪……判決に対し、検察官が上訴をなし、……有罪……判決を求めること」は憲法三九条に違反しないと言っている。しかし、本件は「無罪判決に対する検察官上訴」が問題となった事案ではない。選挙法違反事件[79]で一審有罪判決が罰金刑としたのに対して検察官が量刑不当を理由に控訴し、控訴審が原判決を破棄して禁固三カ月の実刑を言い渡したという事案である。弁護人は「検察官が刑の量定が軽きに失するとの理由により更に重き処罰を求める本件の控訴を認めたことは憲法三九条に違反する」と言って上告したのである[80]。ディフランチェスコ判決(一九八〇年)が言うように、第五修正の二重の危険条項の下においても、有罪評決に基づく裁判所の量刑判断に対して、検察官はより重い量刑を求めて上訴することができるのである。大法廷判決の説示のなかで判例として拘束力をもつ判決理由(*ratio decidendi*)となるのは、「有罪判決に対し、検察官が上訴をなし……より重き刑の判決を求めること」は憲法三九条に違反しないという部分だけである。「無罪判決に対する検察官上訴」に関する部分は傍論(*obiter dictum*)であり、判例としての拘束力をもたないと言うべきである。

大法廷判決は、一審から上告審までを「継続せる一つの危険」であると言った。これはケプナー判決(一九〇四年)におけるホームズ裁判官の反対意見を思い起こさせる。法廷意見に参加した真野毅裁判官は、前年五月一八日の大法廷判決に付した補足意見のなかで、免訴を言い渡した控訴審判決に検察官が上訴するのは憲法三九条に違反すると言ってケプナー判決を引用する弁護人の答弁を批判して、同判決にはホームズ裁判官の反対意見が付され、それがその後パルコ判決(一九三七年)で認められるに至ったと述べている[81]。この真野裁判官の意見が昭和二五年大法廷判決の法廷意見を主導したと思われる。

しかし、既に検討したように、パルコ判決は、二重の危険条項が第一四修正のデュー・プロセス条項を通じて州に適用されることはないとした先例(後にベントン判決(一九六九年)で破棄された)であって、ホームズ反対意見(継続する危険)を法廷意見として認めたものではない。この点に関する真野裁判官の認識は誤りである。ホームズ裁判官の意見は、コモンローにも連邦最高裁の判例にも基礎がない。先に引用したように、彼の意見の根拠は、原審の誤りが被告人に有利なときと不利なときとで「危険」の意味を変えるのは「論理的に不可能」だという、理論的なものである。その後の判例が彼の理論を支持したことはなく、一九五七年のグリーン判決はこれを明確に否定したのである。

栗山茂裁判官の補足意見は、三九条はコモンローの二重の危険を移植したものだとするが、わが国の控訴審はアメリカのそれのような「非常救済の手段」ではなく、「一連の訴訟手続の一部」であるから、「同一問責の状態は継続する」ので、検事上訴は二重の危険にならないという。(82) このアメリカ法に対する認識も誤りである。アメリカでも公判裁判所の判決に対する上訴裁判所(court of appeals)への上訴(appeal)は通常の手続である。アメリカにも審級的救済とは別系統の――「非常」(extraordinary)と呼ばれることもある――救済手続がある。例えば、人身保護令状(writ of habeas corpus)、上告受理令状(writ of certiorari)、職務執行令状(writ of mandamus)などの申立てである。二重の危険条項が禁じる手続はこれらに限られないのである。

昭和二五年大法廷判決は無罪判決に対する検察官上訴を合憲とした判例ではない。そして、その判断の根拠となった「継続する危険」の理論は二重の危険条項の歴史的発展のなかでは異端の理論であって、歴史的にも法理論的にも大方の支持を集めたことはない。今日では完全に否定された見解である。

六　困惑、出費、試練……日本の刑事訴追における「危険」

二重の危険の禁止という憲法上の保障には、刑事訴追というものが巨大な権限と権威を持った国家と何等の権限も権威もない一個人との間の紛争であることについての深い洞察がある。それは、「政府との不釣り合いな抗争に引き立てられた市民の権利に対する用心深い配慮[83]」に基づく保護措置であり、政府が「全ての資源と権力とを用いて個人を断罪する試みを繰り返すこと[84]」に対する危惧の念の表明でもある。要するに、二重の危険条項は、訴訟法理論の帰結というよりは、刑事訴追というものが個人に与える多大な負担への認識と刑事裁判の公平性と信頼性への配慮に根差した、人権保護規定なのである。

こうした認識や配慮は、一七世紀のイギリスや二〇世紀のアメリカにおいてだけ問題になるのではなく、二一世紀の日本国でも問題なのである。困難な戦いを経て無罪判決を受けた被告人にもう一度戦いを強いる日本の制度は被告人を「困惑させ、出費をさせ、試練にさらし、持続する憂慮と不安のうちに生きることをやむなくさせ、そして、無罪であっても有罪とされる危険を高める[85]」のである。グリーン判決の指摘は日本の刑事裁判でも現実のものである。アメリカと比較して、日本の刑事裁判ではそれが格段に小さいなどということはない。

いや、日本の刑事被告人が直面する「危険」(jeopardy)[86]の質や量はアメリカの被告人のそれよりも深刻で大きいと言える。アメリカでは重罪事件の被告人のうち六〇％以上が公判開始前に保釈されている[87]。日本では「権利保釈」という制度はもはや存在しない。保釈は、罪を自白したり検察官の立証に協力したりしたことに対する褒美・恩典である。捜査段階で黙秘したり否認したりすれば日本の裁判官は保釈を却下する。否認事件で公判開始前に保釈されるのは一〇〇人のうち四人に過ぎない[88]。無罪を主張する被告人は社会から隔離され、職を失い、ときには家族をも失う。アメリカでは、身柄拘束された被疑者は黙秘権(憲法第五修正)に基づいて捜査機関の取調べを拒否することができる[89]。日本の憲法にも黙秘権の保障は定められているが(憲法三八条一項)、逮捕勾留された被疑者は捜査官の要求に応じて取調室にとどまらなければならない[90]。証拠法の運用も、日本で無罪を主張する被告人には非常に厳しいものがある。アメリカでは捜査官が作成した供述調書は、被告人の有罪を証明するための証拠として許容されることはない[91]。日本では供述者が法廷で異なることを話したり、召喚不能だというだけで、検事が作った調書が採用されてしまう[92]。アメリカでは自己に有利な証人を得るために強制手続を利用する権利が憲法上保障されており（第六修正）、裁判所書記官は被告人の求めに応じて証人名を空欄にした「白紙召喚状」(blank subpoena)を発行しなければならない[93]。日本の憲法にも強制手続条項があるが（三七条二項）、日本の裁判所は決して被告人に白紙召喚状を発行することはない。それどころか、証拠法上の関連性がみとめられても「必要性」がないと言って被告人が申請する証人を却下することがしばしばある。アメリカの被告人には自分を証人申請して、宣誓の上で証言する権利がある[94]。日本の被告人は宣誓の上で証言することができない。そのために、事実認定者は、一七世紀イギリスの事実認定者と同じように、検察側の証人と比べて被告人の供述は最初から信頼性に欠けるものと評価する[95]。

要するに、二重の危険条項が個人に二度体験させることを禁じた「危険」は日本の刑事公判手続のなかにも存在するのである。そして、わが国においても、アメリカと同様、無罪判決に対する検事上訴を認めることは、この危険を繰り返すことにほかならないのである。

七　裁判員裁判に対する検事控訴

昭和二五年大法廷判決の当時裁判員裁判はなかった。大法廷が「継続せる一つの危険の各部分たるにすぎない」と言った第一審から上告審までの判断は全て職業裁判官のものであった。一審から上告審まで判断者は同質であった。しかし、裁判員裁判では第一審と上訴審とでは全く判断者の質が異なる。第一審には三名の職業裁判官のほかに六名の一般市民が参加するのである。一審公判と上訴審との間には明白な質的な差異が生まれた。そして、「第一審無罪判決の重み」はそれまでとは比較にならないくらいに大きくなったのである。それは政府の一員である裁判官の判断ではなく、主権者である国民の判断そしてコミュニティーの代表である市民の意見なのである。その判断や意見を国民から権限の付託を受け市民に奉仕する公僕であるはずの職業裁判官が一方的に覆すというのは、この国の成り立ちの根本である国民主権を否定するものである。

判断の質という点からも、裁判員裁判の無罪判決を職業裁判官が覆すというのは不条理である。裁判員裁判では、集中的な公判審理が行われる。そして、公判審理は人証が中心であり、捜査官が作成した供述調書の取調べは例外的である。裁判員裁判では、事実認定者は、書類を読んで判断するのではなく、証人たちが法廷で語ることを直接見て聞いて判断するのである。証人尋問を見てもいない、聞いてもいない上訴審の裁判官が、訴訟記録という書類を読んだだけで彼らの判断を覆すのは、明らかに不合理でありアンフェアである。

そしてさらに、裁判員裁判では三人の職業裁判官のほかに多様な背景をもった六人の市民が特別多数決で事実認定を行う。この判断を同質的な三人の公務員が単純多数決で破棄するというのは不条理である。仮に一審が全員一致で無罪を言い渡したのを高等裁判所が多数決で自判し有罪の判断をしたのだとすると、裁判に関与した一二人のうち一〇人(そのうちに六人の市民が含まれる)が無罪の意見であっても、たった二人の職業裁判官の意見によって被告人は有罪になってしまうということである。これこそまさに、二重の危険禁止の「背後にある理念」(グリーン判決)に真っ向から背くものである。

八 結論

現行刑事訴訟法(一九四八年)の制定過程にもGHQの法律家が関わった。しかし、彼らはGHQ草案の刑事人権規定を起草した法律家――ケーディス、ハッシー、ラウエルら――とは異なる。刑訴法の制定に関わった法律家――オプラー、アップルトンら――は、大陸法的な刑事訴訟法に理解を示し、ホームズ裁判官の「継続する危険」論(一九〇四年）や検事上訴を認めるコネチカット州法の合憲性を認めたパルコ判決（一九三七年）を支持していたようである[96]。検察官の一般的な上訴権を温存したのは、彼らと日本の司法省の役人やその周辺にいた御用学者との合作と言ってよい。連邦最高裁が「継続する危険」論を明確に否定するのは一〇年後、パルコ判決を破棄したのは二〇年後である。GHQの法律家は、それでも、検事上訴が憲法三九条に適合するかどうかは将来日本の最高裁が決定すべきことであると理解していた[97]。彼らアメリカの法律家は、しかし、日本の最高裁がこの問題についてたった一つの判決を出し、それがその後七〇年の長きにわたって、検事上訴の全ての場面で「先例」として君臨し続けると予想しただろうか？アメリカの判例がそうであるように、事案ごとに論点を析出して、憲法のテキストとその歴史を振り返りながら法理を紡ぎだし、ときに変更してゆくという判例法の進化を想定したのではないだろうか？

有罪率九九％は決して誇るべき数字ではない。むしろ恥ずべき数字である。現代の自由主義的な法教育と実務を経験した法律家であれば、そうした極限的な数字を聞いて、その国の司法の信頼性に疑惑の念を持つはずである。有罪率九九％を支えているのは、黙秘権なき取調べ実務や人質司法だけではない。無罪判決に対する検事上訴という仕組みが、公判裁判所による「疑わしきは被告人の利益に」の原則の貫徹を阻害しているのである。公判裁判官は、公判廷で自ら直接見聞した証人や被告人たちの供述から得た心証に基づいて、合理的な疑問が払拭されないという直感を頼りに無罪を言い渡すことが許されない。公判調書という文字情報に基づき、検察官はもとより上級審裁判官の反論を予測し予めそれを封殺するような作文をしなければ、その判断は覆されてしまう[98]。これは法が設定した無罪判決の基準（合理的な疑い）とは全く異質の、高いハードルを被告人側に課すものに他ならない。無罪判決に対する検察官上訴を否定することで、合理的な疑いの基準が現実の保障となることが期待できる[99]。

無罪判決に対する検察官上訴は憲法三九条の二重の危険条項に違反する。そして、その点に関する最高裁判例はまだ存在していない。昭和二五年大法廷判決はこの問題についての先例ではない。最高裁判所は、裁判員裁判が行われている現代の視点から、二重の危険条項の歴史的展開を振り返り、その現代的意義を深く考察して、この論点にあらたに立ち向かうべきである。

(1) 最高裁判所『平成二七年司法統計年報(刑事事件編)』、第二五表。

(2) 無罪主張する被告人のうち何人が実際に無罪になるかという統計はない。しかし、同じ年に無罪判決を得た被告人の数は七〇人くらいである。同前、第九表。

(3) Mike McConville, Criminal Justice in China: An Empirical Inquiry, Edward Elgar, 2011, at 353-357; Te-Png Chen, China Convicts Almost Everyone It Accuses; One Group Is Fighting Back, July 1, 2014 Wall Street Journal, web site, https://www.wsj.com/articles/the-fight-to-free-the-innocent-from-chinas-99-9-conviction-rate-1467384598.

(4) 最高裁判所・前注1、第六九表。

(5) 平田元「無罪判決に対する上訴禁止に関連して」ジュリスト九三〇-一六二(一九八九年)。

(6) 例えば、東京高判平二三・三・二九刑集六六-九-九四七(上告審で破棄)、東京高判平二三・三・三〇刑集六六-四-五五九(上告審で破棄)、大阪高判平二四・三・二刑集六八-三-二六七(上告棄却)、東京高判平二四・四・四刑集六七-七-八五八(上告棄却)、東京高判平二八・七・一四判例秘書LD7120321(上告棄却)など。

(7) 最大判昭二五・九・二七刑集四-九-一八〇五、一八〇六頁。

(8) 村瀬直養「検事上訴の違憲性について」法律新報七五七-一六(一九五〇年)、大塚喜一郎「二重危険の原則の適用について」判タ二一-三五(一九五二年)、坂口裕英「検察官の上訴と二重の危険」芦部信喜編『憲法判例百選(第三版)』(有斐閣一九七四年)、一六二頁、高倉新喜「検察官上訴の研究——二重の危険の原理の観点から」北大法学研究科ジュニア・リサーチ・ジャーナル一-七一(一九九四年)、上野勝「第三九条」憲法的刑事手続研究会編『憲法的刑事手続』(日本評論社一九九七年)、四九一頁など。

(9) 田宮裕「最高裁と事実審査——八海事件をめぐって」同『刑事訴訟とデュー・プロセス』(有斐閣一九七二年[初出一九六八年])三七七、三八四頁。

（10）熊本典道「検察官控訴――ある高裁判決をめぐって」警察研究四二－七－四九（一九七一年）など。
（11）平田・前注5。
（12）青年法律家協会弁護士学者合同部会「裁判員制度の三年後「見直し」に向けた提言」（二〇一一年）一一頁。
（13）日本弁護士連合会「事実誤認を理由とする検察官控訴の禁止に関する意見書」（二〇一六年）。
（14）高野隆「二重の危険」http://blog.livedoor.jp/plltakano/archives/5425570.html
（15）二重の危険条項の歴史的な背景については、小島淳「二重の危険の成立過程」早法七六巻二号二六七頁（二〇〇〇年）が詳しい。
（16）小島・前注、二六九―二七二頁、Leonard W. Levy, Origins of the Bill of Rights, Yale University Press, 1999, p 203.
（17）第20弁論「レプティネスへの抗弁」、北嶋美雪ほか訳『デモステネス弁論集3』（京都大学学術出版会二〇〇四年）、一〇〇頁。
（18）Andrew M. Riggsby, Crime and Community in Ciceronian Rome, University of Texas Press, 1999, at 54.
（19）小島・前注15、二七〇頁。法文の英訳は“The Governor should not permit the same person to be again accused of crime of which he has been acquitted.” The Enactments of Justinian: The Digest or Pandect Book XLVIII. http://droitromain.upmf-grenoble.fr/Anglica/D48_Scott.htm#XIX
（20）4 Blackstone, Commentaries on the Laws of England (1769), 336.
（21）*Id.*, at 335.
（22）“No subject shall be liable to be tried, after an acquittal, for the same crime or offence.” 小島・前注15、二八九頁：Levy, *supra* note 16, at 206.
（23）“No person shall be subject, except in case of impeachment, to more than one punishment or one trial for the same offense.” Levy, *supra* note 16, at 207.
（24）*Id.*, at 208.
（25）No person shall be . . . subject for the same offence to be twice put in jeopardy of life or limb.”
（26）85 U.S., at p 169.
（27）*Id.*, at 173–174.

(28) *Id*., at 201.
(29) 144 U.S., at 311.
(30) *Id*., at 312.
(31) 引用されている州は、アーカンソー、テキサス、カリフォルニア、ミシガン、テネシー、ヴァージニア、ニューヨーク、マサチューセッツ、ジョージア、アイオワ、ウィスコンシン、ミズーリ、フロリダ、ノース・カロライナ、メリーランド、ルイジアナである。144 U.S., at 313-318.
(32) ペンシルベニア最高裁のみが州政府の上訴を認める州として引用されている。*Id*., at 318.
(33) State v Reynolds, 4 Heywood, 110(1817).
(34) 144 U.S., at 313.
(35) State v Jones, 7 Georgia, 422(1849), 425.
(36) 144 U.S., at 315-316.
(37) ここでサンジェス判決が引用されている。
(38) 163 U.S., at 669-670.
(39) *Id*., at 671.
(40) *Id*., at 672.
(41) フィリピン諸島の米軍による占領統治の基本を定めた連邦法である。同法第五節は、合衆国憲法修正箇条(権利章典)と同様の諸権利を諸島内の住民に保障することを定めている。その中に合衆国憲法第五修正と同様の「何人も同一の犯罪によって二度にわたって処罰の危険にさらされてはならない」(no person for the same offence shall be twice put in jeopardy of punishment)という記載がある。
(42) 105 U.S., at 124.
(43) *Id*., at 130.
(44) *Id*., at 133.
(45) *Id*., at 134.
(46) *Id*., at 134-135.

(47) *Id.*, at 135.

(48) 州政府の上訴理由は、(1)被告人の自白を排除したこと、(2)被告人の証言の信用性を弾劾する反対尋問を排除したこと、そして、(3)第一級殺人と第二級殺人の区別に関する裁判長の説示の誤り、の三つである。302 U.S. at 321.

(49) 南北戦争後の一八六八年に成立した第一四修正第一節の中の条項である。「いかなる州も法の正当な過程(due process of law)によらずに、いかなる個人の生命、自由または財産を奪ってはならない」。

(50) 302 U.S., at 324–325.

(51) *Id.*, at 328.

(52) *Id.*, at 329.

(53) 355 U.S., at 190–191.

(54) *Id.*, at 187–188.

(55) 355 U.S., at 188. フランクファーター裁判官の反対意見(バートン、クラーク、ハーラン各裁判官が同調)は、陪審が沈黙している以上、第二級殺人による有罪評決は第一級殺人での無罪評決を意味しない、被告側の上訴によって原判決が破棄され、再審が命じられた場合、オリジナルの起訴状に基づく再審が行われることは二重の危険には当たらない、というものである。See, Trono v United States, 199 U.S. 521(1905).

(56) Schowgurow v State, 240 Md. 121, 213 A.2d 475(1965).

(57) Gideon v Wainwright, 372 U.S. 335(1963)(Betts v Brady, 316 U.S. 455(1942)を破棄して、第六修正の弁護権は州の事件でも保障されるとした); Malloy v Hogan, 378 U.S. 1(1964)(Twining v New Jersey, 211 U.S. 78(1908)を変更して、第五修正の自己負罪拒否特権は州でも保障されるとした); Duncan v Louisiana, 391 U.S. 145(1968)(第六修正の陪審裁判を受ける権利は州でも保障されるとした).

(58) 395 U.S., at 795.

(59) *Id.*, at 795–796.

(60) 437 U.S., at 11.

(61) *Id.*, at 15–16.

(62) 449 U.S., at 129–131.

(63) *Id.*, at 136.
(64) Duren v Missouri, 439 U.S. 357(1979).
(65) 451 U.S., at 438.
(66) *Id.*, at 445.
(67) "No person shall be held criminally liable for an act . . . of which he has been acquitted, nor shall he be placed in double jeopardy." 一九四六年一一月三日官報号外で日本文と同時に公布された。Official Gazette, English Edition, Extra, Nov. 3, 1946, The Constitution of Japan, at 4.
(68) 前注25。
(69) 同旨、村瀬・前注8、一八—一九頁、大塚・前注8、三三頁。
(70) 上野・前注8、四九五—四九八頁。
(71) GHQ草案三七条二項の原文No person shall be twice placed in jeopardy for the same offenceを当時の外務省は「何人モ同一ノ犯罪ニ因リ再度厄ニ遭フコトナカルヘシ」と訳した。憲法的刑事手続研究会編・前注8、五二六—五二七頁。
(72) 入江俊郎『憲法成立の経緯と憲法上の諸問題』(入江俊郎論集刊行会一九七六年)、二二二—二二五頁、佐藤達夫(佐藤功補訂)『日本国憲法成立史(第三巻)』(有斐閣一九九四年)、一二七頁、二九五頁。入江はGHQ側のこの厳格な態度を見て「われわれも漸くこの double jeopardy の規定がアメリカ法としてなかなか重要なものであることに気付くに至ったのである」と述懐している。入江・同前、二二四頁。
(73) 上野・前注8、四九五頁。
(74) 昭和二五年大法廷判決における澤田・齊藤両裁判官の補足意見、刑集四-九、一八〇九—一八一〇頁。
(75) 昭和二五年大法廷判決における谷川裁判官の補足意見、前注、一八〇七—一八〇八頁。団藤重光「憲法三九条と「二重の危険」」法曹時報一-一-三八(一九四九年)、四五—四六頁も同旨。
(76) 村瀬・前注8、一九頁。なお、この論文は村瀬弁護士の法廷弁論を再録したものである。
(77) 刑集四-九、一八〇六頁。
(78) 最高裁第一小法廷平成二四年二月一三日判決(チョコレート缶事件)は、検事上訴は憲法三九条に違反するとの上告趣意について、昭和二五年大法廷判決を引用することもなく、「検察官の上訴は同一の犯罪について重ねて刑事上の責任を問うものでないから」と言って、三九条後段違反がないことのみ指摘して、これを退けている(刑集六六-四-四八二、四八三頁)。この点を捉えて、三九条前段後半違反を検討する余地を残したと見ることができるという指摘がある。中川孝博「無罪判決に対する検察官上訴・序説」浅田和茂他編『刑事法理論の探求と発見——齊藤豊治先生古希祝賀論集』(成文堂二〇一二年)、三四一、三四二頁)。しかし、チョコレート缶事件は、別の上告趣意を容れて原判決を破棄したのであるから、この説示は傍論であり、この一節に先例的な価値を認めることはできないと思う。

(79) 昭和二二年勅令第一号違反、衆議院議員選挙法違反事件。判決文からは詳細は不明であるが、公職追放された被告人が選挙運動をしたとして起訴されたケースのようである。法定刑は三年以下の懲役若しくは禁錮又は一万五〇〇〇円以下の罰金である。

(80) 刑集四-九、一八一四頁。

(81) 最大判昭二四・五・一八刑集三-六-七九六、八二〇—八二一頁。

(82) 刑集四-九、一八一二頁。

(83) State v Jones, 7 Georgia. 422 (1849), 425.

(84) Green v United States, 355 U.S. 184 (1957), at 187–188.

(85) *Id.*

(86) 大塚喜一郎弁護士(後の最高裁判事)によると、jeopardy の語源的意味は The chances of winning and losing hang in the balance(勝敗不明の状態)ということである。大塚・前注8、三二一頁。

(87) Bureau of Justice Statistics, Special Report, "Pretrial Release of Felony Defendants in State Courts", U.S. Department of Justice Office of Justice Program, Nov. 2007.

(88) 否認事件の保釈に関する公刊された統計はない。裁判官が内部資料を使って書いたレポートとして、松本芳希「裁判員裁判と保釈の運用について」ジュリスト三一二-一二八(二〇〇六年)、一四〇頁。

(89) Miranda v Arizona, 384 U.S. 436 (1966).

(90) 最大判平一一・三・二四民集五三-三-五一四。

(91) Crawford v Washington, 541 U.S. 36 (2004).

(92) 刑事訴訟法三二一条一項二号。

(93) Federal Rules of Criminal Procedure §17(a).

(94) Rock v Arkansas, 483 U.S. 44(1987).

(95) 高野隆「証言する権利」自由と正義六四－一〇－九八（二〇一三年）。

(96) Richard A. Appleton, Reform in Japanese Criminal Procedure Under Allied Occupation, 24 Wash.L.Rev. 401(1949), pp 425-426.

(97) *Id.*, pp 426-427.

(98) 木谷明元裁判官は、無罪判決を書くときの心構えを、囲碁に喩えて、自分の打った碁を「へぼ」が打ち継いだとしても大丈夫な状態にしておくのだと言っている。木谷明『刑事裁判の心――事実認定適正化の方策（新版）』（法律文化社二〇〇四年）、二二三―二二五頁。

(99) 平田・前注5、一六三頁参照。

12　再審制度の抱える諸問題

鴨志田祐美

はじめに――白鳥決定四〇周年シンポが問いかけたもの

二〇一五年一一月七日、わが国の再審事件の判断のあり方に大きな影響を及ぼした「白鳥決定」（いわゆる「白鳥事件」に対する最高裁決定[1]）から四〇周年を記念するシンポジウム（以下、「白鳥シンポ」と表記する）が東京で開催され、刑事法研究者、刑事弁護に携わる弁護士、冤罪事件を支援する市民、そして自らに無実の罪を着せられた冤罪被害者ら、合計約三〇〇名が結集した（ＵＲＬ①）。

刑事再審とは、無辜（無実の者）が誤った裁判によって有罪判決を受け、確定した場合、その無実を晴らすことのできる唯一の制度である。にもかかわらず、戦後、新憲法下で改正された現行刑事訴訟法のもとでさえ、再審は「開かずの門」と言われ、真犯人でも出現しない限り、再審無罪は不可能だと考えられていた。そのようなわが国の再審の歴史にあって、「再審開始のためには確定判決における事実認定につき合理的な疑いを生ぜしめれば足りるという意味において、「疑わしいときは被告人の利益に」という刑事裁判における鉄則が適用される」と宣明した白鳥決定が、冤罪被害者の「雪冤への茨の道」に燦然と輝く一里塚を築いたことは間違いない。

しかし、その後も再審の門が大きく開かれるには至らず、むしろ無辜の救済の前に次々と新たなハードルが立ち塞がる歴史が連綿と続いている。

白鳥シンポでは、登壇した冤罪被害者やその支援者から、確定判決後も検察や警察が証拠を握り続けていることへの疑問、白鳥事件の時代から今日に至るまで一向に変わらぬ自白偏重の判断への批判などの声が次々と上がり、再審を含む刑事司法制度と裁判所の判断の実際との両方に今もなお厳然と横たわる深刻な問題に、これからどう立ち向かって現状を打破するか、待ったなしの課題を突きつけた。そこで、本稿では、その課題への答えを探るべく、戦後の刑事訴訟法改正と、その後のわが国の再審の歴史を振り返り(第一節)、現行刑訴法が定める再審手続の法制度上の問題点(第二節)、さらに再審の「現場」が抱えるリアルな問題点を指摘し(第三節)、これらを踏まえて最後に、あるべき再審制度の地平を展望する(第四節)。

一　わが国の再審制度と再審事件の歴史

戦後の新(現行)刑事訴訟法と再審制度

わが国の戦前の刑事訴訟法は、大陸法の流れを汲み、さらに日本独自の展開を遂げた「職権主義」の手続だった(小田中一九七六：第一篇第一章、第二篇第七章)。「犯人を必ず処罰すべし」という必罰主義の思想のもと、強大な国家権力を背景に捜査機関、裁判所が被疑者・被告人を徹底的に追及した。そこでは自白が「証拠の女王[2]」とされ、手段を選ばず獲得された自白に依存した有罪認定が行われていた(内田ら二〇一二：一八三―一九八)。

戦後、「個人の尊厳」(一三条)を究極の価値に置く日本国憲法が制定された。戦前の治安維持法による拷問、処罰に象徴されるように、国家権力による人権侵害のおそれが最も顕著である刑事手続については、憲法そのものの中に詳細な条文が置かれた(三一、三三条―三九条)。そして、この憲法のもとで一九四九年に施行された現行刑事訴訟法において、通常の刑事裁判には英米法型の「当事者主義」の手続が導入された。当事者主義とは、被告人に検察官と対等の「当事者」という立場を保障し、被告人の人権を守りつつ真実を発見する、という考え方である（平野一九八一：一一四二）。

それまで「追及される対象」に過ぎなかった被告人が、検察官と対等な立場になったことで、戦後の刑事司法制度は人権に厚い刑事手続となったはずであった。しかし、それは二つの意味で幻想と呼ばざるを得ないものだった（小田中一九七七：一〇―一五）。

第一に、被告人と検察官は現実には「対等な当事者」となっていない。現行刑訴法のもと、犯罪の嫌疑をかけられた被疑者は、長期にわたって代用監獄（警察の留置場）に身体を拘束され、生活の一挙手一投足を警察の監視の下に置かれ、弁護人の立会すら認められていない密室の中で取調べを受ける（内田ら二〇一二：一七三―一七六）。捜査機関は国家権力を背景に圧倒的な証拠収集力を誇り、被疑者にとって有罪方向・無罪方向を問わず地引き網のように根こそぎ証拠をさらっていく。戦前においては、捜査機関の収集した証拠は原則として公判前にすべて裁判所に提出されていたが、現行刑訴法では、裁判官に予断を抱かせないよう、一方当事者である検察官が、有罪立証のため必要な証拠を「厳選」して公判手続の中で法廷に提出する。一方、捜査段階から（多くの場合は起訴後もなお）身体を拘束される被告人はもとより、民間人である弁護人も、自ら証拠を収集する能力には限界がある。二〇〇四年の刑訴法改正により導入された公判前整理手続の中で、検察側の手持ち証拠の開示を義務づける規定が置かれるようになった（刑訴法三一六条の一四、一五、二〇、二五―二七）が、被告人や弁護人、そして裁判所に対しても、捜査機関が収集したすべての証拠が開示される制度にはなっていない。

このような「力の差」が歴然としている両当事者を前に、裁判所はそのほとんどを検察官の提出した証拠に基づいて有罪無罪の判断をする。その結果、わが国の有罪率は九九・九％という数字をたたき出している。これが現行刑訴法における「当事者主義」の現実である(木谷二〇一三:四五—七一)。

第二に、刑事手続すべてが戦後の改正でリニューアルされたのではない、という点である。上訴(控訴、上告など)以降の手続については、なお戦前の刑訴法の規定が残ったままである。再審の規定も、不利益再審(無罪を有罪に、軽い罪を重い罪に変更する方向の再審)を廃止した(3)ほかは、ほぼ戦前の刑訴法の条文がそのまま踏襲された(小田中・大出一九八〇:八九)。

もとより日本国憲法三九条一項が二重の危険禁止(ひとたび刑事裁判を受けるという苦痛に晒した以上、国家は二度と同じ苦痛を与えてはいけないという原則)を定めたことを受けて、現行刑訴法において不利益再審が廃止された意義は大きい。このことにより現行刑訴法上の再審の目的は「無辜の救済」と定まったからである(田宮一九八一:二九七)。しかし、現行刑訴法の再審手続に関する条文数は二〇にも満たない(四三五条—四五三条)。戦前の職権主義そのままの旧態依然とした条文を「無辜の救済」のために具体的にどう運用するかは、結局のところ後の解釈に「丸投げ」されてしまった。

要するに、現行法のもとでのわが国の再審は、歪《いびつ》な当事者主義が横たわる通常審の上に、戦前とほとんど変わらない建て付けの再審手続が乗っているという、「木に竹を接ぐ」、それも捻れた木に古い竹を接ぐような制度になっているのである。再審手続に関する個別の問題点や、具体的事件での判断について論じる前に、私たちはこのことをまず念頭に置いておかなければならない。

再審事件と裁判所の判断の歴史

無実の者が再審によって冤罪を晴らすことについて「針の穴に駱駝を通すより難しい」と比喩的に表現されることがあるが(4)、再審事件に対する裁判所の判断の歴史を見ると、駱駝が通れるぐらいに穴が拡がる時期と、針の穴に近づく時期とが交錯している。本項ではその流れを俯瞰してみよう。

現行刑訴法施行後、白鳥決定以前の再審請求に対する判断は、まさに「針の穴に駱駝」状態であった。再審開始の要件となる「明白な新証拠」(刑訴法四三五条六号)とは、それのみで確定判決の有罪認定を覆すような強力なものであることを要求していると考えられていたからである(臼井一九六三：一二三四)。このような解釈によれば、再審が開始されるか否かは、真犯人の出現のような奇跡に近い偶然に賭けるしかなかった。

そこに前述の白鳥決定が登場し、新証拠の明白性は、新証拠それ自体で判断するのではなく、「新旧全証拠を総合的に評価して」行うべきと判示した。つまり、それだけで確定判決を覆すほどの強力な新証拠でなくても、それが確定審段階で提出されていたとして、その時点での他の全証拠と総合的に評価した結果、確定判決の有罪認定が揺らぐのであれば、「明白性あり」と認めてよい、というのである。加えて、冒頭で述べたとおり、新旧証拠の総合評価によって行う明白性の判断の際にも「疑わしいときは被告人の利益に」という刑事裁判の鉄則が適用されることを宣言した。これは、明白性の要件は再審請求人に無罪の立証を課すものではない、ということを意味する。現行刑訴法施行から四半世紀を経て、ようやく「無辜の救済」を目的とする再審制度を機能させる判断枠組みが出来上がったのである。

かくも画期的な白鳥決定であったが、再審請求事件としての白鳥事件は請求棄却で終わった。しかし翌年(一九七六年)、最高裁は財田川事件について、白鳥決定の判断手法を踏襲して、再審請求を棄却した決定を高松地裁に差し戻し、再審開始決定を導いた[5](前述の新証拠の明白性判断の枠組みは、後に「白鳥・財田川決定」と呼ばれるようになる)。

財田川事件は死刑判決が確定していた事件であり、その後、免田事件、松山事件、島田事件と死刑事件の再審開始ラッシュが続き、四名の無辜が死刑台から生還した。死刑事件以外でも、徳島ラジオ商事件、梅田事件などの再審開始決定が出され、白鳥・財田川決定は「氷河期」が続いた再審の歴史に「雪解けの到来」を告げたかに見えた。

ところが、一九九〇年代以降、再審開始、再審無罪に至る事件が激減する。一九九四年三月に再審無罪となった榎内村事件のほかは、再審請求を棄却する決定が相次いだ。現在も再審請求中の著名事件のうち、名張事件(第五次、第六次)、マルヨ無線事件(第五次)、狭山事件(第二次)、袴田事件(第一次)、日野町事件(第一次)が、さらには後に(第二次請求で)再審無罪が確定する布川事件の第一次請求が、いずれも最高裁での特別抗告棄却決定で終結している(日野町事件(第一次)は即時抗告中に請求人死去により終了)。また、一度は再審開始決定がされた後に、検察官の抗告によって上級審で開始決定が取り消される事件も相次いだ(日産サニー事件、大崎事件(第一次))。再審は再び「冬の時代」に逆流するかのような様相を呈した。

もっとも、「逆流現象」(秋山一九九八:七六)と称された一連の決定で白鳥・財田川決定が判例変更されてしまったのか、と言えばそうではなく、これらの再審請求棄却決定や、再審開始の取消決定にも白鳥・財田川決定が引用されている。では同じ基準を引用しているのに、なぜこのような逆流が生じたのか。この点については、第三節で触れる。

「逆流現象」にどうやって打ち勝つか、研究者や再審を闘う弁護人たちが必死で模索していた二〇〇〇年代の後半以降、再審をめぐる潮目が再び変わり始めた。そのきっかけとなったのはDNA再鑑定によって「完全無実」が明らかとなった足利事件である。その後もDNA鑑定技術の進歩を大きな推進力として、東電女性社員殺人事件、袴田事件第二次請求審で相次いで再審開始決定が出された。また、それと相前後して、確定審段階では公判には提出されず、捜査機関の手の内に留まっていた「古い」証拠が再審手続の中で開示され、その開示証拠が「明白な新証拠」となって再審開始に至る事件が現れた。布川事件(第二次。その後再審無罪が確定)(佐藤米生二〇一四:一〇六—一〇八)、福井女子中学生殺人事件請求審(吉村二〇一四:一〇九—一一二)である。前述の東電女性社員事件でも、証拠開示によって捜査機関が隠していた鑑定資料が次々と明らかになったことがDNA鑑定による再審無罪を導き(宮村二〇一三:九四—九五)、袴田事件でも、証拠開示で明らかとなった「《古い》新証拠」が、先のDNA鑑定と総合評価されて再審開始に至っている（小川二〇一四：九二―九六）。

これらの再審開始決定ラッシュは、再審の二度目の「雪解け」を予感させた。ところが、袴田事件（第二次）請求審の再審開始決定以降、恵庭ＯＬ殺人事件、大崎事件第二次即時抗告審など、再審手続の中で多くの証拠が開示されたにもかかわらず、再審棄却となる事案が続くことになる。そればかりではなく、福井女子中学生殺人事件は検察官の異議申立により再審開始決定が取り消され、最高裁の特別抗告も棄却されて終結した。さらに、有罪の決め手となったＤＮＡ鑑定の誤りが新証拠によって指摘された飯塚事件請求審、ＤＮＡ鑑定により被告人と実行犯が別人であることが示唆された姫路郵便局強盗事件請求審でも再審請求が棄却された。そして、開始決定が捜査機関による証拠の捏造の可能性を指摘し、裁判所に袴田巖氏の身体拘束を「耐え難い不正義」とまで言わしめた袴田事件（第二次）も、検察官の即時抗告により未だ解決を見ずにいる。袴田氏と同じ死刑確定囚である奥西勝氏が再審請求を行っていた名張事件では、第七次請求で一度は開始決定が出たが、検察官の異議申立により開始決定が取り消され、結局差戻し後の異議審で再審請求が棄却された。そしてその後の第九次請求の途上で、奥西氏は還らぬ人となった[6]。

袴田事件開始決定以降の一連の流れを見ると、再審はまた冬の時代へと逆流し始めているようにも見える。しかし、その一方で、東住吉事件では、放火、殺人等で無期懲役の有罪判決を受けていた二人の請求人について再審開始決定が確定し、両名に無罪判決が言い渡された（即日確定）。また、同じ大阪では、強姦、強制わいせつの罪に問われた男性について二〇一五年二月に再審開始決定がされ、その後男性の無罪が確定した（大阪市強姦虚偽証言再審事件）。

さらに二〇一六年三月、札幌地裁は銃刀法違反（拳銃の不法所持）の罪で有罪が確定したロシア人男性に対し、新証拠によって違法なおとり捜査が明らかになり、違法捜査によって得られた証拠には証拠能力は認められないから、有罪の証明はできないとして、再審開始決定をした（アンドレイ事件。その後検察官の即時抗告が棄却され[7]、再審公判でロシア人男性の再審無罪が確定している）。同年六月には松橋事件再審請求審で熊本地裁が再審開始を決定した。この事件でも、検察庁に保管されていた「《古い》新証拠」が再審開始の決め手となった（現在検察官が即時抗告中である）。

ここまでを俯瞰してくると、現在の再審をめぐる状況は「雪解け」とも「冬への逆流」とも断じることのできない、「せめぎ合い」の様相を呈していると言えるだろう（中島二〇一五：五〇以下）。そこには、再審制度の規定そのものに由来する「静的問題点」と、裁判所がその規定をどう解釈し、個々の再審事件をどう判断しているのか、という「動的問題点」の双方が交錯しつつ影響を与えている。そこで、この二つの問題点を順に検討する。

二　再審制度の静的問題点――再審に関する現行法の規定はどうなっているか

再審請求と再審公判――二本のハードル

わが国の再審制度の建て付けは「再審請求手続」と「再審公判手続」の二段階審査方式である。再審請求人に無罪の判決が言い渡されるのは二段目の手続である「再審公判」（刑訴法四五一条）なのであり、これが「やり直しの裁判」である。一段目の「再審請求手続」とは、再審公判を求める請求人の請求に対し「やり直しの裁判を行うか否かを決める」手続であり、請求人の有罪・無罪を決める手続ではない。しかし、一段目の再審請求審で行われるべき「無罪を言い渡すべきことが明らか」な新証拠かどうかの判断は、実際のところ、「請求人は有罪か無罪か」の判断になってしまっている。この「請求審」のあり方をめぐる問題については後述する。

再審請求権者――筆頭に挙げられる検察官

再審請求は、有罪判決を受けた者が無実の罪を晴らすために行う制度であるが、法は、そのほかに検察官による再審請求を認める（刑訴法四三九条一項一号）。有罪判決を受けた者が死亡した場合には、その配偶者、直系の親族、兄弟姉妹が再審請求を行うことができるとしている(同四号)。[8]

検察官が筆頭に挙げられているのは、戦前の旧刑訴法で不利益再審が認められていたことの名残であると考えられる。しかし、日本国憲法のもとで不利益再審が禁止された現行刑訴法においてもなお、検察官が再審請求権者の筆頭に挙げられていることについては、検察官が「公益の代表者」(検察庁法四条)であることと相俟って積極的な意味を見出すべきである。このことは、再審手続における検察官の役割を考える上でも重要である。[9]

再審請求の審理の進め方に関する条文――刑訴法四四五条

再審に関する現行刑訴法の条文が二〇に満たないことについては前述した。その中でも、再審の審理について規定している条文は、驚くべきことにたった一つしかない(刑訴法四四五条)。それも裁判所に「事実の取調」ができると定めるのみで、具体的に何ができるのかさえ規定されていない。[10]

これでは、後述するように、審理の方法も程度も、個々の裁判所の裁量に委ねられることになり、裁判所を構成する裁判官の「やる気」の有無で、再審請求の結論が左右されることになりかねない。

再審請求に対する決定への不服申立て――検察官抗告の問題

再審請求に対する決定に不服がある場合には、即時抗告をすることができる(刑訴法四五〇条)。[11]が、この即時抗告は再審開始決定(同四四八条一項)に対しても認められている。再審開始決定が検察官の即時抗告(異議申立)によって取り消された事件は、日産サニー事件、大崎事件(第一次)、名張事件(第七次)、福井女子中学生殺人事件など多数に上る。再審開始決定自体が実務上極めて認められにくい中で、請求審裁判所が慎重に審理を行った結果の開始決定に対し、検察官の抗告を認めることは、「疑わしいときは被告人の利益に」の鉄則からも、憲法の要請である「二重の危険禁止」の観点からも極めて問題である。加えて、検察官の抗告により、もともと審理期間が長期にわたる再審手続がさらに長期化するという深刻な現実がある。前述のとおり、名張事件の奥西勝氏は、第七次の開始決定が取り消された後の第九次請求の途上で八九歳の生涯を終えた。第一次で開始決定が取り消された大崎事件の再審請求人原口アヤ子氏は二〇一六年に同じく八九歳を迎えた。再審開始決定に伴い、死刑の執行と拘置の執行が停止された袴田事件(第二次)の袴田巖氏は、身柄を解放されたものの、検察官の即時抗告により、二〇一七年現在、未だ「死刑囚」として八一歳を迎えている。

再審事由——証拠の「新規性」と「明白性」

刑訴法は、有罪の確定判決に対して再審の請求を「することができる」場合として四三五条に一号から七号まで七つの類型を規定している。しかし、実際の再審請求は、そのほとんどが四三五条六号に基づいて申し立てられている。[12]そして、この条項による再審請求では、「(無罪を言い渡すべき)明らかな証拠をあらたに発見したとき」にあたるか否かが判断の対象となる。

まず、ここでいう「あらたに発見した」証拠であること、これは証拠の「新規性」の要件と呼ばれるが、誰にとって「あらたに」と言えるかについて、条文には明記されていない。この点、古い判例では、新規性は裁判所にとってだけでなく当事者にとっても必要であるとされたこともあったが、[13]今日において、新規性は「裁判所による実質的な証拠価値判断を経ていないこと(未判断資料性)」で足りる、つまり、従来から存在した証拠であっても裁判所(裁判官)の目に初めて触れるものや、すでに裁判所で調べられた証拠を基礎資料としていても新たな鑑定人の知見から行った鑑定であれば、「あらたに発見した」の要件を充たすと考えられるに至っている。[14]

四三五条六号のもう一つの要件は「(無罪を言い渡すべき)明らかな証拠」とはなにか、すなわち「明白性」の基準である。この明白性判断について、初めて具体的手法を示したのが前述の白鳥決定であり、この決定で確認されたのは次の点である（加藤二〇〇三：二〇—二一）。

① 新証拠の明白性判断は、新証拠それ自体のみで判断するのではなく、その新証拠と他の全証拠との総合評価によって行う（「孤立評価」の否定）。

② ①の総合評価は、確定審の審理中に新証拠が提出されていたら、確定審の事実認定（有罪認定）が維持できるか、という観点で確定判決を「再評価」する（確定審裁判所の「心証引継ぎ」の否定）。

③ ①②によってする判断にも「疑わしいときは被告人の利益に」という刑事裁判の鉄則が適用される。

先にみたとおり、この決定が、財田川事件を含む死刑四再審に劇的な再審無罪をもたらした一方、その後「逆流現象」と呼ばれるに至った一連の請求棄却事件でも引用されている。では、同じ判例の規範を用いながら、異なる判断に至ったのはなぜか。その理由の一つは、一連の請求棄却決定が、白鳥・財田川決定の提示した「総合評価」について、限定的な解釈を施していることによるとされた。すなわち、これらの決定では、提出された新証拠が立証しようとする対象（「立証命題」）と直接関連する旧証拠との関係においてのみ検討し、その結果、新証拠と立証命題が共通する旧証拠の証明力を減ずる効力（これを「減殺効」と呼ぶ）が認められなければ、それ以外の旧証拠を総合的に検討するまでもなく再審請求を棄却する、という立論[15]を展開しているというのである（田崎一九七九：八二以下、中谷二〇〇〇：一以下、三好二〇〇一：一三一以下）。

このような判断手法は「限定的再評価」と呼ばれ、新証拠の明白性判断の材料に加えるべき旧証拠には特に限定はなく、「全証拠」があまねく対象となると判示している白鳥・財田川決定に反するとの厳しい批判にさらされた（川崎英明二〇〇三：一—四七、小田中二〇〇八：七一以下)。そして、限定的再評価を批判する立場からは、まず確定審の証拠構造(強固な一つの証拠によって有罪判断を支えているか、証明力の弱い証拠が組み合わさって有罪認定を支えているか)を分析し、新旧全証拠の総合評価を行い、新証拠に要求される証明力も証拠構造の強弱に呼応して判断すべき、という判断手法が提唱された(「全面的再評価説」と呼ばれる。川崎英明二〇〇三：八七—一六七)。

一方、再審事件で実際に弁護人を務めた実務家の立場からは、判例は、まず確定判決の証拠構造の形式的確認を行った上で、「新証拠がその立証命題に関連する旧証拠の証明力を減ずるか」という判断(新証拠の「証明力」判断)を行い、これが肯定されたときには新旧全証拠の総合評価の局面へと進み(新証拠の「明白性」判断)、その結果、確定判決の有罪認定に合理的疑いが生じた場合には再審が開始されるという判断手法(「二段階説」と呼ばれる)によっているのであり、白鳥・財田川決定とその後の決定との間に判断手法の「断絶」は生じていない、とする見解が主張された(佐藤博史二〇〇七：三三九以下)。

このような「明白性判断」の手法についての見解をめぐっては、過去に熾烈な論争が展開されてきた(佐藤博史ら二〇〇四：九三—一〇二)。しかし、現在に至る数多くの再審決定を見る限り、新証拠の(あるいはそれと関連する旧証拠を加えた)証明力判断のプロセスを経ずに、いきなり新旧全証拠の総合評価に至るという手法は採られていない。一方、二段階説では、一段目の「証明力評価」の段階で、実際には新証拠それ自体に「無罪の立証」と同じレベルの高い証明力のハードルを突きつけ、孤立評価と同じ結論をもたらす懸念を払拭できない(このような高すぎるハードルの設定が「逆流現象」をもたらした原因の一つと考えられる)。

そして、最近の再審決定は、個々の事件ごとにその新証拠の証明力の強度に応じた、いわばオーダーメイドの明白性判断を行っているように見える(村岡二〇〇五：一一—二四、新屋二〇一四：八六参照)。そうだとすれば、過去の判例をいずれの説の手法に帰着させるかより、今後の再審請求で裁判所はどのように明白性判断を行うべきか、説得力のある提言を行うことが急務と考える。[16]そこで、明白性判断の対象となる「新証拠」の実際と、その明白性判断の現状について、再審実務の「いま」が抱える問題に迫るため、節を改めて論じることとする。

三　再審請求の動的問題点——現在の再審実務における審理と判断のダイナミズム

はじめに

現代の再審請求事件の「現場」では、①科学の進歩を背景とした新たな科学的知見による鑑定や実験（科学的証拠）と、②再審段階における証拠開示（「《古い》新証拠」）が請求人の携えるべき「新証拠」の二大供給源になっている。一方、科学的証拠も開示証拠も、刑訴法四三五条六号の「明白性」判断の対象となることは言うまでもない。

そこで、本節では、科学的証拠及び証拠開示をめぐる実務上の様々な問題点を指摘し、その後に、新旧証拠の総合評価の現状について考察を加える。

「科学的証拠」と裁判所による評価の問題

再審開始をもたらす新証拠として、今や最も強力な証明力を持ちうるものはＤＮＡ鑑定（これを「新・証拠の女王」と呼ぶ論者もいる。辻本二〇一六：三二）であることを否定する者はいないだろう。足利事件や東電女性社員殺人事件では、ＤＮＡ鑑定が、もはや新旧全証拠の総合評価を待たずして確定判決の有罪認定を破壊するほどの威力を見せつけた。[17]また、東住吉事件では、自白どおりの方法では被告人が放火を遂行することは不可能であることを客観的に明らかにした再現実験が再審開始をもたらした。科学的証拠たる鑑定や実験が劇的な再審開始、そして無辜の救済を可能にしていることは紛れもない事実である。[18]

しかし、新証拠である科学的証拠の証明力を過小評価し、総合評価に至る前に明白性を否定するケースも少なくない。科学的証拠が再審請求における新証拠として提出された場合、どのように検討されるべきであろうか。事件から長い年月が経過した再審事件の場合、少なくとも申立て段階では、進歩した科学の知見による新たな角度からの鑑定を新証拠として再審の門を叩くケースが大多数である(申立て後の証拠開示により「《古い》新証拠」が出てくることはあるが)。もっとも、一口に「科学的証拠」と言っても、その分野、種類は多岐にわたる。科学の進歩により、科学の知見を司法判断に利用できる領域は不断に拡大しているからである。

裁判所は、法廷に現れる科学的証拠のうち、DNA鑑定や燃焼実験、薬物の成分鑑定など(あえて「理系証拠」と呼ぶ)については、少なくとも「証拠」であることは当然の前提として明白性判断の対象とするが、心理学など、司法判断の場に近接する科学分野の知見に基づく鑑定等(あえて「文系証拠」と呼ぶ)については、裁判官に与えられた自由心証に踏み込むものとして、そもそも「証拠」とすら認めないかのような対応が見られていた(村井二〇〇五:一二一―一四、原二〇〇五:三八一)。「法と心理学」が科学分野として確固たる地位をもち(村井二〇〇五:一―一二)、諸外国では裁判所の要請に基づく心理鑑定が証拠として詳細に評価される中で、彼我の違いはあまりにも大きい(浅田二〇〇五:一五―三五、白取二〇一三:二二)。最近になって、裁判員裁判や取調べの録音録画の導入などを契機に、わが国でもようやく心理学の知見を捜査や公判に用いようという動きが出はじめたところである(藤田二〇一三:第二章、第八章など)。

冤罪事件には、虚偽自白を伴うものが数多く見られるが、いくつかの事件では、これらの(虚偽)自白について、裁判官の行う信用性判断とは全く異なる角度から、心理学の知見により分析がされた(大橋ら二〇〇二、浜田二〇〇六)。このうち、足利事件については、再審以前の原審控訴審段階で、供述の「内容」ではなく「語り口」に着目した供述心理分析(「スキーマ・アプローチ」)により、被告人とされた菅家利和氏の犯行供述には「非体験性兆候」が見られると鑑定された。そして、一二年もの時を経て、この分析が正しかったことを、再審段階におけるＤＮＡ再鑑定が「証明」したのである（内田ら二〇一二：三七―五三）。

客観的証拠に乏しく、自白や目撃供述のみで有罪認定がされているような、証拠構造が脆弱で、事後的なＤＮＡ鑑定も不可能という事案では、その自白や目撃供述の信用性を弾劾する証拠のみが再審開始を導く新証拠となりうる。供述心理分析は、このようなタイプの再審請求で有力な新証拠として機能する。今日、供述心理分析はケースの蓄積が進み、さらに精度が高まっている。[19] 裁判所は、新旧全証拠の総合評価の中で行う供述の信用性判断にあたり、心理学の専門的知見を、科学的証拠として慎重に検討すべきである。

一方、いわゆる「理系証拠」にも問題が生じている。鑑定を依頼された専門家は、科学であるがゆえに鑑定結果を「絶対」のものとしては保証できず、中立的で誠実な科学者であればあるほど、鑑定結果も「断言」を避ける。このとき、裁判所は往々にしてその鑑定を「他の結論になる可能性がある以上、明白な新証拠とはいえない」と判断する（「可能性論」「不可知論」などと呼ばれる。日本弁護士連合会一九七七：四一以下）。請求審の開始決定を棄却した大崎事件（第一次）即時抗告審における法医学鑑定、同じく開始決定を棄却した名張事件（第七次）異議審における毒物鑑定につき、裁判所はこのような理屈で、原審が認めた新証拠としての明白性を否定した。これらの判断からは、科学的証拠に、あたかも「百パーセントの無罪立証」を要求しようとする裁判所の姿勢が窺える。現在、開始決定が認めたＤＮＡ鑑定の信用性をめぐる攻防が展開されている袴田事件（第二次）即時抗告審の審理でも、裁判所がそのような要求を強いているとすれば、極めて憂慮すべき事態である（戸舘二〇一六：一一五以下）。

白鳥決定に従えば、新たな科学的知見によって旧証拠の証明力が弾劾され、新旧全証拠の確定判決の有罪認定に合理的疑いを抱かせれば明白性を認めるべきである。科学的証拠であるからといって、その証明力に無罪の確信のレベルを求めてはならない。

なお、科学的証拠が旧証拠の証明力を減殺したのに、別の旧証拠の証明力をかさ上げしたり、確定判決とは異なる事実認定を行ったりして有罪認定が維持される問題については、後に言及する。

証拠開示をめぐる問題

再審における証拠開示の重要性は、白鳥決定以前から指摘されていた（竹澤一九七七：四三）。しかし、二〇〇〇年代後半以降、布川事件（第二次）、福井女子中学生殺人事件、東電女性社員殺人事件、袴田事件（第二次）と、再審段階で開示された証拠が再審開始決定の原動力となった事件が相次いだ（ただし福井女子中学生殺人事件は異議審で開始決定取消）ことで、再審における証拠開示の問題に、強力なスポットライトが当たるようになった（斎藤二〇一五：三九一）。

もっとも、ここに至るまでには、個々の弁護団による、証拠開示実現のための膨大な労力と時間が必要だった。布川事件では開示証拠をジグソーパズルのように解析して「欠けているピース」を見つけては、さらなる開示請求を重ね、その回数は二〇回以上に及んだ。福井女子中学生殺人事件では、弁護団が進行協議期日でパワーポイントを用いて開示の必要性をプレゼンテーションし、裁判所を説得した。他にも「公務所照会」（刑訴法二七九条）や、行政文書の情報公開請求の活用で未開示証拠を獲得したケースなど、弁護団ごとの血のにじむような創意工夫が再審における証拠開示の実務に活況をもたらしたといえる（鴨志田二〇一四：一〇二―一〇四）。

加えて、この動きを推進する二つの要因があった。一つは、裁判員裁判の導入を契機として整備された公判前整理手続に、証拠開示関連規定が創設されたことで、再審請求を審理する裁判所に、証拠開示に向けた訴訟指揮の拠りどころができた点である。公判前整理手続を経ていない古い事件にも、同手続を経た事件と同程度の証拠開示を認めることが、デュープロセスの要請に資するという価値判断も、裁判所が証拠開示を勧告する推進力になっていると言える（門野二〇一〇：一五九―一六二）[20]。

もう一つの要因は、前項でみたように、事件当時の証拠物を鑑定資料として、最新の技術による科学的鑑定が、請求人の犯人性について決着を付けたケースの登場である（DNA再鑑定がまさにそれである）。このような場面では、旧証拠を鑑定資料として用いることが必須となるため、それが未開示証拠として存在する可能性があれば、裁判所も積極的に開示勧告を行うようになった（司法研修所二〇一三：四五）。

開示証拠が決め手となって再審開始、再審無罪に至る事件の増加に呼応するように、訴訟指揮権を根拠に裁判所が広範な証拠開示を勧告するケース、さらに法制審特別部会（法制審議会新時代の刑事司法制度特別部会）での審議を経て、二〇一六年の改正刑訴法で公判前整理手続に「証拠の一覧表の交付」制度が設けられるに至った（刑訴法三一六条の一四第二項など）影響で、それまでの再審事件ではほとんど認められなかった「証拠の標目」開示やその勧告がされたケースも増えてきた。[21][22]

しかし、証拠開示はおろか、審理手続の詳細すら規定されていない再審請求において、証拠開示に向けた訴訟指揮を行うか否かは個々の裁判所の裁量に委ねられ、証拠開示によって無辜の救済が実現するか否かは、その事件が係属した裁判所の「やる気」に大きく左右される（筆者はこの問題を「再審格差」と名付けた。指宿二〇一三：二七参照）。また、裁判所が証拠や標目の開示勧告を行っても、検察官がこれに応じなかったり、独断で限定的に開示したりするような動きも散見されるようになってきた。大阪市強姦虚偽証言再審事件では、再審史上初めて裁判所が発した「証拠標目開示命令」を検察官が拒絶する事態まで生じている（山本二〇一五：四―五）。[23]

検察官は、複数の再審事件で、同じ論旨で証拠開示を拒絶する意見書を提出し、公判前整理手続中の証拠開示規定や、訴訟指揮権による証拠開示命令を認めた最高裁昭和四四年決定は、当事者主義を前提としたものであり、職権主義構造を採る再審手続には妥当しないなどと反論して、証拠開示に対する「組織的抵抗」を示している（鴨志田二〇一四：一〇一―一〇二）。しかし、その「職権主義」を採るドイツでは、そもそも通常審の段階ですべての証拠が裁判所に提出され、弁護人にはこれらの証拠を閲覧する権利が保障されている。わが国の通常審では「当事者主義」の名のもとに、検察官は被告人に有利となる証拠を手許に置いたまま、有罪方向の証拠のみを裁判所に提出するため、被告人、弁護人、さらには裁判所にもすべての証拠を検討する機会は保障されていない。にもかかわらず、再審段階になると、今度は「職権主義」を持ち出して証拠開示を拒絶するというのは、当事者主義、職権主義という概念を、あまりにご都合主義的に用いていると言わざるを得ない(斎藤二〇一六：七以下)。

裁判所の「再審格差」や検察官の「組織的抵抗」を根本から是正するためには、後述するように、再審手続における全面的証拠開示を義務づける立法を行うほかない。しかし、前述の法制審特別部会では、再審手続における証拠開示についても議論がされたものの(その途上で衝撃的な袴田事件の開始決定がされたにもかかわらず)、条文化は見送られ(周防二〇一五：一七六―一八八)、かろうじて附則の中に「政府は、この法律の公布後、必要に応じ、速やかに、再審請求審における証拠の開示、(中略)等について検討を行うものとする」との文言が入ったのみに終わった(平成二八年法律第五四号　刑事訴訟法の一部を改正する法律附則九条三項)。

そこで、喫緊の課題として、各弁護団がこれまで獲得した証拠開示の実例を整理、分析し、その叡智をすべての再審弁護人が共有できるシステムを構築し、併せて、これらの開示事例を根拠として、再審の審理を行う裁判所の指針となるべきガイドラインを策定する必要がある。[24] 再審段階で証拠開示を請求する際、確かに公判前整理手続規定の準用は一つの有効な方策だが、明白な新証拠の提出が申立要件となる再審請求の構造と絡めた独自の開示スキームが検討されるべきである。[25] また、今後、公判前整理手続を経た事件の再審請求が増加してくることも予想されることから、無辜の救済のための最終手段である再審においては、より全面的な証拠開示を認めるべきである。

さらに、証拠「開示」の周縁部分(「証拠」の範囲、保管義務の主体、保管義務違反への罰則、開示勧告・命令違反の場合の手続打切りなど)の法制化も急務である(指宿二〇一四a：第五章、第八章)。

そして、証拠開示実現の先には、開示証拠を明白性判断の「総合評価」にどう組み込むか、という問題が待ち構えている。これについては次項で検討する。

「総合評価」という名の「事実認定」の問題

白鳥決定では、再審を開始すべきか否かの判断方法について「もし当の証拠が確定判決を下した裁判所の審理中に提出されていたとするならば、はたしてその確定判決においてなされたような事実認定に到達したであろうかどうかという観点から、当の証拠と他の全証拠と総合的に評価して判断すべき」と述べている。つまり、ここで判断すべきは「請求人が有罪か無罪か」ではなく「確定判決の有罪判断は正当だったか」である。ところが、実際の再審請求審では「総合評価」という名のもとに、実際は請求人の有罪無罪を判断し直すという「裸の事実認定」が行われている(中川二〇一六b：二九四)。ここ最近の棄却決定で見られる「総合評価」では、裁判所の「フリーハンド」ぶりが一層際立っているように思える。いくつかの例を挙げてみよう。

飯塚事件請求審では、確定判決において被告人の犯人性を肯定する有力な証拠であったDNA鑑定(足利事件の原鑑定と同じ手法のもの)が、新証拠たる科学鑑定により誤りであったと判明したことを認めながら、別の旧証拠について弁護人が新証拠によって合理的な疑問を提示した点には何ら言及せず、DNA鑑定以外の他の証拠を総合評価すれば有罪認定に合理的疑いは生じないとした(岩田二〇一四：一〇二—一〇七)。

大崎事件(第二次)即時抗告審では、供述心理鑑定等の新証拠で「共犯者」らの自白の信用性が揺らいだのに、確定審では自白を支える補助的な証拠に過ぎなかった親族の目撃供述に高い証明力を認め、全体として共犯者らの自白も信用できるとした(豊崎二〇一五：一一六—一一九)。

姫路郵便局強盗事件請求審では、実行犯が被っていたとされる目出し帽から検出されたDNA型が請求人のそれとは異なることを認めながら、それだけでは共謀共同正犯であることの嫌疑が晴れない、として再審請求を棄却した（川崎拓也二〇一六：九五―一〇〇）。

恵庭ＯＬ殺人事件請求審では、アリバイの存在に関する新証拠から請求人にアリバイがある可能性を認めたが、犯人の現場離脱時刻やガソリンスタンドから現場までの所要時間について確定判決の認定とは異なる「可能性」を指摘し、最終的にアリバイの成立を否定した。他方、灯油一〇リットルで遺体を燃やしても、被害者の遺体の状況（体重が大幅に減少し、炭化していた）のようにならないことを科学的に証明した鑑定書に対し、なんら科学的な裏付けがないのに、「遺体の体内の脂肪が燃焼を強めた」可能性がある、などとして、確定判決の有罪認定を維持している（伊東二〇一四：一〇八―一一二）。

これらの請求棄却となった再審事件でされた「総合評価」には、次のような問題点を指摘することができる。

① 科学的新証拠が、確定判決の決め手となった旧証拠の証明力を減じたことを認めながら、他の旧証拠の証明力を「かさ上げ」し、あるいは、確定判決とは異なる証拠構造に「組み替え」るなどして有罪認定を維持する。

② ①からさらに進んで、通常審であれば訴因変更をしなければ有罪認定ができないレベルで、確定判決とは異なる事実認定を行って有罪認定を維持する。

③ 新証拠それ自体の証明力を直感的・印象的に判断し、当該新証拠を総合評価の局面に加えないまま明白性を否定する。

④ 新旧証拠の総合評価と称しながら、新証拠や開示証拠が確定判決の事実認定に与える影響を十分吟味せず、旧証拠のみで確定判決と同じ結論に至る。

⑤ 「大筋で符合している」「〇〇という可能性も否定できない」という文言を多用して確定判決の判断に追従する。

通常審の審理では、共犯者供述の信用性判断や、情況証拠による有罪認定を行う際に厳格な規範を提示する最高裁判例が多数存在するが[26]、再審請求における「総合評価」の局面では、それらの規範が忘れられ、安易に「疑わしきは確定判決の利益」になるような判断に至っているケースが少なくない。新証拠の明白性判断をめぐる研究は、今や新証拠の証明力判断を先行させるべきかなどの「手順」の問題より、「総合評価」の内実、例えば開示証拠の総合評価への投入のあり方や、大筋論・可能性論を放逐する準則の確立に向かうべきであろう(豊崎二〇一三：八七以下)。

もっとも、再審手続が、再審請求と再審公判の二段階構造になっていることからすれば、前者の審理では、「新証拠が確定判決の正当性に合理的疑いを差し挟む可能性」が確認できれば、それ以降の事実認定は、直接主義、口頭主義、証拠法則といった手続保障が担保されている再審公判で行えばよいのである。「再審請求審の軽量化」というアプローチも、今後大いに議論されるべきである(中川二〇一六a：六五以下)。

四　あるべき再審制度の地平へ

過去における立法化への動き

ここまで見たように、白鳥・財田川決定を経てもなお、わが国の再審制度は冤罪に苦しむ無辜をあまねく救出するに足る救命艇には到底なっていない。その根本原因は何と言っても現行刑訴法の規定の不十分さにある。

日本弁護士連合会は過去四度にわたり刑訴法改正意見を上程し(日本弁護士連合会一九六二：四二以下、同一九七七：一六四以下、同一九八六：四二〇以下、同一九九二a：七五以下、同一九九二b：一〇五以下)、国会でも社会党が、一九六八年に、戦後の混乱期に死刑確定判決を受けた者に限定して再審開始要件を緩和するとした特例法案を国会に提出し(神近一九六八：一〇六以下)、さらに、一九七九年には七七年日弁連案を踏まえた再審法改正案を提出している(岡田ら一九七九：二三以下)。

一九七九年社会党案は成立を見ることはなかったが、四〇年近く前のこの法案に、例えば、「明白性」要件の緩和(「明らかな」を「事実の誤認があると疑うに足りる」に改正)、再審請求における国選弁護人の選任権、記録・証拠の保管義務、事実の取調べの審理を公開の法廷で行うこと、再審開始決定に対する検察官抗告の禁止など、現代にも通じる再審手続の問題点を踏まえた規定が数多く盛り込まれていたことは注目に値する。

その後、残念なことに再審に関する法改正の動きは低調となった。二〇一六年の改正刑事訴訟法でも、再審に関する条文には全く手が加えられていない。

しかし、再審の向かうべき方向に「せめぎ合い」が生じている今こそ、もう一度立法の見直しを行うべきではないか。その手がかりを比較法的視点から見つけ出してみよう。

比較法的視点から学ぶこと

ドイツ法からは、職権主義とは、請求人が裁判手続によって救済を受ける権利を実質化するために作用するものであるというスタンスを学ぶべきである。

再審請求人には国選弁護人選任権が認められる(大出一九七七：一〇八)。日本の再審請求審にあたる「理由審査手続」では、請求人が提出する新たな証拠について、将来の公判において確定判決が変更される「蓋然性」(ある程度の確からしさ。五〇％を超える程度)があれば、再審公判に進める。つまり、ドイツの理由審査手続は、将来の再審公判における無罪予測を行う「予備的な」審査と位置づけられている(加藤一九九七：二〇五以下)。その根底には、非公開で、かつ請求人への手続保障も十分ではない再審請求手続では実質的な有罪無罪の判断はすべきでない、との価値観がある。証拠開示については、そもそも通常審段階からすべての証拠が裁判所に送致され、弁護人は原則としてそのすべてを閲覧できるという「スタート段階」の違いが顕著だが、さらに特筆すべきは、再審段階においては、確定審で「証拠」として用いられなかった「証跡記録」も閲覧できることである（斎藤二〇一六：一九―二二）。「証跡」とは捜査側が犯行ストーリーを組み立てる過程で収集した「証拠外」の記録のことである。「誤った有罪ストーリー」の外縁にあるこれらの証跡こそが「真実のストーリー」を知る手がかりになるのだ。

さらにドイツでは、一九六四年の刑訴法改正で、それまで認めていた再審開始決定に対する検察官抗告を禁止している（大出一九七七：一〇七）。

英米法圏からは、行き過ぎた当事者主義が招いた誤判冤罪の反省からの制度改革や立法に繋がる動きを学ぶべきである（指宿二〇一四a：第二章、第三章）。アメリカでは、冤罪事件の教訓から、検察官の手持ち証拠の事前・全面開示を義務づける法律が制定された州もある（指宿二〇一四b：一六五―一六九）。また、そもそも、裁判官が「先輩」のした裁判に「ダメ出し」ができるのか、という素朴な疑問に思いをいたすとき、イギリスのCCRC（刑事事件再審委員会。福島二〇一四：四〇―四三）やノースカロライナ州の「冤罪審査委員会」（ジェニファー＝トンプソン・カニーノら二〇一三：三二八、三三四）のように、通常裁判所から独立した第三者機関の設置も検討されるべきであろう。

さらに、アメリカのロースクールでの教育活動に端を発した「イノセンス・プロジェクト」（IP）のように、司法機関外の組織による冤罪被害者への支援、調査活動にも注目すべきである（ジム・ドワイヤーら二〇〇九）。アメリカでは、イノセンス団体（IPと同様の活動を行う団体の総称）の支援によるDNA鑑定により、三四〇人以上の冤罪被害者が救出された。イノセンス団体の活動は「イノセンス・ネットワーク」となって世界各地に拡がり、二〇一六年四月、わが国でも立命館大学において「日本版IP」である「えん罪救済センター」が産声を上げた（笹倉二〇一六：二二九―二三五）。

近年では、アジアの近隣の国々にも再審の門を広げる動きがある。台湾では、日本の刑訴法四三五条六号と同様の規定があり[27]、再審開始には「確実な新証拠の発見」が必要とされていた。この証拠は確定判決当時には発見されていなかった(かつ、当時から存在していた)ことが必要とされ、それ自体で確定判決を覆すことができるような証拠価値の高いものでなければならないと解釈されていた。しかし、二〇一五年一月にこの条文が改正され、「確実な証拠」は「新しい事実や新しい証拠」と改められ、単独あるいは以前の証拠を合わせた総合判断を行うことが条文上明記された。さらに同年三月の後の最高法院の判例によって、「総合判断」の際には、「合理的疑い」が生じれば、再審開始決定が行われなければならないと宣明された(URL②)。かくして、台湾の再審制度はわが国の現状を後ろから追い抜いた形となった。

一方、韓国の再審開始要件は日本の四三五条六号とほぼ同じであるが[28]、白鳥決定に相当する判例が存在しないため、新証拠の明白性判断に「疑わしいときは被告人の利益に」の原則が適用されない。その帰結として、同条文による再審開始のハードルは日本より格段に高いとされている。しかし、韓国ではいわゆる民主化運動への弾圧の中で処罰した確定囚を救済するため、「五・一八民主化運動等に関する特別法」等の立法によって、再審開始要件を緩和することで迅速な救済を実現した[29]。わが国においても、例えば第二次大戦後の占領下で審理、判決された死刑確定囚や、ハンセン病療養施設内で適正手続を欠いて行われた刑事裁判について、特例法による救済が検討されるべきである(内田二〇一三：二三七以下[30])。

あるべき「再審手続法」の骨格

わが国の再審制度と法、再審事件をめぐる歴史と審理の実情、比較法的検討を経て、今後制定されるべき「再審手続法」に最低限盛り込むべき項目が浮かび上がってきた。以下にその項目を挙げる。

①　再審請求審における開始要件の緩和（「無罪を言い渡すべき明らかな証拠」から「確定判決の合理性を疑わせる証拠」へ）と、再審請求審の予備審査的性格の明記

②　請求人の手続保障（国選弁護人選任権、審理手続への主体的関与の保障、審理の公開、抗告期間の延長）

③　審理手続に関する条項の整備。特に、捜査段階で作成されたすべての記録、押収物や鑑定資料を含む全面証拠開示手続の明文化（前提としての証拠保管義務、及び、保管義務違反や不開示に対するサンクションを含む）

④　再審開始決定に対する検察官抗告の禁止

⑤　憲法違反を再審開始理由とする類型の創設、死刑確定囚、ハンセン病療養所特別法廷事件など一定の範囲の事件で再審開始要件を緩和する「特例法」の制定(31)

⑥　再審無罪確定事件における誤判原因検証の義務化と、検証を行う第三者機関の設置

以上を骨格として、刑事法研究者、法曹三者、捜査関係者、科学鑑定に携わった者など、様々な立場の者と立法府の協働作業により、今度こそ前記の項目を具体化した「再審手続法」の制定を期待したい。そして何より、その制定過程で、実際に冤罪によって幸せな人生を奪われた無辜の声に耳を傾け、その声を反映した法律とすべきである。

憲法から再審制度を考える

前項では「再審手続法」制定の必要性を述べた。では、新たな立法がされるまで、再審手続は「現状維持」の運用でいいのか。筆者は決してそうは思わない。いま一度、現行刑訴法が、日本国憲法を具体化する法律であることに思いをいたし、現行法のもとでの再審手続のあり方を憲法から導き出すべきである（鴨志田二〇一五：三七六以下）。

憲法は個人の生命、自由、幸福追求の権利（「個人の尊厳」一三条）を守るべく国家権力を制限することを使命とする。しかし、冤罪被害は、その生命、自由、幸福追求を根こそぎ奪う「人生被害」ともいうべき事態であり、その加害者は、他ならぬ国家権力である。憲法が個人の尊厳を究極の価値に置く以上、処罰されていい無辜などありえない。だからこそ、誤って処罰された無辜に「個人の尊厳」を取り戻すために再審制度が存在するのである。田宮裕教授が、再審制度について「人権問題ないし国の思いやりの問題として存在する」と述べている（田宮一九九五：一九四）のは、まさにそのような意味であろう。そうだとすると、「再審請求権」は再審の目的である「無辜の救済」を、冤罪被害者の基本的人権として引き直したものということになる。現行刑訴法の再審手続規定は、その文言が旧刑訴法のままであったとしても、憲法のもとに置かれた以上、請求人の基本的人権保障に資するものとして解釈されなければならない。審理手続における裁判所の訴訟指揮と裁量の限界、検察官の関与のあり方、さらには混迷の様相を呈している新証拠の「明白性判断」のあり方についても、このアプローチによる再検討が必要である。

さいごに――司法の役割と、あるべき再審制度の地平へ

憲法が司法に課した使命は「人権救済の最後の砦」である。カナダでは一九九一年に最高裁判所が「（証拠は）有罪を確保するための検察の財産ではなく、正義がなされることを確保するために用いられる公共の財産である」と宣言し、検察官に法的義務としての証拠開示義務があると判断した（スティンチコム判決。指宿二〇一四a：七七以下）ことで、判決の趣旨に沿った基準作りが進み、いわば司法が立法を先導した。外国の例だけではない。あるべき再審審理の方向性に光を投じることは、まさに白鳥決定でわが国の最高裁も行ったことではないか。

元東京高裁刑事部部総括判事で、現在は複数の再審弁護団で弁護人を務める木谷明弁護士は、大崎事件第二次再審請求審で、再審審理に臨む裁判所のあるべき姿を切々と述べた上申書を提出した（木谷二〇一四：七四―七八）。本稿を

結ぶにあたり、その一部を引用させていただく。

「私は、裁判官当時、常に、「自分が身に覚えのない罪で服役させられたり死刑に処せられたりする場面」を想像しながら裁判してきました。そのようにシミュレーションしてみると、無実の者を処罰することがいかに恐ろしいことであるかがよく理解できます。それは、想像するだけでも恐ろしいことです。したがって、私は、日々の法廷で、被告人の弁解に十分耳を傾けた上で、「真相は被告人の言うとおりではないのか」という観点から、検察官提出証拠の信用性を徹底的に吟味したものです。それは、刑事裁判という重大な仕事を任された者に課せられた最低限度の責務であると考えていました。

しかし、いかに裁判官が努力しても、人間のする刑事裁判で冤罪をゼロにすることはできません。それは人間による裁判の限界です。そして、そうであるからこそ、刑訴法は、再審という非常救済手続を置いたのです。再審制度は、このように、通常審で万全の手を尽くしても回避できなかった冤罪を救済するために認められた、最後のセーフティネットであるというべきです。」

どれほど精緻な法解釈も、どれほど権威づけられた法理論も、その法の適用を受ける生きた人間の存在を離れては空虚なだけである。冤罪という「人生被害」を受けながら過ごす毎日を、その日々の蓄積が繰り返しもたらす懊悩、憤怒、悲哀を想像し、受け止めることこそが、司法に携わるすべての者にとって、あるべき再審制度の地平に足を踏み入れる際の「初めの一歩」となることを忘れてはならない。

（1）　最決昭和五〇年五月二〇日刑集二九巻五号一七七頁

（2）　Confessio est regina probationum.

（3）　現行刑訴法制定に先立ち、「日本国憲法の施行に伴う刑事訴訟法の応急的措置に関する法律」二〇条で明文化された。

（4）この表現は新約聖書に由来するものだが、異なる時期に異なる国からの法制度を輸入し、継ぎ挿すように構築されてきたわが国の刑事司法制度にあって、無実の者が再審によって救済される可能性が極めて低いことを例えるのに、これまた「駱駝のいる」遠い異国の聖典をもって来るというのは何とも皮肉な話である。
（5）最決昭和五一年一〇月一二日刑集三〇巻九号一六七三頁
（6）静岡地裁平成二六年三月二七日判例時報二二三五号一一三頁
（7）即時抗告審決定では、違法収集証拠として証拠能力が否定されるか否かという「訴訟法上の事実」に関する証拠も刑訴法四三五条六号の「新証拠」であるとした原審の判断を「是認することができない」とする一方で、本件は同条七号の再審事由にあたるとして再審開始の結論自体は維持した。
（8）有罪の刑を言い渡された者が死亡した後の再審請求権者が限られた親族のみとなっていることは、死刑執行後の再審請求による雪冤を難しくしている要因の一つである（福岡事件、菊池事件など）。
（9）再審請求審における検察官の関与のあり方については、再審請求審の構造から導くアプローチ（三井一九八〇：一七五以下）もあるが、より端的に、検察官は、「二重の危険禁止」という憲法上の要請に裏打ちされた無辜の救済を目的とする再審請求手続に「公益の代表者」として協力すべき義務を負っていることを解釈の基本に据えるべきである。
（10）刑訴規則二八六条にかろうじて請求人の意見を聞くべきことが定められているだけである。
（11）高等裁判所を請求審とする決定への不服申立ては「異議申立」といい、手続は即時抗告とほぼ同じである（刑訴法四二八条二項、三項）。
（12）他の類型は、再審事由の存在が別の裁判の確定判決で明らかにされる必要があり、再審請求審で争う余地が乏しいためである（ただし、前掲注（7）参照）。
（13）最決昭和二九年一〇月一九日刑集八巻一〇号一六一〇頁
（14）高松高決平成五年一一月一日判例時報一五〇九号一四六頁、東京高決平成二〇年七月一四日判例タイムズ一二九〇号七三頁など。
（15）例えば、自白によれば絞殺されたとされる被害者の遺体について「遺体の客観的状況は、絞殺とは矛盾する」旨の法医学鑑定が新証拠の場合、その立証命題は「被害者の死因」である、と限定した上で、その立証命題に関連する旧証拠（事件当時行われた検死や法医学解剖の結果など）の証明力を減殺するかをまず判断し、これが否定された場合には、他の客観証拠や自白などの旧証拠との総合評価を行うことなく新証拠の明白性を否定する、という手法である。

(16)　具体的には①新証拠の「証明力」の確認は「旧証拠の証明力を減殺する蓋然性」が認められる程度で足りるとすべきこと、②その蓋然性は確定判決を支えている証拠構造が強固か脆弱かを踏まえて判断すべきこと、③新旧全証拠の総合評価による明白性判断が、実質的には有罪無罪を判断する「裸の事実認定」として、裁判所のフリーハンドな審理と判断に委ねられている現状を批判的に分析し、「総合評価」のあり方について、裁判所の判断の指針となる準則を提言することが重要であろう。

(17)　もっとも、DNA鑑定の専門家は、その恣意的解釈が「決定的な」冤罪を作り出すことに警鐘を鳴らしている(本田二〇一四：八六以下)。

(18)　前注とも関連するが、ずさんな科学的証拠(＝ジャンク・サイエンス)が有罪認定に用いられることは冤罪を生み出す要因の一つである。誤った科学鑑定による冤罪を晴らすためには、後の検証可能性、すなわち「鑑定プロセス」と「鑑定資料」の保管が不可欠である(浅田一九九四：一一以下)。

(19)　大橋靖史教授・高木光太郎教授は大崎事件第二次再審において「共犯者」らの自白について供述心理鑑定を行い、これを「新証拠」の一つとして再審請求がされた。同再審では即時抗告審において、刑訴法四四五条の「事実の取調」として、わが国初となる心理学者への鑑定人尋問が実施された。両教授は大崎事件第三次請求審において、今度は目撃者とされた親族の供述心理鑑定を行い、同請求審では二度にわたり同教授らの鑑定人尋問が採用されている。

(20)　富山事件(異議審)、狭山事件(第三次異議審)において、東京高裁第四刑事部の門野博裁判長(当時)が相次いで行った証拠開示勧告が、再審実務における証拠開示の流れに道筋を付けたといえよう(同裁判長の証拠開示勧告に影響を与えた指宿信教授の意見書については、指宿二〇一四a：二三三以下参照)。

(21)　最決昭和四四年四月二五日刑集二三巻四号二四八頁、同号二七五頁

(22)　古くは日野町事件第一次請求審において、大津地裁の勧告に基づいて検察官が証拠の標目を開示した例があるが、二〇一三年以降、大崎事件第二次即時抗告審、松橋事件請求審で相次いで証拠の標目開示勧告がされ、二〇一五年一月、狭山事件第三次異議審では物的証拠の標目にあたる「領置票」の開示が実現した。

(23)　本件で再審無罪となった請求人が提起した国家賠償請求(大阪地裁に係属中)において、裁判所の証拠標目開示命令に検察官が従わなかったことの違法性が争点の一つとなっている。

(24)　日本弁護士連合会では、二〇一四年一一月、「再審における証拠開示に関する特別部会」を設置し、同部会においてガイ

ドライン策定のための検討を進めている。

(25) 松橋事件では、再審請求前に検察官が保管していた証拠物を弁護人に任意開示し、これが再審開始の決め手となったことに鑑み、再審請求前の段階における証拠開示手続の必要性が検討されるべきである。

(26) 八海事件第三次判決(最判昭和四三年一〇月二五日刑集二二巻一一号九六一頁)、山中事件判決(最判平成元年六月二二日刑集四三巻六号四二七頁)、福岡ゴルフ場支配人襲撃事件判決(最判平成二一年九月二五日判例タイムズ一三一〇号一二三頁)など。

(27) 台湾刑訴法四二〇条一項六号

(28) 韓国刑訴法四二〇条五号

(29) 「五・一八民主化運動等に関する特別法」、「釜馬民主抗争関連者の名誉回復及び補償等に関する法律」など。

(30) 前者に関する事件として福岡事件、後者に関する事件として菊池事件がある。

(31) 治安維持法違反で処罰された被告人らの遺族が申し立てた横浜事件(第三次)再審請求においては、再審開始決定が確定したものの、続く再審公判では、旧刑訴法三六三条二号、三号の規定を適用して免訴(形式的に裁判を打ち切る判決)が言い渡された。これに対し、被告人の遺族らはあくまで無罪判決を求めて控訴、上告したが、いずれも棄却された(渕野二〇〇九:一五五)。処罰の根拠となった法律またはその適用が憲法違反であることが明らかとなった場合には、被告人の救済及び名誉回復のために、刑の廃止等の事後的な事情にかかわらず、ただちに再審公判によって無罪判決を言い渡し、その公告を行うなどの立法的手当がされるべきであろう。

文献一覧

秋山賢三(一九九八)「「逆流現象」と再審弁護活動」『自由と正義』四九巻四号

浅田和茂(一九九四)『科学捜査と刑事鑑定』有斐閣

浅田和茂(二〇〇五)「刑事鑑定と心理学」村井敏邦編『刑事司法と心理学――法と心理学の新たな地平線を求めて』日本評論社

伊東秀子(二〇一四)「恵庭OL殺人事件　確定判決の認定しない事実に基づく不当な判断」(特別企画　最近の再審判断に変化はあるのか)『季刊刑事弁護』七九号

指宿信(二〇一三)「再審請求事件における手続的正義を問う――大崎事件第二次再審棄却決定を受けて」『世界』八四三号

指宿信(二〇一四a)『証拠開示と公正な裁判〔増補版〕』現代人文社
指宿信(二〇一四b)「モートン事件とテキサス州全面証拠開示法――検察の証拠隠しで二五年間服役後に雪冤した男性が立法府を動かす」『季刊刑事弁護』八〇号
岩田務(二〇一四)「飯塚事件　請求棄却という結論ありきの理由づけ」(特別企画　最近の再審判断に変化はあるのか)『季刊刑事弁護』七九号
臼井滋夫(一九六三)「再審」『総合判例研究叢書刑事訴訟法(一四)』有斐閣
内田博文編(二〇一三)『歴史に学ぶ刑事訴訟法』法律文化社
内田博文・八尋光秀・鴨志田祐美編著(二〇一二)『転落自白――「日本型えん罪」は、なぜうまれるのか』日本評論社
大出良知(一九七七)「西ドイツ刑事再審法の研究4」『法律時報』四九巻八号
大橋靖史・高木光太郎・森直久・松島恵介(二〇〇二)『心理学者、裁判と出会う――供述心理学のフィールド』北大路書房
岡田和郎・小田中聰樹・北山六郎・竹沢哲夫・松尾浩也・光藤景皎(一九七九)「刑事再審の現状と立法問題」『法律時報』五一巻一一号
小川秀世(二〇一四)「袴田事件　証拠のねつ造可能性を認めた画期的判断」(特別企画　最近の再審判断に変化はあるのか)『季刊刑事弁護』七九号
小田中聰樹(一九七六)『刑事訴訟法の歴史的分析』日本評論社
小田中聰樹(一九七七)『現代刑事訴訟法論』勁草書房
小田中聰樹・大出良知(一九八〇)「再審法制の沿革と問題状況」鴨良弼編『刑事再審の研究』成文堂
小田中聰樹(二〇〇八)『誤判救済の課題と再審の理論』日本評論社
加藤克佳(一九九七)「刑事再審手続の構造――ドイツ法を手がかりとして」『刑法雑誌』三六巻二号
加藤克佳(二〇〇三)「最高裁白鳥決定・財田川決定を学ぶ」『季刊刑事弁護』三四号
門野博(二〇一〇)「証拠開示に関する最近の最高裁判例と今後の課題――デュープロセスの観点から」『原田國男判事退官記念論文集　新しい時代の刑事裁判』判例タイムズ社
神近市子(一九六八)「死刑確定者再審特例法案について」『法律時報』四〇巻一一号
鴨志田祐美(二〇一四)「証拠開示は再審の扉を軽くしたのか?」(特別企画　再審請求審における証拠開示の現状と課題)『季刊

刑事弁護』八〇号
鴨志田祐美（二〇一五）「再審弁護と日本国憲法」『鹿児島大学法学論集』四九巻二号
川﨑拓也（二〇一六）「姫路郵便局強盗（再審請求）事件――再審請求審における審判対象は何か」『犯罪と刑罰』二五号
川崎英明（二〇〇三）『刑事再審と証拠構造論の展開』日本評論社
木谷明（二〇一三）『刑事裁判のいのち』法律文化社
木谷明（二〇一四）「再審請求審における証拠開示の重要性――大崎事件・再審請求審提出上申書」『季刊刑事弁護』七八号
斎藤司（二〇一五）『公正な刑事手続と証拠開示請求権』法律文化社
斎藤司（二〇一六）「再審請求審における証拠開示」『犯罪と刑罰』二五号
笹倉香奈（二〇一六）「日本版イノセンス・プロジェクトの設立をめぐって――新たな冤罪事件支援の試み」『世界』八八三号
佐藤博史（二〇〇七）『刑事弁護の技術と倫理――刑事弁護の心・技・体』有斐閣
佐藤博史・水谷規男・加藤克佳（二〇〇四）「論争刑事訴訟法・再審」『法学セミナー』五九一号
佐藤米生（二〇一四）「布川事件」（特別企画　再審請求審における証拠開示の現状と課題）『季刊刑事弁護』八〇号
司法研修所編（二〇一三）『科学的証拠とこれを用いた裁判の在り方』法曹会
白取祐司編著（二〇一三）『刑事裁判における心理学・心理鑑定の可能性』日本評論社
新屋達之（二〇一四）「最近の6再審請求審判断をどうみるか」（特別企画　最近の再審判断に変化はあるのか）『季刊刑事弁護』七九号
周防正行（二〇一五）『それでもボクは会議で闘う』岩波書店
菅野良司（二〇一五）『冤罪の戦後史　刑事裁判の現風景を歩く』岩波書店
竹澤哲夫（一九七七）「日弁連と刑事再審のあゆみ――その歴史と問題の所在」『自由と正義』二八巻四号
田崎文夫（一九七九）『最高裁判所判例解説刑事篇（昭和五〇年度）』法曹会
田宮裕（一九八一）『刑事訴訟法入門（三訂版）』有信堂高文社
田宮裕（一九九五）『日本の裁判（第二版）』弘文堂
辻本典央（二〇一六）「証拠の明白性の判断方法」『犯罪と刑罰』二五号
戸舘圭之（二〇一六）「袴田事件第二次再審請求審における理論的課題――再審事件における科学的証拠の評価方法に関する一考

察」『犯罪と刑罰』二五号
豊崎七絵（二〇一三）「最近の再審開始決定における証拠の明白性判断の論理について」『季刊刑事弁護』七四号
豊崎七絵（二〇一五）「再審請求審における証拠の明白性と供述の信用性」『法律時報』八七巻一〇号
中川孝博（二〇一六a）「再審請求審における検察官の活動――事実取調べと即時抗告等に関して」『犯罪と刑罰』二五号
中川孝博（二〇一六b）「再審（基本文献　鴨良弼編『刑事再審の研究』）」川崎英明・葛野尋之編『リーディングス刑事訴訟法』法律文化社
中島宏（二〇一五）「再審の現在　大崎事件第三次再審請求で問われるもの」『鹿児島大学法学論集』五〇巻一号
中谷雄二郎（二〇〇〇）『最高裁判所判例解説刑事篇（平成九年度）』法曹会
日本弁護士連合会（一九六二）「刑事訴訟法における再審規定改正要綱並びに同意見書」『自由と正義』一三巻八号
日本弁護士連合会編（一九七七）『再審』日本評論社
日本弁護士連合会編（一九八六）『続・再審』日本評論社
日本弁護士連合会（一九九二a）「刑事再審に関する刑事訴訟法等改正意見書」『自由と正義』四三巻一号
日本弁護士連合会（一九九二b）「再審法改正実行委員会一一年の活動」『自由と正義』四三巻六号
日本弁護士連合会（二〇一五）『弁護士白書二〇一五年版』
浜田寿美男（二〇〇六）『自白が無実を証明する――袴田事件、その自白の心理学的供述分析』北大路書房
原聰（二〇〇五）「法的実践における心理学的供述分析――高木・大橋論文へのコメント」『心理学評論』四八巻三号
平野龍一（一九八一）「刑事訴訟法の基礎理論」『訴因と証拠（刑事法研究第四巻）』有斐閣
福島至（二〇一四）「誤判冤罪救済の公的機関――イギリス刑事事件再審委員会の最近」『法学セミナー』七一九号
藤田政博編著（二〇一三）『法と心理学』法律文化社
渕野貴生（二〇〇九）「判決確定後に刑の廃止または大赦があった場合に、再審公判において免訴に関する規定の適用を排除して実体判決をすることはできないとされた事例」『法学セミナー増刊』四号
本田克也（二〇一四）「ＤＮＡ鑑定はどこまで正当か①ＤＮＡ鑑定による科学的鑑定法の進歩とその課題(1)」『季刊刑事弁護』七八号
三井誠（一九八〇）「再審手続の構造」鴨良弼編『刑事再審の研究』成文堂

宮村啓太（二〇一三）「東京電力女性社員殺害事件　証拠開示をめぐる経過」（特別企画　再審の新たな動き）『季刊刑事弁護』七四号
三好幹夫（二〇〇一）『最高裁判所判例解説刑事篇（平成一〇年度）』法曹会
村井敏邦（二〇〇五）「刑事司法における心理学の活用可能性について」村井敏邦編『刑事司法と心理学――法と心理学の新たな地平線を求めて』日本評論社
村岡啓一（二〇〇五）「再審判例にみる明白性の判断手法」『自由と正義』五六巻一二号
山本了宣（二〇一五）「再審無罪事件の報告　大阪地裁平成二七年一〇月一六日判決　強制わいせつ・強姦被告事件」『青年法律家』五三八号
吉村悟（二〇一四）「福井女子中学生殺害事件」（特別企画　再審請求審における証拠開示の現状と課題）『季刊刑事弁護』八〇号
ジム・ドワイヤー、ピーター・ニューフェルド、バリー・シェック（二〇〇九）『無実を探せ！　イノセンス・プロジェクト――DNA鑑定で冤罪を晴らした人々』指宿信監修、西村邦雄訳、現代人文社
ジェニファー・トンプソン＝カニーノ、ロナルド・コットン、エニン・トーニオ（二〇一三）『とらわれた二人　無実の囚人と誤った目撃証人の物語』指宿信、岩川直子訳、岩波書店
①http://www.ercj.org/images/topics/shiratori_40_shinpo.pdf（二〇一七年五月六日閲覧）
②http://www.lexology.com/library/detail.aspx?g＝9943f70f-f2a4-46df-b44e-547f67d4b9f4（二〇一七年五月六日閲覧）
③https://www.jlf.or.jp/work/pdf/houkoku/saisyu/4.pdf（二〇一七年五月六日閲覧）

●責任編集

木谷 明

1937年生．弁護士，元裁判官，元法政大学法科大学院教授．

シリーズ刑事司法を考える 第5巻
裁判所は何を判断するか

2017年5月23日　第1刷発行

編　者　木《き》谷《たに》 明《あきら》

発行者　岡本 厚

発行所　株式会社 岩波書店
〒101-8002 東京都千代田区一ツ橋2-5-5
電話案内 03-5210-4000
http://www.iwanami.co.jp/

印刷・理想社　カバー・半七印刷　製本・牧製本

ISBN 978-4-00-026505-8　Printed in Japan

●執筆者紹介

門野　博（かどの・ひろし）　弁護士，元裁判官，元法政大学法科大学院教授

木山暢郎（きやま・のぶろう）　神戸地方裁判所姫路支部判事（部総括）

原田國男（はらだ・くにお）　弁護士，元裁判官，慶應義塾大学法科大学院教授

青木孝之（あおき・たかゆき）　一橋大学法科大学院教授　刑事法，元裁判官，弁護士

家令和典（かれい・かずのり）　東京地方裁判所判事（部総括）

廣瀬健二（ひろせ・けんじ）　立教大学法科大学院教授　刑事訴訟法・少年法，元裁判官

島岡まな（しまおか・まな）　大阪大学法科大学院教授　刑法

國井恒志（くにい・こうし）　前橋地方裁判所判事（部総括）

岩瀬　徹（いわせ・とおる）　弁護士，元裁判官，上智大学名誉教授

高野　隆（たかの・たかし）　弁護士

鴨志田祐美（かもしだ・ゆみ）　弁護士

再審事件一覧表

事件について				確定判決	
事件名		事件発生日	特記事項	判　決　日	判決裁判所
1	白鳥事件	1952 (S27).1.21	新証拠の明白性判断の手法についてのリーディングケース．ただし，再審請求は棄却．	1960 (S35).5.31	札幌高裁
2	免田事件	1948 (S23).12.30	白鳥決定後，死刑事件で再審無罪が確定した初の事件．再審公判では検察官が無罪を争い，確定審段階での逃走経路を変えて有罪立証を行ったが，一審無罪で確定．	1950 (S25).3.23	熊本地裁八代支部
3	財田川事件	1950 (S25).2.28	白鳥決定を敷衍した明白性判断の手法(後に「白鳥・財田川決定」と呼ばれる)により再審開始，再審無罪が確定．2人目の死刑台からの生還となった．	1952 (S27).2.20	高松高裁丸亀支部
4	松山事件	1955 (S30).10.18	請求審の棄却決定を即時抗告審裁判所が差し戻し，差戻後の請求審で再審開始決定．検察官の即時抗告棄却で再審開始が確定し，その後無罪確定．3人目の死刑台からの生還となった．	1957 (S32).10.29	仙台地裁
5	島田事件	1954 (S29).3.10	請求審の棄却決定を即時抗告審裁判所が差し戻し，差戻後の請求審で再審開始決定(そのまま確定)．その後無罪確定．4人目の死刑台からの生還となった．	1958 (S33).5.23	静岡地裁
6	徳島ラジオ商事件	1953 (S28).11.5	第三者の虚偽証言で被害者の内妻であった請求人が犯人とされ有罪が確定．第5次再審請求中に請求人が死亡，現行刑訴法初の遺族による死後再審請求で開始決定，無罪確定．	1956 (S31).4.18	徳島地裁
7	梅田事件	1950 (S25).10.10	共犯者の虚偽自白により逮捕された請求人も虚偽自白に追い込まれた事件．自白による犯行方法と遺体の状況が矛盾するとの法医学鑑定等を新証拠として再審開始，無罪確定．	1954 (S29).7.7	釧路地裁網走支部
8	榎内村事件	1946 (S21).8.21	裁判所が検察官から弁護人に秘して事件当時の捜査資料等の提出を受け，これをもとに請求人尋問を行っていた事実が判明し，弁護人が裁判官の忌避を申し立てる事態となった．	1948 (S23).11.9	高松高裁
9	布川事件(第1次)	1967 (S42).8.28	請求人らがそれぞれ取調べ段階で虚偽自白．否認に転じると拘置支所から再び代用監獄(留置場)に「逆送」され，再度虚偽自白．第1次再審ではその自白供述の信用性を認め，請求棄却．	1970 (S45).10.6	水戸地裁土浦支部

（本章で言及したもの）

		再審請求の経過				再審公判	
	判決内容	決定日 （請求審） （即時抗告または異議審） （特別抗告審）	決定裁判所	開始…○ 棄却・取消…× 差戻…△	具体的経過	確定日	判決裁判所
	無期懲役	1969(S44).6.18	札幌高裁	×	請求棄却		
		1971(S46).7.16	札幌高裁	×	異議申立棄却		
		1975(S50).5.20	最高裁	×	特別抗告棄却		
	死刑	1976(S51).4.30	熊本地裁八代支部	×	請求棄却	1983(S58).7.15	熊本地裁八代支部
		1979(S54).9.27	福岡高裁	○	再審開始決定		
		1980(S55).12.11	最高裁	○	検察官の特別抗告を棄却		
	死刑	1979(S54).6.7	高松地裁	○	（※ 最高裁差戻し後）	1984(S59).3.12	高松地裁
		1981(S56).3.14	高松高裁	○	検察官の即時抗告を棄却		
	死刑	1979(S54).12.6	仙台地裁	○	（※ 仙台高裁差戻し後）	1984(S59).7.11	仙台地裁
		1973(S48).9.18	仙台高裁	○	検察官の即時抗告を棄却		
	死刑	1986(S61).5.30	静岡地裁	○	（※ 東京高裁差戻し後）	1989(H1).1.31	静岡地裁
	懲役13年	1980(S55).12.13	徳島地裁	○	再審開始決定	1989(H1).1.31	徳島地裁
		1983(S58).3.12	高松高裁	○	検察官の即時抗告を棄却		
	無期懲役	1982(S57).12.10	釧路地裁網走支部	○	再審開始決定	1986(S61).8.27	釧路地裁
		1985(S60).2.4	札幌高裁	○	検察官の即時抗告を棄却		
	懲役15年	1993(H5).11.1	高松高裁	○	再審開始決定（確定）	1994(H6).3.22	高松高裁
	無期懲役	1987(S62).3.31	水戸地裁土浦支部	×	請求棄却		
		1988(S63).2.21	東京高裁	×	即時抗告棄却		
		1992(H4).9.9	最高裁	×	特別抗告棄却		

10	名張事件（第５次）	1961（S36）.3.28	一審無罪，控訴審死刑判決．第５次では，新証拠によってぶどう酒の栓に付けられた傷に関する旧証拠（歯痕鑑定）の証明力が大幅に減殺されても新旧証拠を総合評価すれば有罪認定は動かないとされ再審請求棄却．第６次では，新証拠として提出した事件当時の捜査官のノートについて，新証拠それ自体の証明力を否定し，新旧証拠を総合評価することなく再審請求棄却．	1969（S44）.9.10	名古屋高裁
11	名張事件（第６次）				
12	マルヨ無線事件（第５次）	1966（S41）.12.5	確定判決の「ストーブを足蹴りにして横転させ」る放火方法が不可能であることが新証拠によって証明されたが「当初からストーブを傾けて置く」ことによる放火の可能性ありとして請求棄却．	1968（S43）.12.24	福岡地裁
13	日産サニー事件	1967（S42）.8.28	自白により凶器とされた果物ナイフと遺体の傷が矛盾するという法医学鑑定により再審が開始されたが，白鳥決定以後初めて，検察官の即時抗告により開始決定が取り消された．	1969（S44）.4.2	福島地裁いわき支部
14	狭山事件（第２次）	1963（S38）.5.1	一度も三者（裁判所，検察庁，弁護人）による進行協議期日が設けられることなく再審請求棄却．この後の第３次請求で初めて進行協議期日が設けられ，裁判長から証拠開示勧告がされた．	1964（S39）.3.11	浦和地裁
15	大崎事件（第１次）	1979（S54）.10.12	請求人の自白はなく，知的障害をもつとされる男性３人の自白のみにより有罪が確定した事件．検察官の即時抗告によって請求審の再審開始決定が取り消された．	1980（S55）.3.31	鹿児島地裁
16	袴田事件（第１次）	1966（S41）.6.30	後の第２次再審開始決定で捜査機関の捏造と認定された「５点の衣類」について，第１次再審では「記録を精査しても，証拠捏造等をうかがわせる事情は見当たらない」と判示していた．	1968（S43）.9.11	静岡地裁
17	日野町事件（第１次）	1984（S59）.12.28	請求審段階で，地裁の勧告により検察官が証拠の一覧表を提出．即時抗告中の2011年３月，請求人の阪原弘氏が獄中で死去したことで手続終了．現在遺族が第２次再審申立中．	1995（H7）.6.30	大津地裁
18	足利事件	1990（H2）.5.12	請求人は公判段階の途中まで自白を維持していたが，再審請求（即時抗告審）で行われたDNA再鑑定により，捜査段階で行われたDNA鑑定の誤りと，請求人の虚偽自白が証明された．	1993（H5）.7.7	宇都宮地裁
19	布川事件（第２次）	1967（S42）.8.28	20回以上にわたる証拠開示請求により，請求人ら以外の犯人の存在を示唆する証拠を捜査機関が隠していたことが判明．これらの「古い」新証拠を加えた総合評価で再審開始，無罪確定．	1970（S45）.10.6	水戸地裁土浦支部
20	東電女性社員殺人事件	1997（H9）.3.8	被害者の胸に付着していた唾液の血液型が請求人と異なることを示す証拠が再審段階で開示．さらに開示された生体資料のDNA鑑定により再審開始，再審無罪が確定．	2000（H12）.12.22	東京高裁

	死刑	1988(S63).12.14	名古屋高裁	×	請求棄却		
		1993(H5).3.31	名古屋高裁	×	異議申立棄却		
		1997(H9).1.28	最高裁	×	特別抗告棄却		
		1998(H10).10.8	名古屋高裁	×	請求棄却		
		1999(H11).9.10	名古屋高裁	×	異議申立棄却		
		2002(H14).4.8	最高裁	×	特別抗告棄却		
	死刑	1988(S63).10.5	福岡地裁	×	請求棄却		
		1995(H7).3.28	福岡高裁	×	即時抗告棄却		
		1998(H10).10.27	最高裁	×	特別抗告棄却		
	無期懲役	1992(H4).3.23	福島地裁いわき支部	○	再審開始決定		
		1995(H7).5.10	仙台高裁	×	原決定取消再審請求棄却		
		1999(H11).3.9	最高裁	×	特別抗告棄却		
	死刑	1999(H11).7.8	東京高裁	×	請求棄却		
		2003(H15).1.23	東京高裁	×	異議申立棄却		
		2005(H17).3.16	最高裁	×	特別抗告棄却		
	懲役10年	2002(H14).3.26	鹿児島地裁	○	再審開始決定		
		2004(H16).12.9	福岡高裁宮崎支部	×	原決定取消再審請求棄却		
		2006(H18).1.30	最高裁	×	特別抗告棄却		
	死刑	1994(H6).8.8	静岡地裁	×	請求棄却		
		2004(H16).8.26	東京高裁	×	即時抗告棄却		
		2008(H20).3.24	最高裁	×	特別抗告棄却		
	無期懲役	2006(H18).3.27	大津地裁	×	請求棄却		
		2011(H23).3.30	大阪高裁	×	即時抗告審終了決定		
	無期懲役	2008(H20).2.13	宇都宮地裁	×	請求棄却	2010(H22).3.26	宇都宮地裁
		2009(H21).6.23	東京高裁	○	再審開始決定(確定)		
	無期懲役	2005(H17).9.21	水戸地裁土浦支部	○	再審開始決定	2011(H23).5.14	水戸地裁土浦支部
		2008(H20).7.14	東京高裁	○	検察官の即時抗告を棄却		
		2009(H21).12.14	最高裁	○	検察官の特別抗告を棄却		
	無期懲役	2012(H24).6.7	東京高裁	○	再審開始決定	2012(H24).11.7	東京高裁
		2012(H24).7.31	東京高裁	○	検察官の異議申立を棄却		

21	名張事件 （第 7 次）	1961 (S36).3.28	毒物鑑定を「明白な新証拠」と認めた再審開始決定が異議審で取り消されたが，同異議審決定の判断を「科学的知見に基づくものとは言えない」として，最高裁が破棄，差し戻すという異例の経過をたどった．差戻し後の異議審で再び請求棄却，特別抗告棄却により終結．	1969 (S44).9.10	名古屋高裁
22	袴田事件 （第 2 次）	1966 (S41).6.30	DNA 鑑定と開示証拠との総合評価による再審開始決定と同時に刑の執行及び拘置の執行が停止され，請求人は事件から 48 年を経て釈放された．	1968 (S43).9.11	静岡地裁
23	福井女子中学生殺人事件	1986 (S61).3.19	自白なし，客観証拠もほとんどなく複数の第三者供述が有罪を支える事案．一審無罪が控訴審で逆転有罪，再審開始決定が検察官異議申立により取り消されるという，2 度にわたる「逆転有罪」認定がされた．	1995 (H7).2.9	名古屋高裁 金沢支部
24	大崎事件 （第 2 次）	1979 (S54).10.12	請求審では証拠開示に向けた訴訟指揮がされず，「再審格差」問題が浮き彫りとなった．即時抗告審では再審史上初となる心理学者の鑑定人尋問が行われた．	1980 (S55).3.31	鹿児島地裁
25	恵庭 OL 殺人事件	2000 (H12).3.7	本人の自白なし．請求審では証拠開示勧告等，積極的な訴訟指揮が行われたが，再審請求は棄却された．	2003 (H15).3.26	札幌地裁
26	飯塚事件	1992 (H4).2.20	足利事件の原鑑定と同じ DNA 鑑定が決め手となって有罪が確定．足利事件再審で再鑑定を行うことが決まった直後に，本件の請求人の死刑が執行された．	1999 (H11).9.29	福岡地裁
27	姫路郵便局 強盗事件	2001 (H13).6.19	新証拠(DNA 鑑定)によって，実行犯としての犯人性に疑いが生じたが，共謀共同正犯の可能性は否定できないとの理由で棄却された請求審決定が破棄差戻しされた．	2004 (H16).1.9	神戸地裁 姫路支部
28	東住吉事件	1995 (H7).7.22	新証拠(弁護人の行った燃焼実験)により，請求人の自白どおりの方法による放火は不可能であることが明らかとなって再審開始決定．検察官が即時抗告したが，検察側の実験によっても上記結論は変わらず，再審開始が確定した．	林龍晧氏 1999 (H11).3.30 青木惠子氏 1999 (H11).5.18	大阪地裁 大阪地裁
29	大阪市強姦虚偽証言再審事件	2005 (H17).11.17	わが国の再審史上初めて，裁判所が証拠の標目開示命令を行ったが，検察官がこれを拒否したまま再審開始，再審無罪が確定した．	2009 (H21).5.15	大阪地裁
30	アンドレイ事件	1997 (H9).11.14	新証拠によって違法なおとり捜査が明らかとなり，これによって得られた証拠(拳銃)の証拠能力が否定されることから有罪を認定できない，との理由による再審開始決定．	1998 (H10).8.25	札幌地裁
31	松橋事件	1985 (S60).1.6	検察庁に保管されていた，請求人の自白と大きく矛盾する証拠物が，弁護人の求めにより再審請求前に任意開示され，これが「明白な新証拠」の一つと認められた．	1986 (S61).12.22	熊本地裁

	死刑	2005(H17).4.5	名古屋高裁	○	再審開始決定		
		2006(H18).12.26	名古屋高裁	×	原決定取消再審請求棄却		
		2010(H22).4.5	最高裁	△	原決定取消差戻決定		
		2012(H24).5.25	名古屋高裁	×	原決定取消再審請求棄却		
		2013(H25).10.16	最高裁	×	(第2次)特別抗告棄却		
	死刑	2014(H26).3.27	静岡地裁	○	再審開始決定		
					検察官の即時抗告審中		
	懲役7年	2011(H23).11.30	名古屋高裁金沢支部	○	再審開始決定		
		2013(H25).3.6	名古屋高裁	×	原決定取消再審請求棄却		
		2014(H26).12.10	最高裁	×	特別抗告棄却		
	懲役10年	2013(H25).3.6	鹿児島地裁	×	請求棄却		
		2014(H26).7.15	福岡高裁宮崎支部	×	即時抗告棄却		
		2015(H27).2.2	最高裁	×	特別抗告棄却		
	懲役16年	2014(H26).4.21	札幌地裁	×	請求棄却		
		2015(H27).7.17	札幌高裁	×	即時抗告棄却		
		2016(H28).5.13	最高裁	×	特別抗告棄却		
	死刑	2014(H26).3.31	福岡地裁	×	請求棄却		
					即時抗告中		
	懲役6年	2014(H26).3.28	神戸地裁姫路支部	×	請求棄却		
		2016(H28).3.15	大阪高裁	△	原決定取消差戻決定		
	無期懲役	2012(H24).3.7	大阪地裁	○	再審開始決定	2016(H28).8.10	大阪地裁
		2015(H27).10.23	大阪高裁	○	検察官の即時抗告を棄却		
	無期懲役						
	懲役12年	2015(H27).2.27	大阪地裁	○	再審開始決定(確定)	2015(H27).10.16	大阪地裁
	懲役2年	2016(H28).3.3	札幌地裁	○	再審開始決定	2017(H29).3.7	札幌地裁
		2016(H28).10.26	札幌高裁	○	検察官の即時抗告を棄却		
	懲役13年	2016(H28).6.30	熊本地裁	○	再審開始決定		
					検察官の即時抗告中		

32	横浜事件（第３次）	1942(S17)–1945(S20)	第２次世界大戦中に生じた言論弾圧事件．終戦直後に治安維持法違反で有罪とされた元被告人５名の遺族が再審請求を行い，再審開始が確定した．その後の再審公判において請求人らは無罪判決を求めたが，免訴判決が言い渡され，確定した．	1945(S20).8.29/8.30/9.15	横浜地裁
33	福岡事件（第６次）	1947(S22).5.20	戦後の占領下で発生した殺人事件．特例法の制定による救済が模索されたが実現せず．実行行為者は恩赦で救済されたが，共謀共同正犯とされた請求人のみ死刑執行．	1948(S23).2.27	福岡地裁
34	菊池事件	1951(S26).8.1	ハンセン病療養施設内に設けられた「特別法廷」で行われた審理で死刑判決が確定した事件．最高裁は2016年4月，特別法廷について「差別的な取り扱いが強く疑われ，違法だった」とする調査報告書を公表し，謝罪した．	1953(S28).8.29	熊本地裁
35	富山事件	1974(S49).10.3	革マル派に所属する被害者が，中核派のメンバーらに殺害されたとされる事件．請求人は一審無罪，控訴審で逆転有罪となり上告棄却で有罪が確定した．再審請求棄却後の異議審において，裁判長により公判未提出証拠の開示勧告がされた．	1985(S60).6.26	東京高裁

＊再審公判の判決については，横浜事件（第３次）以外はすべて無罪確定．横浜事件（第３次）は１審免訴判
＊本文引用文献のほか，日本弁護士連合会 2015：194 以下，URL ③（公益財団法人日弁連法務研究財団

	懲役2年(執行猶予3年)	2003(H15).4.15	横浜地裁	○	再審開始決定	2006(H18).2.9	横浜地裁
		2005(H17).3.10	東京高裁	○	検察官の即時抗告を棄却	2007(H19).1.19	東京高裁
						2008(H20).3.14	最高裁
	死刑	2009(H21).3.31	福岡地裁	×	請求棄却		
		2009(H21).11.24	最高裁	×	特別抗告棄却		
	死刑	1963(S38).9.12	熊本地裁	×	請求棄却(翌日死刑執行)		
	懲役10年	2004(H16).6.20	東京高裁	×	請求棄却		
					異議申立中		

決，控訴・上告棄却により旧刑訴法363条2号及び3号による免訴判決が確定.
『ハンセン病問題に関する検証会議　最終報告書』131以下)などによった.